国防知识产权系列教程

国防知识产权管理人员法律基础培训教程

主　编　陈　耿

副主编　王海平

国防工业出版社

·北京·

内 容 简 介

本书主要介绍在管理、咨询服务、纠纷处理等活动中涉及的知识产权相关法律规定与国际条约,分为法律基础、科技法律制度、知识产权法律制度和知识产权相关国际公约及规则四个部分。

法律基础部分主要介绍与知识产权相关的民法基础知识、物权法基础知识、合同法基础知识、侵权责任法基础知识、知识产权相关的程序法基础知识;科技法律制度部分主要介绍有关科技成果法律规定、国防科技成果特殊法律规定;知识产权法律制度部分主要介绍著作权法、专利法、商标法、科技进步法、反不正当竞争法等涉及商业秘密保护的法律规定、国防专利条例;知识产权相关国际公约及规则部分主要从国际法角度介绍国防知识产权相关国际条约和国际规则及实务,以及知识产权国际保护面临的挑战与机遇。

本书可以作为国防知识产权研究、管理、服务人员的培训教程,对其他从事相关工作的人员也具有参考价值。

图书在版编目(CIP)数据

国防知识产权管理人员法律基础培训教程/陈耿主编. —北京:国防工业出版社,2018.2
ISBN 978 - 7 - 118 - 11462 - 1

Ⅰ.①国… Ⅱ.①陈… Ⅲ.①知识产权法 - 教材
Ⅳ.①D913.4

中国版本图书馆 CIP 数据核字(2017)第 317729 号

※

国防工业出版社出版发行
(北京市海淀区紫竹院南路 23 号　邮政编码 100048)
三河市天利华印刷装订有限公司
新华书店经售

*

开本 787×1092　1/16　印张 14　字数 336 千字
2018 年 2 月第 1 版第 1 次印刷　印数 1—2000 册　定价 48.00 元

(本书如有印装错误,我社负责调换)

国防书店:(010)88540777　　发行邮购:(010)88540776
发行传真:(010)88540755　　发行业务:(010)88540717

前　言

　　为确保国防知识产权战略的顺利实施,从事国防知识产权研究、管理、服务的各类人员都应熟悉和掌握相关法律知识。通过培训,可以更好地实现依法确权、依法维权、依法管理和依法服务。为此,2012 年 11 月,国防知识产权局赋予西安政治学院开设国防知识产权管理人员法律培训班及编制培训大纲、教材的任务。西安政治学院随后成立了以时任训练部部长陈耿教授为组长、军事法学系主任王海平教授为副组长、军事法学系多名教员为成员的课题组,组织编写《国防知识产权管理人员法律培训教程》。2014 年至 2015年,全军国防知识产权法律培训班使用了该教程。主编、西安政治学院副院长陈耿教授根据使用情况,组织课题组对教程进行了修订,对原有专题内容进行了精简,并增加了相关科技法律制度内容。

　　本书由四编十四个专题构成。第一编,知识产权相关法律基础,主要介绍与国防知识产权相关的基础性法律知识,共 5 个专题,包括物权法基础,合同法基础,侵权责任法基础,行政法基础和程序法基础。第二编,科技法律制度,主要介绍有关科技成果、国防科技成果方面的科技法律规定,共 2 个专题,包括科技法基本问题、关于国防科技的特殊法律规定。第三编,知识产权法律制度,主要阐述知识产权国内外法律规定,共 5 个专题,包括著作权法基本问题,专利法基本问题,商标法基本问题,技术秘密权基本问题,工业发达国家国防知识产权法律制度。第四编,知识产权国际公约,主要阐述知识产权的国际法律保护,共 2 个专题,包括世界知识产权组织之下知识产权的国际保护,世界贸易组织之下知识产权的国际保护。

　　本书由陈耿教授担任主编、王海平教授担任副主编,各专题撰写、修订具体分工是:陈耿,第七专题;王海平,第十三专题;李芳梅,第一、三专题;何斌,第二、十专题;傅达林、谭正义,第四专题;谭正义,第五专题;梁毅雄,第六、十一专题;郭向军,第八专题;张昱明,第九专题;刘爱民,第十二、十四专题。全书由陈耿、王海平和李芳梅进行了统稿和定稿。国防知识产权局蔡镭局长、杨建兵副局长、肖霁轩参谋和有关专家对本教程进行了审阅,并提出了宝贵意见和建议。本教程在撰写过程中参考了有关资料。在此一并表示感谢!

　　由于作者水平有限,书中难免有错误和遗漏之处,欢迎读者提出宝贵意见和建议。

作者

2017 年 6 月

目　录

第一编　知识产权相关法律基础

第二编 科学技术法律制度

第三编 知识产权法律制度

第一编　知识产权相关法律基础

第一专题　物权法基础

一、物权概述

物权是指直接支配特定物并享受其利益的权利。物权的直接支配、享受利益和保护的绝对性，最终来自于法律将物直接归属于权利主体，物权在此前提基础上才有可能成为直接支配特定物而享受其利益的绝对性权利。由此得出，权利主体获得了法律赋予的特定物归属权后，对该特定物直接支配、享受其利益，并同时排除他人对支配与享受利益的侵害干预，是物权的本质。物不仅是物权的客体，在其他民事权利诸如知识产权、债权、继承权中也居重要地位。

（一）物权的特征

1. 物权是直接支配物的财产权

物权作为财产权无须借助他人行为，仅依自己的意思管领标的物，并取得其权利内容之利益。

2. 物权是可对抗世间一切人的绝对权

物权是以不特定的任何人为义务主体的民事权利，该义务主体均负有不得侵害其权利和妨害其权利行使的义务。因此，物权的效力可以向一切人主张，物权人有权排除他人对自己支配之物给予的侵害、妨碍与干涉，当受他人侵害时，物权人可以主张物上请求权，排除他人侵害，以恢复物权之圆满状态。故物权也称为绝对权或对世权。

3. 物权是权利主体对物进行直接支配的权利

此特征在于表现物权以物为客体或权利义务的一致指向。作为物权客体的物，是指人体以外，能满足人的需求，具稀缺性，为人所能支配的物质对象。在我国，亦常称为财产，其包括有体物与无体物、流通物和限制流通物、动产与不动产、可消耗物与不可消耗物、可分物与不可分物、原物与利息以及单一物、合成物和聚合物等。除物质对象外，其他民事法律关系的客体，如行为和智力成果，均不可作为物权的客体，据此也体现了物权与债权、知识产权的区别。

4. 物权是以直接就物享受利益为内容的权利

对物进行支配，不是物权的目的而是实现物权的手段，物权权利主体的目的在于通过对物的直接管理支配进而取得或享有利益，这也是法律赋予特定某种利用的要求。

物在知识产权的关系中，知识产权的客体为智力成果，是无体物。作为有体物的物，在知识产权中常表现为是知识产权客体的载体，如书稿是作品的载体。知识产权中的发现权有例外,若发现的是有体物,该有体物则是发现权的客体。例如,科学家发现新的彗星,这一彗星是科学发现的客体。发现权的出现,使物的概念和范畴有所扩展,宇宙间人类不能控制的星辰,可以成为发现权的客体,也属物,由此看出民法是在不断发展的。

(二)物权的分类

1. 所有权

所有权是指民事主体在法律规定的范围内对于所有物进行包括占有、使用、收益、处分并排他性的全面支配的物权。所有权是物权完全、充分的唯一形式,是最典型的物权。正因为如此,所有权临于其他物权之上,成为其他各类物权的基础,即为发挥物的效能,可从所有权中派生、衍生出,虽不具全面性物权特征,但仍不失为物权的其他类别。

2. 用益物权

用益物权是指依法对他人所有物在合适的范围内使用。它是从所有权中分离出来的一项物权形式,是以收益为主要内容的权利。在传统民法上,它通常包括地上权、地役权、典权等。此物权以取得物的使用价值为目的。

3. 担保物权

担保物权是指依法在他人(债务人或第三人)的所有物(特定财产)上为担保债务之履行而设定的物权,其建立基础仍为所有权。通常有抵押权、质权和留置权。此物权以取得物的交换价值为目的。

4. 占有

通说认为,占有指占有人对物有事实上的占领、控制。各国立法对占有是事实还是权利规定不一,尽管如此,占有应普遍受到物权保护,应构成物权制度的内容(类物权),在各国民法理论和实务中几近一致。

(三)物权的效力

物权效力是指物权基于对物的支配权性质而产生的特定保障力或特殊法律效力。物权效力包括:排他效力、优先效力、追及效力和物上请求权效力。

1. 排他效力

排他效力指内容相同的物权之间具有相互排斥性,即在同一物上不容同一性质或同一内容的两种以上物权并存。物权的这一效力源于物权的直接支配力,当然,物权的排他性并不是什么物权都相互排斥,不能在同一物上并存。以下几种情形,数个物权可以存在于同一物上:①所有权与定限物权(他物权);②就不同方面对物进行支配的定限物权,如某一用益物权与某一担保物权在同一物上并存。

2. 优先效力

物权的优先效力,亦称物权的优先权。其基本含义是指权利效力的强弱,即同一标的物上有数个利益相互冲突的权利并存时,具有较强效力的权利排斥或先于效力较弱权利的实现。

关于知识产权优先权问题。知识产权优先权应该包括:技术合同优先权、著作权优先权、商标权和商标使用权优先权、职务发明人和职务作品作者的优先权。但关于知识产权优先权,即使在规定优先权的国家立法上也未规定。鉴于知识产权的专门性,其优先权可考虑在《专利法》《商标法》《著作权法》中给予规定。先看第一种情形,物权时而优于知识产权。例如,著作权人行使已发表的作品的展览权与作品所有人的所有权冲突时,所有权优于著作权,所有权人决定作品是否展出。如某人从画店购得一幅画,画的所有权即归购画人。画家若展出此画,需求于购画人,若购画人不同意,该画的展览则无从谈起。购画人若展出此画,拿去展览就可以了,无需征求画家意见,画家即使不同意,也无济于事。但展览若有赢利,画家有权获得报酬。再看第二种情形,知识产权时而优于物权。如物权人行使画的展览权,也不得侵犯画家的著作权。前述画家将未发表的作品赠与他人,受赠人若展出此画需经画家同意,画家不允许,该画不得展览。这时,不是物权优于知识产权,而是知识产权能对抗物权,受赠人不能随意将画展出。

3. 物权的追及效力

物权的追及效力,指物权成立后,物权的标的物无论辗转落入何人之手,除法律另有规定外,物权人均可追及至物之所在行使物权的法律效力。

物权的追及效力主要表现在以下两种情况:①当标的物由无权处分人转让给第三人时,除法律另有规定外,物权人有权向第三人请求返还原物。物权在此种情况下所具有的追及效力属于物请求权的一种形式。②当抵押人擅自转让抵押物给第三人时,抵押权人可追及至抵押物之所在行使抵押权。

物权的追及效力不是绝对的,而是相对的。《中华人民共和国物权法》为维护交易安全,保护善意第三人的利益,对物权的追及效力设有若干限制:①善意第三人对标的物的占有受即时取得制度和时效取得制度的保护。当善意第三人按即时取得制度或时效取得制度取得标的物所有权时,原所有人无权请求善意第三人返还原物,只能请求无权处分人赔偿损失。②物权未按法定方式公示者,不具有对抗善意第三人的法律效力,即对善意第三人不具有追及效力。例如,未经登记的抵押权,如抵押人将抵押物擅自让与第三人,抵押权人不得追及至第三人行使抵押权。③物权登记错误时,与登记名义人进行交易的善意第三人受登记公信力的法律保护,真权利人对善意第三人无追及力。

4. 物上请求权效力

物上请求权是指物权人对物的支配因受到他人妨碍而出现缺陷时,为回复其对物的圆满支配状态而产生的请求权。物上请求权基于物权的支配权受到妨碍而发生。法律赋予物权人以物上请求权的目的在于维护物权人对物的圆满支配状态。物上请求权包括返还原物请求权、排除妨碍请求权、恢复原状请求权。依物上请求权的目的,这些请求权都只能在回复物之原有支配状态有可能时才能行使。

物权不仅存在于自有物之上,而且在他人所有物上亦可存在。所以,物上请求权的发生既可针对所有权,又可针对定限物权,既可发生于用益物权中,亦可发生于担保物权中。物上请求权的行使,可先通过自力保护方式进行。物权人在其权利受到侵害后直接请求侵权人为一定的行为,例如请求侵权人停止侵害、排除妨碍、消除危险、恢复原状、返还财产等,使自己的物权恢复至完全的支配状态。物权人直接采用的这种自力保护措施是非常有必要的,一方面可以及时制止侵害继续发生,避免、减轻自己财产或权利的损害,另一方面又可顺利了结与侵权人之间的矛盾。

通过自力保护行使物上请求权,并不是解决物权侵害的必经途径,实践中一般是在物权人自力保护未果的情况下采取公力救济解决权利受妨碍的问题,物权人可直接向法院提出诉讼,请求确权和采取其他保护措施,人民法院则通过裁判责令侵权人承担停止侵害、排除妨碍、消除危险、返还财产、恢复原状等民事责任。

（四）物权的变动

物权的变动，是指物权的取得、设定、变更与丧失；或者说是指物权的发生、变更与消灭。物权变动是《物权法》上的一种民事法律效果，究其实质，应是权利主体之间对于权利客体的支配和归属关系的变更。

1. 物权的取得

物权的取得指物权就特定主体而发生。物权的取得，以是否基于他人之权利与意思为标准，包括原始取得与继受取得两种。

原始取得，指非依他人权利与意志而取得物权，又称固有取得。物权的原始取得方法通常有：通过生产而取得产品的物权；通过收益而取得之天然孳息的物权；国家通过税收、国有化、征收、征用、没收而取得物权；国家按法定程序取得无人继承的遗产、无人认领的遗失物和所有人不明的埋藏物、隐藏物的所有权；集体组织取得其成员的无人继承的遗产的所有权；在法律允许之范围内通过先占取得无主动产的所有权；取得添附物的物权；通过时效制度取得物权。

继受取得，指依他人的权利和意志而取得物权，又称传来取得。物权之继受取得可再分为：①移转继受取得，指原物权人的物权完整地移转给新物权人。发生此种继受取得的原因有买卖、互易、赠与、遗赠、继承等。②创设继受取得，指所有权人为他人创设所有权以外的物权。此种继受取得的方法有民事与行政两类方法。民事方法系指所有权人通过与他人订立契约的方式为他人创设他物权，如土地使用权出让契约、抵押权契约等。行政方法，指国家行政主管机关通过划拨或特许可为法人、自然人创设他物权，如创设土地使用权、采矿权、水产养殖权、水产资源捕捞权、取水权、狩猎权，等等。通常情况下，继受取得均基于法律行为。除上述两种重要的继受取得的方法外，还有对特定标的物的特定继受取得和对他人权利义务全部继受的概括继受取得。

2. 物权公示

物权的公示是指物权享有及变动的可取信于社会公众的外部表现形式。物权是绝对权，具有排他性。要发挥物权的排他作用，防止人对物的争夺，对他人财产的侵犯，法律就必须明定物权的公示方法，使人通过一定的外部形态（外观），一见便知某人对某物享有物权，某物的物权在某人之间发生了移转。因此建立科学的物权公示制度，对维护物的占有秩序和交易安全均具有重要的意义。正是基于公示制度的意义，现代各国物权立法无不实行公示公信原则。

根据各国物权法的规定，物权公示的方法因不动产物权与动产物权的不同而有所区别：不动产物权以登记与登记变更作为其享有与变更的公示方法；动产物权以占有作为其享有公示方法，以交付作为其变更的公示方法，占有、交付之所在即为动产物权之所在。法律赋予登记、登记变更、占有、交付以公信力，社会公众也就可以通过登记、登记变更、占有、交付等知悉物权的享有及变动情况。其对于保障交易安全，尤为有利。登记与交付作为物权变动的要件之一，仅有当事人的物权变动的意思表示，而无法定的公示方法，其物权变动的意思表示不仅不发生社会的公信力，也不具有物权变动的法律效果。

物权登记的公信力，指物权登记机关在其物权登记簿上所作的各种登记，具有使社会公众相信其正确、全面的效力。基于物权登记的公信力，即使登记错误或有遗漏，因相信登记正确、全面而与登记名义人（指登记簿上记载的物权人）进行交易的善意第三人，其所得利益受法律保护。

动产占有的公信力，指法律规定动产物权的享有以占有为其公示手段。依此规定，动产之实际占有也就具有了使社会公众相信占有人对其占有的动产享有物权的公信力。基于占有的这种公信力，即使占有人对其占有的动产无处分权，占有人受让动产的善意第三人的利益亦受法律的保护。为保护善意第三人的利益，维护交易的安全，现代各国都从占有的公信力出发，在其物权法中规定了善意取得制度。按善意取得制度的规定，自无权转让人受让动产的第三人，在具备法律规定的条件时，可即时取得其受让动产的权利，原权利人的权利消灭。在这种情形下，原权利人只能请求无权转让人赔偿损失，而不能请求受偿人返还原物。

（五）物权的民法保护

1. 请求确认物

当物权归属不明或存在争执时，当事人向法院提起诉讼，即为确认物权请求。由于确认争执直接涉及本权（实体权）是否存在及其归属问题，通常不能在当事人之间解决，只能由有权确认物权之国家机关解决。特别是不动产物权，由于建立有严格的登记管理制度，只能由法院和主管国家机关解决。请求确认物权，包括请求确认所有权和请求确认他物权。

2. 请求排除妨碍

当他人的行为非法妨碍物权人行使物权时，物权人可以请求妨碍人排除妨碍，也可请求法院责令妨碍人排除妨碍。由于请求排除妨碍的事实依据是他人行为构成了对物权人行使物权使用收益等权能的妨碍，因此排除妨碍请求，不仅直接占有物的所有人可以提出，直接占有物的用益物权人也可以提出。

3. 请求恢复原状

当物权的标的物因他人的侵权行为而损坏时，如果能够修复，物权人可以请求侵权行为人加以修理以恢复物之原状。恢复原状的请求，可以由物的所有人基于物的所有权提出（不管所有人是否直接占有其所有物），也可以由物的合法占有人（如质权人、保管人）与使用人（如承租人、承包经营人）提出。因为这些人对所有人负有维持其物的完整性的义务。请求恢复原状的目的，在于恢复物的完好状态。

4. 请求返还原物

当所有人的财产被他人非法占有时，财产所有人或合法占有人，可以依照法律的规定请求不法占有人返还原物，或者请求法院责令不法占有人返还原物。为维护商品交易的安全，稳定某些既成的占有关系，现代各国物权法均对请求返还原物设有若干限制。因此，所有人或合法占有人并不能完全按照物权的排他性请求任何不法占有人返还原物。有的占有人，按所有权的逻辑推导下来，其占有虽为"不法"，但受物权法占有制度的特别保护，所有人或合法占有人不能请求其返还原物。

5. 请求赔偿损失

当他人侵害物权的行为造成物权人的经济损失时，物权人可以直接请求侵害人赔偿损失，也可请求法院责令侵害人赔偿损失。物权人赔偿损失的请求既可以单独提出，也可以在行使物上请求权时。

二、所有权

所有权是指财产所有人依法按照自己的意志通过对其所有物进行占有、使用、收益和处分等方式,独占性支配其所有物并排斥他人非法干涉的永久性权利。所有权是物权制度的基本形态,是其他各种物权的基础,所有权以外的物权,都是由所有权中派生而来。

(一) 所有权的权能

所有权的权能,从不同方面说明了财产所有人为实现所有权的利益对其财产可能行使的各种支配行为。权能与所有权的关系,既可以认为各项权能是所有权的不同作用,也可以认为各项权能是所有权包含的具体内容或所有权内容的有机组成部分。

所有权有积极权能与消极权能之分。积极权能主要为占有、使用、收益和处分,实践中所指所有权权能多指该积极权能。积极权能确切地反映了所有制关系的内容,又适当地概括了所有权人实现其法定利益的各种行为措施与手段。消极权能主要是指所有人排除他人的不当干涉与妨害。一般而言,每一种权能都意味着所有人或所有人授权他人实施某种行为的可能性。

所有权的积极权能是财产所有人积极利用所有物实现所有权而须主动进行的行为。

1. 占有

占有是指所有权权利主体对于财产的实际管领或控制的事实。实际上,占有权能并非行使所有权的目的,而往往是所有人对物进行使用收益和处分的前提。占有在此处是作为所有权的权能论及,因而它与传统民法占有制度中的占有权还有所区别,不可混淆。

由于占有是一种事实上对财产的支配,占有权可能会涉及财产的交付、权能的移转、物之返还、所有权的取得等诸多方面。为了区别占有的不同情况,以保护所有人和其他合法占有人的利益,可对占有作如下分类:①所有人占有和非所有人占有。所有人占有是所有人在事实上管领控制属于自己的财产,既是所有人直接行使占有权能,也是其行使所有权的表现。例如公民居住在自己的房屋中即为占有。非所有人的占有是指所有人以外的人对于所有人的财产进行事实上的控制。这种占有的特点是以他人所有权的存在为前提。依有无合法根据,非所有人的占有还可分为合法占有与非法占有。②合法占有和非法占有。非所有人的合法占有是指依据法律规定或所有人的意志而占有所有人的财产,例如,订立租赁合同的承租人占有出租人的财产。通常,合法占有依据合同产生时,非所有人要履行相应的义务,同时享有的占有权能受法律保护,所有人不能随意请求返还原物,回复其对所有物的占有。当非所有的合法占有权被侵害时,其可行使返还原物的请求权。没有法律上的根据又未取得所有权人的许可而由非所有人占有所有人的财产是非法占有。例如挪用公款、公物,盗窃他人财物,强占他人房屋等。非法占有违背了法律规定和所有人的意志,属侵权行为。③善意占有和恶意占有。这两种占有均属非法占有,是据占有人的主观心理状态进行的划分。非法占有人不知或不应知其占有为非法的是善意占有;非法占有人知道或应该知道其占有是非法的为恶意占有。从民法意义上看,对于他人的非法占有,通常情况下所有人可以依法提出救济,排除干涉妨害,以回复其占有。但非法占有中的善意占有是诚实的占有,受到占有制度的特殊保护,在法定条件下甚至可以对抗所有人的物上请求权。

2. 使用

使用是指特定权利主体依照财产的性质和用途,在不损坏物之本身或变更其性质的情形下对财产加以利用。即发挥财产的使用价值,满足生产生活需求,实现权利人的利益,它是所有权权能中一个重要的核心权能。例如,居住房屋、耕作田地、搭乘各类交通工具等。使用权能须以占有为前提,其可分为所有人使用和非所有人使用。所有人对其财产的使用在法律规定的范围内受保护,即使用是有限度的,须以不损害他人或公共利益为限,防止权能滥用,以求得个人利益间及个人利益与公共利益间的平衡。非所有人的使用可以是有偿的,也可以是无偿的,但皆须依法律或与所有人约定的方式使用财产才能求得保护。合法转移使用权能的结果,使得非所有人获得物的使用价值,而所有人则因此获得物的价值。非法使用他人财产者为无权使用,所谓使用人要承担相应的民事责任。

3. 收益

收益是指通过对所有物的占有、使用等取得其新增利益的权能。所有物增加的利益包括孳息与利润。孳息有两种:由所有物自然派生出的利益称为自然孳息,如果树的果实、从土地收取的粮食、采掘出的矿石等;依法律关系从所有物中取得的利益称为法定孳息,如存款的利息,房屋租赁后收取的租金等。收益除孳息外,还包括原物投入生产经营活动中所产生的利益即利润。

收益权能一般由所有人自己行使,即使他人使用物时,除法律或合同另有规定外,物的收益权能仍归所有人,但不排斥所有人可以将自己财产的一部分或全部收益权能转让给他人。在我国现今条件下,市场经济充分表现出货币经济与价值规律的特点,财产所有人对收益权能日益重视,他们十分看重如何使自己的财产增值,而不太在乎移转占有、使用或部分处分权能。因此,有学者认为,收益权能在现代商品经济已成为所有权之基本权能。把处分权能看做所有权的基本权能,是产品经济、计划经济的观念;而把收益权看做所有权的基本权能,则是商品经济、货币价值经济的观念。

4. 处分

处分是指权利主体对其财产在事实上和法律上的处置由此决定物的命运的权能。所有权人行使所有权不能给他人造成妨害或带来危险,所有者因从事危险作业、污染环境、道路施工、建筑物的悬挂物脱落或饲养动物等致人损害承担无过错赔偿责任等。

我国法律对行使财产所有权的限制属强制性规范,当事人不得通过约定加以改变。所有权人一旦违背限制规范,当受法律制裁。

(二)不动产所有权

所谓不动产在物理意义上是于空间占居固定位置,具不可移动性的物。而在经济价值上,不动产则是贵重的长期存在的和能够产生收益或移动后会影响其经济价值的物。在各国立法中,不动产一般包括土地、房屋等地上定作物。

1. 土地所有权

在法律上,所谓土地所有权,大抵有两层含义:①土地所有权法律制度,即指不同类型的国家立法明定的与本国土地所有制相关。②集体土地所有权的主体虽是集体,但并非采集体共同使用的模式,农民个人使用的情况也不在少数,如宅基地、自留地(山)的使用,尤其是1979年以后我国经济体制改革后,农村集体土地的使用制度也相应变革,集体所有、个人承包经营使用的模式已相当普遍,甚至宅基地使用费制度也有实行,集体土地上的他物权形式正在建立。

2. 房屋所有权

按照现代法对不动产的界定和我国城市房地产管理法的规定,房屋是指土地上的房屋等建筑物及构筑物。所以,房屋所有权即指房屋所有人独占性支配其标的物的权利。具体表现为对该所有的房屋的占有、使用、收益和处分,并有权排斥他人妨碍和干涉。

3. 建筑物区分所有权

建筑物区分所有权,大意是指对建筑物的与其他部分区别开来的某一特定部分所享有的所有权。这种所有权,既不是效力及于其所有的建筑物的全部的单独所有权,也不是按份共有或共同共有的建筑物的共有所有权,而是另一种既非单独又非共有的"区分所有"的情形,其所有权的效力范围只能及于其所有的部分,而不能包括建筑物的全部,于是就出现了对房屋共有部分的利益和权利的问题,如楼梯、走道等。正因为建筑物区分所有权所涉内容较一般房屋所有权的复杂性,便产生了诸种理论主张,并且分别为立法所认可支持。我国学界的表述与分析认为,建筑物区分所有权,是指根据使用功能,将一多层建筑物在结构上区分为由各个所有人专用部分与共用部分时,每一所有人所享有的对其专有部分的专有权和共用部分的共有权的结合。

(三) 动产所有权

所谓动产,是指能在空间上移动位置而不会损害其经济价值的物。动产所有权是以动产为其客体,由主体对其进行独占性地支配,并可排除他人妨害干涉的权利。善意取得是动产所有权取得中的重要问题,因此,在这里主要讲一下善意取得的问题。

善意取得制度是近现代民法的产物,又称即时取得,指动产由无权处分的占有人转让给不知情(善意)第三人占有时,第三人一般可依法取得动产的所有权或他物权,原动产所有人不得请求第三人返还,而只能要求转让人赔偿损失。善意取得制度的立法目的和实践依据在于调和了保护静态所有权与动态交易安全价值冲突之两难,即在法律技术上协调了由无权处分行为产生的善意受让人与财产所有人的利益冲突,弥补了让与人处分权的不足,意在力图保持社会秩序平和稳定的前提下,突出保证财产流通,促进交易便捷稳妥,谋求社会的整体效益。可见,善意取得制度确实适应了经济发展的需求,因而被现代各国民法所继受,成为其财产所有权制度中的重要一环。

由于适用善意取得制度的结果是物的原权利人丧失了对财产处分权或其权利受到了限制,善意受让人则因此取得物之所有权或他物权,因而与当事人各方利害攸关。各国民法或司法实践都就其适用规定了如下构成要件:受让人须通过交易从转让人处取得财产;转让人须为无处分权人;转让处分的标的物须为动产;受让人在受让财产时须为善意占有;善意受让人取得占有的动产须是依所有人的意思合法脱离所有人占有的财产。

善意取得一旦成立,便有三个方面的法律效力产生:①就善意受让方来说,即时取得财产所有权或他物权,成为财产的合法所有人或他物权之主体。并且,此种财产权的取得既非出于他人之手的转让,亦非是原所有人的意思,而是基于法律的直接规定即"法律赋权",因而属原始取得。②对于原权利人,善意取得的发生使得其所有权或他物权归于消灭,由此而生的各项请求权一并丧失。③对于非法转让人的转让行为不仅侵害了原权利人之权利,且所获利益亦无法律或合同上之根据,原权利人有请求非法转让人返还不当得利或赔偿损失的权利。

8

(四)货币所有权

货币属物之种类中的动产。货币作为权利客体,具有明显的法律特征:①货币为种类物,可以相互替代,不具个性;②货币是典型的消耗物,不能为同一目的而反复使用,即货币经所有人使用之后,流转至他人,原所有人丧失所有权人,他人则取得其所有权,原所有人不得再行使用。因此,货币作为支付手段,以辗转流通、时时易主为常态,以供人消费为唯一目的,故为典型的消耗物。

鉴于货币的上述特征,货币所有权也具有自己的个性,即货币所有权与占有具有一致性。换句话说,货币的占有人就是货币的所有者,占有人可行使货币所有权。因此,货币所有权一般不具追及效力,即货币所有人没有返还原物的物权请求权,只有请求返还等额货币的债权请求权。货币亦不发生善意取得的问题。因为货币只要从一人转至另一人,不论何种情况,另一人就取得了货币所有权,此时受让货币占有的第三人,系从原所有人处依原所有人的意志取得货币所有权,是继受取得,故不具善意取得的条件。

(五)共有

共有是指两个以上的人对同一项财产共同享有一个所有权的一种法律关系,即一物所有权同时为数人共同享有的法律状态。共有的法律特征表现有:①主体不具有单一性;②客体是特定的同一项财产;③内容包含对内、对外双重权利义务关系;④属多人共有一个所有权的非独立的所有权类型。

共有关系的发生原因通常有两个:①因当事人的意思表示或合意而发生,如甲乙共同出资购买一辆卡车跑运输,车归甲乙双方所有,形成共有关系;②因法律的规定而发生,如夫妻财产、家庭财产的共有、遗产在分割前继承人对遗产的共有、先占、附合、混合等动产取得上的共有,等等。我国民法的共有包括按份共有、共同共有和准共有三类。

1. 按份共有

按份共有,又称分别共有,例如按比例出资共同购买财产的两个以上民事主体之间就是按份共有关系。按份共有在性质上是一个所有权的量的分割,它不是将共有财产的本体分割成若干份,按份享有,而是各个共有人对财产的所有权按份额享有权益,履行义务。由于按份共有人的所有权均是针对同一项财产发生,相互间在性质上并无区别,故按份共有中的份额权适用所有权的一般规定。

各共有人对共有物有相同或不同的应有份额,其具体数额一般由共有人的意志(约定)而确定。按法律要求,按份共有关系产生后,如果各个共有人的应有份额不明确,则应推定为均等。共有人享有的权利和承担的义务,取决于共有财产中属于自己的财产份额。确定的财产份额是共有人对共有物分担义务和分享权利的依据。所持财产份额的大小,又是分割共有财产的尺度。依照《民法通则》的规定,当共有人转让自己的份额时,在同等条件下,其他共有人有优先购买权。因此,某一共有人出售其财产份额时,有及时告知其他共有人的义务以及尊重其他共有人的优先购买权,尽力提供方便的义务。当存在几个共有人争买该财产份额时,则由转让财产份额的共有人决定出售给其中的哪个共有人。侵犯该项权利的转让行为,应视为无效。如果不按出让的合法出售条件或一定期限购买,则为丧失优先购买权。按份共有人对整个共有物的处分,须取决于全体共有人的意志,但按份共有人可就其应有的财产份额设定担保,如设定抵押。当某一个或几个共有人未经全体共有人的同意,损害了其他共有人利益时,或者共有人之外的第三人妨害共有人行使所有权,共有人可单独或共同地依法享有物上请求权,包括停止侵害、排除妨害、恢复原状和返还原物的请求,以维护共有权益。

2. 共同共有

共同共有是指两个或两个以上的所有人,以共有的全部财产不分份额地共同享有一物的所有权的共有形式。共同共有财产的形成是基于数人间的共同关系。共同共有的基本形式有合伙共同共有、夫妻共同共有、家庭共同共有、遗产的共同共有。例如,夫妻关系、家庭成员关系、遗产尚未分割时的共同继承关系、合伙关系等。共同共有是不确定份额的共有。共同关系解体,共同共有便随之消灭,此时方能确定各自的份额。而在共同共有关系存续期间,各共有人不得对共有物提出分割请求。如果部分共有人擅自以划分份额的方式,处分共有物,原则上应认定为无效。共同共有中各共有人对共有物平等地享受权利和承担义务。共同共有的对外效力和对内效力十分明显。对外效力是指共有人的行为对于第三人所发生的效力。共同共有关系中无论共有人数的多少,对外均为一个整体,通常以其整体的名义为民事活动,除法律另有规定外,通常共有人对其他共有人以共有关系名义取得的财产享有权利,同时又对此承担义务。通常情况下,对共有物的处分行为,只有在全体共有人意志一致的情况下,才对外发生效力,部分共有人擅自处分共有财产的行为应认定为无效,但第三人善意、有偿取得该项财产的,法律则保护第三人的善意取得,因此造成其他共有人损失的,由擅自处分共有物的人负责赔偿,各共有人对外发生债务或造成国家、集体或第三人损害的,须由全体共有人负连带责任。对内效力即指各共有人之间的权利义务关系,其内容由法律规定或约定。共同共有人因共同共有法律制度的限制,在共有关系存续期间不享有分出或转让权、分割请求权和优先购买权等,并负有维护共有财产完整的义务,在共同共有财产上的一切法律行为,一般均由全体共有人作出。同时,当共有物被他人非法侵害时,任何一个共有人均有权行使物上请求权,使共有物所有权恢复至圆满状态。

共有财产通过实物、变价、作价进行分割。共有财产的分割是在共有关系终止时,依照当事人之间的协议或依法律规定清理共有财产关系的行为。不成时,按照拥有财产份额一半以上的共有人的意见办理,但不得因此损及份额较少的共有人的利益;如果没有拥有财产份额一半以上的共有人,则按多数共有人的意见处理。共同共有的财产分割以共有关系消灭为前提,同样,有协议的,按协议办理;没有协议的,一般根据等分原则,同时兼顾共有人对共有财产贡献的大小,共有人生活、生产的实际需要来确定。

三、用益物权

用益物权是在他人物上设立的以使用、收益为目的的物权。所有权是用益物权的源泉,使用自己的财产为所有权的功能,使用他人的财产方产生用益物权。用益物权是对他人物使用收益的物权。如何确实用益物权的划分标准和范围,是物权法是否讲逻辑的一个重要问题。因此,排除基于合同关系利用他人财产的用益权。用益物权是通过划拨、分配、征用等关系使用他人财产而产生的权利。

用益物权的权利主体是用益物权人,简称用益人。在具体的用益物权中,用益物权人又有各自的称谓,如土地承包经营权人。用益物权的义务主体是相对的所有权人和其他世人。

用益物权的客体是他人的不动产、动产,统称用益物。传统用益物权的客体限于不动产,随着国家、集体财产使用权的确立以及征用制度的实施,动产亦发生用益物权,动产也成为用益物权的客体。

用益物权的权能是占有、使用、收益、转让,用益物权人对用益物享有占有、使用、收益和在所有权人允许的范围内转让的权利。

用益物权是用益人使用他人不动产、动产所享有的权利,用益物权通过调剂这种所有人所有与他人使用关系,使无物之所有权者能有物可使,权利且得以保障,同时增进物的使用价值,使物尽其用。

(一) 用益物权的取得

用益物权源于他人的所有权,故用益物权的取得没有原始取得,只有继受取得。用益物权的继受取得可分为创设取得和移转取得。

1. 创设取得

用益物权的创设取得,是指在他人所有权上设定用益物权。经创设,用益物权从所有权中剥离,当事人取得用益物权。创设取得的方式主要有依法确权、行政划拨、内部分配、政府征用。

用益物权可以基于依法确权产生。例如草原法规定:国家所有的草原,可以依法确定给全民所有制单位、集体经济组织等使用。依法确定给全民所有制单位、集体经济组织等使用的国家所有的草原,由县级以上人民政府登记造册,确认草原使用权。全民所有制单位、牧民集体组织依照草原法取得草原的用益物权。

用益物权可以基于国家在法律规定的范围内划拨国有土地使用权。

用益物权可以基于内部分配产生。例如农民集体组织将承包地、宅基地分配给本组织的村民使用。

用益物权可以基于政府征用产生。人民政府可以征用他人的不动产、动产用于救灾等紧急需要。

2. 移转取得

用益物权的移转取得,是指以买卖、互易、赠与、继承、遗赠、判决、裁决、没收、分配、征用等方式取得他人的用益物权。

在用益物权的创设取得中,应注意区分债权对物的使用关系。使用权从所有权中游离有两种原因,一种是基于租赁、借用,另一种是基于确权、划拨、分配、征用等创设方式。前一种产生债的关系,后一种产生用益物权关系。承租权也是法律权利,具有对抗性,这就使承租权在效力上与用益物权不相上下,因此需将合同产生用益物权的做法摒弃,合同产生的就是债权。这样,就能从内部划清债权与用益物权的界限,否则用益物权难免与债权交叉。

(二) 用益物权的消灭

用益物权因用益物灭失而消灭。例如,房屋失火,房屋所有权消灭,用益物权随之消灭。用益物权因回归所有权而消灭。例如,所有权人收回用益物权,用益物权人交回用益物权,用益物权的目的完成,用益物权的期间届满,用益物权人死亡、终止等都会引发用益物权回归所有权。

四、担保物权

担保物权是指为了担保债务的履行,在债务人或者第三人特定的财产上设定的具有变价权和优先受偿权内容的一种他物权。担保物权设立的用途在于以债务人提供的担保财产价值,担保债权的履行和债权的实现,当债务人不能如期履行债务时,担保物权人可以担保财产折价抵债,或从变卖担保财产价款中优先受偿。作为他物权的一种,担保物权除具有物权的一般性质外,还具有以下特征:为担保债务的履行而设立的权利,具有从属性;当债务不履行时才能行使的权利,具有附条件性;具有变价性和优先受偿性;担保物权具有物上代位性。按照我国担保法的规定,担保物权的基本分类是抵押权、质押权和留置权。

(一) 抵押权

抵押权是指债务人或者第三人向债权人提供一定的财产以担保债务的履行,在债务人不履行债务时,债权人有依照法律的规定以该财产折价或拍卖、变卖该财产的价款优先受偿的权利。在抵押法律关系中,享有抵押权的人是债权人,亦称抵押权人;提供一定担保财产的债务人或第三人,称为抵押人;抵押人提供的担保财产,称为抵押财产或抵押物。抵押权的设立虽为担保债务的履行,但因其为担保物权的一种,故必须依法设立。当抵押人将特定的财产担保给债权人,债权人(抵押权人)表示接受,并不等于抵押权由此而成立生效。也就是说,抵押权的发生虽以抵押物特定性为基础,但还必须签订抵押合同以及抵押权登记等。

抵押权以不移转标的物的占有为条件,所以设定抵押权后,抵押人仍然是标的物的所有人,在抵押期间对抵押物享有处分权,但抵押权毕竟是以担保债权的实现为目的的,因而为了保障抵押权人的优先受偿权得以实现,法律对抵押人对抵押物的处分权作出了一定的限制。因为抵押物事实上的处分会导致抵押物价值的灭失,侵害抵押权人就抵押物价值所享有的优先受偿权,所以,抵押人不能对抵押物为事实上的处分。至于抵押人对抵押物的法律上的处分,应不因其上存在抵押权而受到影响。因为在抵押权设定后,抵押人对抵押物的所有权并未丧失,故抵押人仍然能够转让抵押物的所有权,但在债务履行期届满抵押权人未受清偿时,抵押权人得行使抵押权作为物权的追及性以满足自己的债权。然而我国担保法没有明确规定抵押权的追及性,只是对抵押人转让抵押物的行为进行了一定的限制,即抵押期间,抵押人转让已办理登记的抵押物的,应当通知抵押权人并告知受让人转让物已经抵押的情况;抵押人未通知抵押权人或者未告知受让人的,转让行为无效。转让抵押物的价款明显低于其价值的,抵押权人可以要求抵押人提供相应的担保;抵押人不提供的,不得转让抵押物。抵押人转让抵押物的价款,应当向抵押权人提前清偿所担保的债权或者向与抵押权人约定的第三人提存。超过债权数额的部分,归抵押人所有,不足部分由债务人清偿。

当债务履行期届满而抵押权人未受偿时,抵押权人即债权人可以就抵押物优先受偿,以满足债权的需要,这时抵押权实行结束,抵押权即告消灭。根据我国《担保法》第 53 条的规定,抵押权的实现方式有折价、拍卖、变卖三种。这有利于更好地协调抵押权人、抵押人与债务人之间的利益关系,充分发挥抵押制度的作用。

(二) 质权

质权,又称质押权,是指债务人或第三人将其动产或权利移转给债权人占有,债务人不履行债务时,债权人可依法从该动产或权利中优先受偿的制度。其中,设立质权的债务人或第三人是出质人,享有质权的债权人是质权人。移交给质权人的动产为质物。质权的种类在各国法上并不相同,根据我国担保法的规定,可分为动产质权和权利质权。

1. 动产质押

动产质押是质押的一个基本种类。是将动产交给债权人占有,当债务人不履行债务时,债权人可以将该动产处分的价款优先受偿的制度。动产质押一般都是由债权人和债务人通过他们之间订立动产质押合同设定的。依我国《担保法》第64条规定,动产质押是由出质人和质权人以质押合同的形式设定的。动产质押的标的物是各种动产。由于质押权的实现必须就质物的交换价值优先受偿,因此,质物须为可交易物,即法律允许流通的动产。一般而言,质物不应包括金钱货币,但如对金钱加以封存使之成为不可代替之特定物时,也可成立动产质押。因质押设定,通常是在有物无钱之状态的信用保证,故金钱质押在理论上有之,在实际生活中并不多见。

动产质押所担保的债权,在实践中最为常见的是金钱债权,也有实物(如买卖交易)债权。质押担保的范围,《担保法》第67条作了规定,包括法定范围与约定规定。质押担保的法定范围有主债权和利息、违约金、损害赔偿金、质物保管费用和实现质权的费用。如当事人在质押合同中另就法定范围内选择约定或有不违背公序良俗的其他约定,可按约定的范围担保。动产质押以移转占有为要件,因此它本身已有公示作用,一般不必专作登记公示,法律也不要求作动产登记。因此,动产质押的设定无须向社会公示也不必到有关部门登记。这是与抵押权相异的重要之处。

动产质押中的质权人享有:①留置质物权;②优先受偿权;③收取利息的权利;④请求偿还有关费用的权利。质权人负有的义务是:①妥善保管质物的义务;②届期返还质物的义务。当债务履行期届满,债务人已履行债务或出质人提前清偿了所担保的债权,表明质押权已因债权实现而消灭,质权人当返还质物给出质人。

2. 权利质押

权利质押,是指以权利作为质押的标的物,在债务人届期不履行债务时,债权人有权将该权利转让以优先受偿。根据《担保法》第75条的规定,在我国质权可分为四大类:债权;依法可以转让的股份、股票;依法可转让的知识产权中的财产权;依法可以质押的其他权利。

债权具有明显的可转让性,是质权利最理想的形式。法律所列举的债权质权利有七种两类,其中汇票、本票、支票、债券、存款单属金钱给付类债权质权利,而仓单、提单则属给付动产类债权质权利。

依法可以转让的股份、股票实际上是指反映着一定财产权利的股东权,但须具有交换价值即可转让性,禁止或者限制转让的股份、股票不能设立质押。

依法可转让的知识产权中的财产权,具体是指商标专用权、专利权、著作权中的财产权,它们具有相当的财产价值,作为质权利的一种,也可以起到促使债务人如期向债权人清偿债务的目的。

除上述三类权利之外尚存有其他依法可供质押的特定权利。这一补充性的条款也使得权利质押具有了一定的灵活性,据此,凡具有可转让性的,其他权利均可成为质权利,如土地使用权、不动产上的收益权等。

（三）留置权

留置权是按照合同约定债权人占有债务人的财产,当债务人逾期不履行债务时,债权人有留置该财产并依法以该财产折价或以拍卖、变卖该财产的价款优先受偿的权利。留置权中的债权人称为留置权人,被留置的财产称为留置物。留置权作为担保物权的一种,具有担保物权的共性。但与抵押权、质押权相比较,留置权又具有如下法律特征:①留置权是以属于债务人的特定动产作为标的物的担保物权。被留置在债权人手中的物,是属于债务人的,这样,才能实现留置权人的债权。从我国担保法的有关规定可知,我国留置权是动产物权,不动产不能作为留置权的标的物。②留置权是债权人在其债权受清偿前扣留并拒绝返还占有债务人财产的权利。留置权以债权人已占有债务人财产为其存续或成立的必备要件。丧失占有的前提,留置权便不复存在,即占有在前,留置在后,方可产生留置权。此与抵押权对于不占有标的物恰好形成差异。③留置权是具有双重物权效力的权利。当债务人怠于履行债务时,债权人可直接对其占有的标的物进行留置,以促使债务人履行其义务,如债务人不及时清偿债务便不能得到留置物,这是留置权的第一次效力;其第二次效力是债务人经催告后仍不履行债务,债权人便可以留置物的变价实行优先受偿权。④留置权是法定担保物权。留置权的产生非依当事人间的协议或约定,而是直接依照法律的规定,即符合法律规定的条件时始得发生,债权人不得随意滥用留置权。留置权的法定性,是其与其他担保物权相区别的重要标志之一。担保法则明确规定留置担保的范围包括主债权及利息、违约金、损害赔偿金、留置物保管费用和实现留置权的费用。

在留置物留置期间,留置权人享有标的物的占有权、标的物孳息的收取权、标的物的保管使用权、必要费用的求偿权、就留置物优先受偿的权利。留置权人的义务有对留置物的保管义务、不得擅自处分留置物的义务、返还留置物的义务。最后,根据《担保法》第87条规定,留置权通过折价抵债、拍卖、变卖留置物,以其价款优先受偿的方式实现。

第二专题　债权法基础

一、债

（一）债的概念和要素

债是特定的民事主体之间请求为特定行为的民事法律关系。我国《民法通则》第84条规定"债是按照合同的约定或者依照法律的规定,在当事人之间产生的特定的权利和义务关系。享有权利的人是债权人,负有义务的人是债务人。"在多数情况下,当事人双方既是债权人又是债务人。如在合同中,甲方有向乙方提供货物的义务,同时有要求乙方付给货款的权利;而乙方有要求甲方按规定提供货物的权利,同时又有交付货款的义务。他们双方互为债权人和债务人。但在有些债权关系中,债权人和债务人是截然分开的。如因为侵权行为所发生的债,受害人是债权人,有要求对方赔偿损失的权利,而致害人是债务人,他只有负责赔偿损失的义务。债作为一种民事法律关系,包括主体、客体和内容三项基本要素。

债的主体,即债的当事人,包括债权人和债务人。债权人和债务人的地位是相对于特定行为而言的,有权请求他方为特定行为的是债权人,负有为特定行为义务的是债务人。同一债的关系中,债权人一方或债务人一方可能是数人,他们之间的债的关系,称为多数人之债。在多数人之债中,除债权人与债务人的关系外,在多数人之间还存在其他民事法律关系,由当事人自行约定或者由法律规定。但不论债权人或债务人是单数还是复数,均为特定之人。主体特定化是债的关系的一个特征。主体特定化意味着债权一般只能由债权人行使,债务只能由债务人履行,除非有相反的约定或法律规定。在我国,一切民事主体均可成为债权人或债务人,但法律对于合同之债的当事人,规定有行为能力的限制。

债的客体,是"给付"行为。"给付"是"特定行为"的动词化表达,由于沿用习惯,其又有了名词词性。作为动词,给付在债的关系运作的不同阶段和不同层面,会产生各种不同的法律效果,就给付满足债权的过程而言,称为"履行",就给付的结果消灭债的关系而言,又被称为"清偿"或"偿付"等。给付包括积极给付与消极给付。积极给付是以作为为内容的给付,消极给付则是指以不作为为内容的给付。

债的内容,是债的关系中主体享有的债权与负担的债务,债权与债务共同构成债的关系的内容。

（二）债的发生

债权债务关系可因一定的民事法律事实而产生、变更或终止。根据法律的规定,债的发生根据主要包括以下几个方面:

第一,合同。合同是平等主体的自然人、法人、其他组织之间设立、变更、终止民事权利义务关系的协议。合同依法成立后,即在当事人之间产生债权债务关系,因此合同是债的发生根据。基于合同所产生的债,称为合同之债。合同之债是当事人在平等基础上自愿设立的,是民事主体开展各种交往的法律表现,也是债的最常见、最主要的发生原因,因此下文做以专门介绍。

第二,单方允诺。单方允诺也称单独行为或单务约束,是指表意人向相对人作出的为自己设定某种义务,使对方取得某种权利的意思的表示。依意思自治原则,民事主体可基于某种物质上或精神上的需要为自己设定单方义务,同时放弃对于他方当事人的对价请求。因此,单方允诺能够引起债的发生。在社会生活中较为常见的单方允诺有悬赏广告、设立幸运奖和遗赠等。

第三,侵权行为。侵权行为是指不法侵害他人的合法权益的行为。依法律规定,侵权行为发生后,加害人负有赔偿受害人损失的义务,受害人享有请求加害人赔偿损失的权利。这种特定主体之间的权利义务关系,即侵权行为之债。侵权行为之债是除合同之债以外的另一类较为常见的债,它由非法行为引起,依法律规定而产生,以损害赔偿为主要内容。

第四,无因管理。无因管理,是指没有法定的或约定的义务,为避免他人利益受损失为他人管理事务提供服务的行为。无因管理一经成立,在管理人和本人之间即发生债权债务关系,管理人有权请求本人偿还其因管理而支出的必要费用,本人有义务偿还,此即无因管理之债。无因管理之债与合同之债一样,都是因合法行为而发生的,二者的根本区别在于合同之债为意定之债,无因管理之债为法定之债。

第五,不当得利。不当得利,是指没有合法根据而获得利益并使他人利益遭受损失的事实。依法律规定,取得不当利益的一方应将所获利益返还给受损失的一方,双方因此形成债权债务关系,即不当得利之债。不当得利之债与侵权行为之债、无因管理之债同属法定之债,其特点在于,它是基于当事人之间的利益发生不当变动的法律事实(事件)而发生。

第六,其他原因。除上述发生原因外,债的关系还可因其他法律事实而产生。例如,因缔约过失,会在缔约当事人之间产生债权债务关系;因拾得遗失物,会在拾得人与物的所有人之间产生债权债务关系;因防止、制止他人合法权益受侵害而实施救助行为,会在因此而受损的救助人与受益人之间产生债的关系。

二、合同

(一) 合同的概念和特征

1999年3月15日通过的《中华人民共和国合同法》,将合同视为市场交易的法律形式,将合同法视为规范市场交易行为的规则,准确地界定了合同的概念,即:合同是平等主体的自然人、法人、其他组织之间设立、变更、终止民事权利义务关系的协议(第2条第1款)。

合同具有如下法律特征:①合同是一种民事法律行为。合同以意思表示为要素,并且按意思表示的内容赋予法律效果,故为法律行为,而非事实行为。②合同是两方以上当事人的意思表示一致的法律行为。合同的成立必须有两方以上的当事人,他们相互为意思表示,并且意思表示相一致。这是合同区别于单方法律行为的重要标志。③合同是以设立、变更、终止民事权利义务关系为目的的法律行为。任何法律行为均有目的性,合同的目的性在于设立、变更、终止民事权利义务关系。④合同是当事人各方在平等、自愿的基础上产生的法律行为。在民法上,当事人各方在订立合同时的法律地位是平等的,所为意思表示是自主自愿的。

(二)合同的分类和种类

合同的分类,是指基于一定的标准,将合同划分成不同的类型。常见的合同分类有:以当事人双方权利义务的分担方式为标准,合同可以分为双务合同与单务合同;以双方当事人权利的取得是否付出相应代价为标准,合同可以分为有偿合同与无偿合同;以成立是否需要交付标的物为标准,合同可以分为诺成合同与实践合同;以成立是否需要采用特定的形式或程序为标准,合同可以分为要式合同与不要式合同;以是否具有从属性为标准,合同可以分为主合同与从合同;以内容是否由双方当事人协商为标准,合同可以分为格式合同与非格式合同;以法律是否设有规范并赋予一个特定名称为标准,合同可以分为有名合同与无名合同;以订立是否存有事先约定的关系为标准,合同可以分为本合同与预约合同。

从我国现行合同法规定来看,合同法分则规定了 15 种有名合同。

(1)买卖合同。即出卖人交付标的物并转移标的物的所有权于买受人,买受人支付价款的合同。其中,依约定应交付标的物并转移标的物所有权的一方称为出卖人,也叫卖方,应支付价款的一方称为买受人,也叫买方。出卖人应当是买卖合同标的物的所有权人或其他有处分权人。

(2)供用电、水、气、热力合同。即一方提供电、水、气、热力供另一方利用,另一方利用这些资源并支付报酬的合同。供用电、水、气、热力合同本质上就是特种商品的买卖合同,属移转财产所有权合同的一种,买卖合同关于移转财产所有权所作的规定,对于该合同同样有参照适用的效力。

(3)赠与合同。即赠与人将自己的财产无偿给予受赠人,受赠人表示接受该赠与的合同。其中转让财产的一方为赠与人,接受财产的一方为受赠人。赠与合同中,赠与人向受赠人移转的一般是财产的所有权,但是并不限于所有权,土地使用权、经营权、股权、债权等也可以成为赠与的财产。

(4)借款合同。即借款人向贷款人借款,到期返还借款并支付利息的合同。提供借款的一方,称为贷款人或贷与人,又称为出借人;接受借款的一方称为借款人。在我国,借款合同有广义和狭义之分。狭义的借款合同仅指银行等金融机构为贷款人或贷与人的借贷合同,又称为银行借贷合同;广义的借款合同是指一切以货币的借出和借入为标的的借贷合同,包括狭义的借款合同和以自然人为贷款人的合同。我国统一合同法采用了广义的借款合同概念。

(5)租赁合同。即出租人将租赁物交付承租人使用、收益,承租人支付租金的合同。在租赁合同关系中,交付租赁物供对方使用、收益的一方称为出租人;使用租赁物并支付租金的一方称为承租人。

(6)融资租赁合同。即当事人之间约定,出租人根据承租人对出卖人、租赁物的选择,向出卖人购买租赁物,提供给承租人使用,承租人支付租金的合同。融资租赁合同是融信贷和租赁为一体的一种新型租赁合同,有人又将其称为现代租赁,以区别于传统租赁。

(7)承揽合同。即承揽人按照定作人的要求完成工作,交付工作成果,定作人给付报酬的合同。在承揽合同中,完成工作并交付工作成果的一方为承揽人;接受工作成果并支付报酬的一方称为定作人。承揽合同的种类有加工合同、定作合同 、修理合同、复制合同、测试合同、检验合同 。

（8）建设工程合同。即建设工程的发包人为完成工程建设任务,与承包人签订的关于承包人按照发包人的要求完成工作,交付建设工程,并由发包人支付价款的合同。其中,发包人主要是指建设单位,有时也称为委托方;承包人一般包括勘察单位、设计单位和施工单位。

（9）运输合同。即承运人将旅客或者货物从起运地点运输到约定地点,旅客、托运人或者收货人支付票款或者运输费用的合同。运输合同包括客运合同、货运合同、多式联运合同。

（10）保管合同。又称寄托合同、寄存合同,是指保管人保管寄存人交付的保管物,并返还该物的合同。提供保管服务的一方为保管人（也称受寄托人）,其所保管的物品为保管物,交付物品接受保管服务的一方称为寄存人（也称寄托人）。

（11）仓储合同。即保管人储存存货人交付的仓储物,存货人支付仓储费的合同。提供储存保管服务的一方称为保管人,接受储存保管服务并支付报酬的一方称为存货人。交付保管的货物为仓储物,仓储合同属于保管合同的一种特殊类型。

（12）委托合同。又称委任合同,是指一方委托他方为自己处理事务,他方允诺为其处理事务的合同。在委托合同关系中,委托他方为自己处理事务的人,为委托人;允诺为委托人处理事务的人,即接受委托的人,为受托人。

（13）行纪合同。即行纪人以自己的名义为委托人从事贸易活动,委托人支付报酬的合同。其中以自己名义为他方办理业务的,为行纪人;由行纪人为之办理业务,并支付报酬的,为委托人。如某服装厂甲委托某销售公司乙代销产品,乙接受甲的委托并以自己的名义代甲销售,代销价款归甲方,乙方收取代销费。在这个关系中,甲为委托人,乙为行纪人。

（14）居间合同。指居间人向委托人报告订立合同的机会或者提供订立合同的媒介服务,委托人支付报酬的合同。在民法理论上,居间合同又称为中介合同或者中介服务合同。向他方报告订立合同的机会或者提供订立合同的媒介服务的一方为居间人,接受他方所提供的订约机会并支付报酬的一方为委托人。

（15）技术合同。指当事人之间就技术开发、技术转让、技术咨询或者服务所订立的确立相互之间权利和义务的合同的总称。根据科学技术研究、开发活动的特点以及当事人的权利义务内容,技术合同可分为技术开发合同、技术转让合同、技术咨询合同和技术服务合同。技术开发合同指当事人之间就新技术、新产品、新工艺和新材料及其系统的研究开发所订立的合同。技术转让合同是当事人就专利权转让、专利申请权转让、专利实施许可、技术秘密转让所订立的合同。技术咨询合同是指当事人一方以技术知识为另一方就特定技术项目提供可行性论证、技术预测、专题技术调查、分析评析报告等订立的合同。技术服务合同是指当事人一方以技术知识为另一方提供技术服务,另一方支付报酬的合同。

（三）合同的相对性

合同的相对性,又称为合同之债的相对性,是指合同关系只能发生在特定的主体之间,只对特定的主体发生约束力,只有合同当事人才能基于合同相互提出请求或提起诉讼,合同当事人不得依据合同对合同关系外第三人提出请求或者提起诉讼,合同关系外的第三人不能依据合同向合同当事人提出请求或者提起诉讼。作为合同法基石的合同相对性具有以下三方面的内容。

1. 主体的相对性

主体的相对性是指合同关系只能发生在特定的主体之间,只有合同当事人之间才能基于合同相互提出请求或提起诉讼。具体而言,第一,由于合同关系仅是特定主体之间的法律关系,因此,只有合同当事人彼此之间才能相互提出请求或提起诉讼,合同关系的第三人,不能依据合同向合同当事人提出请求或者提起诉讼。第二,合同当事人一方只能向另一方当事人提出合同上的请求和诉讼,不能向合同关系外的第三人提出合同上的请求和诉讼。

2. 内容的相对性

合同内容的相对性是指除法律、合同另有规定外,只有合同当事人才能享有合同权利,并承担合同义务。合同当事人以外的任何第三人都不能主张合同上的权利。在双务合同中,合同内容的相对性还表现在一方的权利就是对方的义务,权利义务是对应的。具体而言,第一,合同规定由当事人享有的权利,原则上并不及于第三人,合同规定由当事人承担的义务,一般不约束第三人。第二,合同当事人无权为他人设定合同上的义务。即使当事人一方与第三人之间存在经济上的利害关系,也必须征得第三人的同意后才能为其设定义务。第三,合同权利义务主要对合同当事人产生约束力。

3. 责任的相对性

责任的相对性是指违约责任只能在特定的主体之间,即合同关系的当事人之间发生;合同关系以外的人,不负违约责任,合同当事人也不对其承担违约责任。它包括三方面的内容:①违约当事人应当对因自己过错造成的违约后果承担责任,而不能将责任推卸给他人。合同当事人一方应当对其及其履行辅助人的行为负责。所谓履行辅助人,是指根据债务人的意思事实上辅助债务人履行债务的人,履行辅助人包括债务人的代理人和代理人以外的辅助债务人履行债务的人。②在因第三人的行为造成债务不能履行的情况下,债务人仍应当向债权人承担违约责任。此时,债务人承担违约责任后,有权向该第三人追偿。当然,如果第三人的行为已直接构成侵害债权,则第三人可依侵权法直接向债权人负责。债务人应为第三人的行为向第三人负责的规则,在转包、转租等合同以及连环合同中较为常见。如在转包合同中,与他人定立承包合同的一方当事人,将自己承包的项目的一部分或全部转让给第三人,由第二份合同的承包人向第一份合同的承包人履行,再由第一份合同的承包人向原发包人履行。第二份合同的承包人是次承包人,相对于第一份合同的当事人而言为第三人。如果由于第二份合同的承包人不履行债务,使得第一份合同的承包人不能向发包人履行债务,则发包人只能请求其承包人承担违约责任,而不能请求次承包人承担违约责任。③债务人只能向债权人承担违约责任,而不能向国家或者第三人承担违约责任。

(四) 合同的成立

合同属于法律行为的一种,在本质上是当事人的一种合意。合同成立制度,就是围绕当事人合意的形成而展开。一般而言,合同的成立要经过要约和承诺的过程。

要约,是一方当事人以缔结合同为目的,向对方当事人提出合同条件,希望对方当事人接受的意思表示。在商业活动及对外贸易中,要约常被称作发价、发盘、出盘、报价等。适格的要约包括以下构成要件:

① 要约必须是特定人所为的意思表示。要约是要约人(发出要约之人)向相对人(受要约人)所作出的含有合同条件的意思表示,旨在得到受要约人的承诺并成立合同,只有要约人是特定的人,受要约人才能对之承诺。因此,要约人必须是特定人。所谓特定人,是指能为外界所客观确定的人,至于是自然人、法人抑或合伙企业等,是本人还是其代理人,可在所不问。② 要约必须向相对人发出。要约必须经过相对人的承诺才能成立合同,因此,要约必须是要约人向相对人发出的意思表示。相对人一般也必须为特定的人,但在特殊情况下,对不特定的人作出又无碍要约所达目的时,相对人亦可为不特定人。③ 要约必须具有缔结合同的目的。要约人发出要约的目的在于订立合同,这种目的一定在要约中明确地表达出来,才会使受要约人下决心与要约人签订合同。所以,作为要约,必须含有缔结合同的目的。④ 要约的内容必须具体确定。要约的内容必须具体确定,而非含糊不清。如果不具体确定,受要约人便不能了解要约的真实含义,难以承诺。

承诺,是受要约人作出的同意要约以成立合同的意思表示。在商业交易中,承诺又称为接盘。适法的承诺,包括以下要件:①承诺必须由受要约人作出。要约和承诺是一种相对人的行为,只有受要约人享有承诺的资格,因此,承诺须由受要约人作出。受要约人为特定人时,承诺由该特定人作出;受要约人为不特定人时,承诺由该不特定人中的任何人作出。受要约人的代理人可代为承诺。受要约人以外的第三人即使知晓要约内容并作出同意的意思表示,也不以承诺论。②承诺必须向要约人作出。受要约人承诺的目的在于同要约人订立合同,故承诺只有向要约人作出才有意义。向要约人的代理人作出承诺同样有其意义。在要约人死亡,合同不需要约人亲自履行的情况下,受要约人可以向要约人的继承人作出承诺。③承诺的内容应当与要约的内容一致。承诺是受要约人愿意按照要约的内容与要约人订立合同的意思表示,所以,欲取得成立合同的法律效果,承诺就必须在内容上与要约的内容一致。如果受要约人在承诺中对要约的内容加以扩张、限制或者变更,便不构成承诺,而应视为对要约的拒绝从而构成反要约。④承诺必须在要约的存续期间内作出。要约在其存续期间内才有效力,包括一旦受要约人承诺便可成立合同的效力,因此承诺必须于此期间内作出。如果要约未规定存续期间,在对话人间,承诺应立即作出;在非对话人间,承诺应在合理的期间作出。

(五)合同的履行

合同的履行,是指债务人全面、适当地完成其合同义务,债权人的合同债权得到完全实现。合同的履行是依法成立的合同所必然发生的法律效果,并且是构成合同法律效力的主要内容。

合同履行的原则。合同履行需要遵循以下原则:

① 诚实信用原则。它为市场交易主体确立了一个诚实商人的道德标准,要求他们以此标准去行事。②适当履行原则。即当事人按照合同规定的标的及其质量、数量,由适当的主体在适当的履行期限、履行地点,以适当的履行方式,全面完成合同义务的履行原则。③经济合理原则。在合同履行过程中,应讲求经济效益,以最少的成本取得最佳的合同效益。④协作履行原则。即当事人不仅应当适当履行自己的合同债务,而且应基于诚实信

用原则的要求,在必要的限度内,协助相对人履行债务的履行原则。

合同履行的规则。对于依法生效的合同而言,在其履行期限届满以后,债务人应当根据合同的具体内容和合同履行的基本原则实施履行行为。债务人在履行的过程中,应当遵守以下合同履行的基本规则。

① 履行主体。合同履行主体不仅包括债务人,还包括债权人。合同全面适当履行的实现,不仅主要依赖于债务人履行债务的行为,同时还要依赖于债权人受领履行的行为。除法律规定、当事人约定、性质上必须由债务人本人履行的债务以外,履行也可以由债务人的代理人进行。

② 履行标的。履行必须依债务的本旨进行。按照合同标的履行合同,在标的的质量和数量上必须严格按照合同的约定进行履行。如果合同对标的的质量没有约定或者约定不明确的,当事人可以补充协议,协议不成的,按照合同的条款和交易习惯来确定。如果仍然无法确定的,按照国家标准、行业标准履行;没有国家标准、行业标准的,按照通常标准或者符合合同目的的特定标准履行。

③ 履行地点。如果合同中明确约定了履行地点的,债务人就应当在该地点向债权人履行债务,债权人应当在该履行地点接受债务人的履行行为。如果合同约定不明确的,依据《合同法》的规定,双方当事人可以协议补充,如果不能达成补充协议的,则按照合同有关条款或者交易习惯确定。如果履行地点仍然无法确定的,则根据标的的不同情况确定不同的履行地点。如果合同约定给付货币的,在接受货币方所在地履行;如果交付不动产的,在不动产所在地履行;其他标的,在履行义务一方所在地履行。

④ 履行方式。根据合同履行的基本要求,在履行方式上,履行义务人必须首先按照合同约定的方式进行履行。如果约定不明确的,当事人可以协议补充,协议不成的,可以根据合同的有关条款和交易习惯来确定,如果仍然无法确定的,按照有利于实现合同目的的方式履行。

⑤ 价款或者报酬。所有的有偿合同都必须具备价款或者报酬的条款。取得标的的当事人必须严格按照合同的约定向另一方支付该标的的价款或者报酬。如果价款或者报酬不明确的,应当按照合同的有关条款和交易习惯确定,如果还无法确定的,根据《合同法》第62条的规定,应当按照订立合同时履行地的市场价格履行;依法应当执行政府定价或者政府指导价的,按照规定履行。

⑥ 履行期限。合同的履行期限一般应当在合同中予以约定,当事人应当在该履行期限内履行债务。如果当事人不在该履行期限内履行,则可能构成迟延履行而应当承担违约责任。履行期限不明确的,根据《合同法》第61条的规定,双方当事人可以另行协议补充,如果协议补充不成的,应当根据合同的有关条款和交易习惯来确定。如果还无法确定的,债务人可以随时履行,债权人也可以随时要求履行,但应当给对方必要的准备时间。

⑦ 履行费用。如果合同中约定了履行费用,则当事人应当按照合同的约定负担费用。如果合同没有约定履行费用或者约定不明确的,则按照合同的有关条款或者交易习惯确定,如果仍然无法确定的,就由履行义务一方负担。因债权人变更住所或者其他行为而导致履行费用增加时,增加的费用由债权人承担。

双务合同履行中的抗辩权。双务合同履行中的抗辩权,是在符合法定条件时,当事人一方对抗相对人的履行请求权,暂时拒绝履行其债务的权利,包括同时履行抗辩权、后履行抗辩权和不安抗辩权。

同时履行抗辩权。同时履行抗辩权,是指双务合同的当事人一方在相对人未为对待给付以前,可拒绝履行自己的债务之权。

后履行抗辩权。根据《合同法》第67条的规定,所谓后履行抗辩权是指依照合同约定或者法律规定负先履行义务的一方当事人,届期未履行义务或者履行义务严重不符合约定条件时,后履行方为保护自己的期待利益或者保证自己履行合同的条件中止履行合同的权利。

不安抗辩权。不安抗辩权,又称为先履行抗辩权,是指双务合同中,先履行方有确切证据证明后履行方于合同成立后丧失或可能丧失履行能力时中止履行合同的权利,并在后履行方于合理期限内未能恢复履行能力或提供担保时解除合同的权利。

(六) 违约责任

违约责任又称为违反合同的民事责任,通常是指合同当事人不履行合同义务或者履行合同义务不符合约定时所应当承担的民事法律后果。合同生效以后,该合同自生效之时起即在当事人之间产生法律约束力,当事人应当按照合同的约定全面、适当地履行合同义务。在履行的过程中,如果发生任何一方当事人违反合同约定义务的情形,该违约方都应当承担违约责任。违约责任在合同法中占有举足轻重的地位。

违约行为。违约行为是指合同当事人不履行或者不适当履行合同义务的客观事实。违约行为的实质在于该行为非法侵害了合同所产生的债权。违约行为是构成违约责任的首要条件,无违约行为即无违约责任。在我国,违约行为可以分为以下几种基本类型:

一是履行不能,即债务人由于某种原因不能履行其债务。

二是迟延履行,即债务人能够履行,但在履行期届满时却没有履行债务的情形。

三是拒绝履行,即债务人能够履行其债务而在履行期届满时对债权人表示不履行债务。

四是受领迟延,即债权人对于债务人的履行应当受领而不为或不能受领。

五是不完全履行,即当事人虽以适当的履行意思进行了履行,但履行的内容不符合法律的规定或者合同的约定,即不符合债的本旨。

六是预期违约。我国《合同法》第108条规定,"当事人一方明确表示或者以自己的行为表明不履行合同义务的,对方可以在履行期限届满之前要求其承担违约责任。"

违约责任形态是指违约方当事人承担违约责任的具体方式。根据《合同法》第107条的规定,违约责任主要具有以下几种方式:

强制实际履行。强制实际履行又称为实际履行、特定履行或继续履行,是指违约方不履行合同债务或履行合同债务不符合约定时,由法院强制违约方依照合同的规定继续履行的责任形式。强制实际履行的适用必须具备以下要件:①须非违约方在合理的期限内请求违约方继续履行。合同法将是否请求实际履行的选择权交给非违约方,由非违约方根据自己的利益自主决定是否采取实际履行的方式。②须强制实际履行不违反合同性质以及法律规定。如果依据法律的规定或者合同的性质不能实际履行的,则非违约方不得请求实际履行。在此种情形下,如果非违约方提出强制实际履行的请求,则违约方可以拒绝其要求。③须强制实际履行在经济上合理、在事实上可能。若实际履行在事实上是不可能的,则不能强制履行。此处所说的"不能",是指全部不能、永久不能,而不是部分不能、暂时不能。在部分不能、暂时不能的情形下，合同仍存在履行可能，仍然可以强制履行。适用强制实际履行还要求履行合同在经济上合理，若履行在经济上不合理，则不得强制实际履行。所谓"经济上不合理"，是指造成经济上的损失和浪费，如果实际履行费用过高，则在经济上是不合理的，不宜采用实际履行的措施。

支付违约金。违约金是指由合同当事人通过协商预先确定的，在违约行为发生后作出的独立于履行行为的给付。一般而言，违约金责任的成立需要两个条件：①合同有效存在且约定了违约金条款（或法规规定了法定违约金）。②发生违约行为。可见，违约金责任的成立不以违约造成损失为前提条件[①]。损失的大小，只是调整违约金数额的考虑因素。我国《合同法》第 114 条第 2 款规定，"约定的违约金低于造成的损失的，当事人可以请求人民法院或者仲裁机构予以增加；约定的违约金过分高于造成的损失的，当事人可以请求人民法院或者仲裁机构予以适当减少"。

定金责任。定金是指合同当事人为了确保合同的履行，根据双方约定，由一方按照合同标的的一定比例预先给付对方的金钱或者其他代替物。《合同法》第 115 条规定，当事人可以约定一方向对方给付定金作为债权的担保，债务人履行债务后，定金抵作价款或者收回。同时规定了定金罚则，即给付定金的一方不履行约定债务的，无权要求返还定金；收受定金的一方不履行约定的债务的，应当双倍返还定金。对于定金和违约金责任，《合同法》规定，当事人既约定违约金，又约定定金的，一方违约时，对方可以选择违约金或者定金条款，即两者不可并用。

违约损害赔偿。违约损害赔偿，指违约方因不履行或不完全履行合同义务而给对方造成损失，依据法律和合同的规定应承担损害赔偿的责任。违约损害赔偿可以和其他任何一种违约责任并用，但是并用后，违约方支付的数额不得超过因违约给对方造成的损失总额。《合同法》以补偿性损害赔偿为原则，惩罚性损害赔偿仅限于法律明文规定的情形。目前，只有《消费者权益保护法》第 49 条、《商品房买卖合同解释》第 8、9、14 条和《食品安全法》第 96 条规定了惩罚性损害赔偿。补偿性损害赔偿实行完全损害赔偿原则，即违约方应赔偿受害人因其违约行为所遭受的全部损失。其范围包括实际损失和可得利益的损失两部分：①实际损失，指因违约行为遭受的财产损害和人身损害，但不包括精神损害赔偿。②可得利益的损失，主要指利润的损失，例如获得标的物以后转卖所获得的纯利润；获得机器设备后投入使用所获得的营业纯利润。

三、技术合同

（一）技术合同概述

技术合同是当事人就技术开发、转让、咨询或者服务订立的确立相互之间权利和义务的合同。一般将此条作为技术合同的法定定义，但也有学者认为此条仅是针对技术合同范围的规定，而非技术合同的定义。"技术合同"并非是一种合同，而是数种合同的总称。《合同法》明确规定的技术合同包括四种，分别是技术开发合同、技术转让合同、技术咨询合同、技术服务合同。之所以把这种类合同规定在一个大类之下，是因为它们的标的都涉及"技术"。

---

① 王家福. 合同法. 北京：中国社会科学出版社，1986.

技术合同在总体上有如下特征：一是技术合同的技术性。技术合同与技术有密切联系，不同类型的技术合同有不同的技术内容。技术转让合同的标的是特定的技术成果，技术服务与技术咨询合同的标的是特定的技术行为，技术开发合同的标的兼具技术成果与技术行为的内容。二是技术合同的复杂性。技术合同履行环节多，履行期限长，价款、报酬或使用费的计算较为复杂，一些技术合同的风险性很强。三是技术合同的当事人一方具有特定性。通常应当是具有一定专业知识或技能的技术人员。四是技术合同的法律调整具有多样性。技术合同标的物是人类智力活动的成果，这些技术成果中许多是知识产权法调整的对象，涉及技术权益的归属、技术风险的承担、技术专利权的获得、技术产品的商业标记、技术的保密、技术的表现形式等，受专利法、商标法、商业秘密法、反不正当竞争法、著作权法等法律的调整。

技术合同的订立。技术合同的订立一般遵循以下原则：平等、自愿、公平和诚实信用的原则，订立技术合同的当事人法律地位平等，权利义务要对等，意思表示要真实，不得采取欺诈或者胁迫的手段订立合同。有利于科技进步的原则，技术合同不得以妨碍技术进步、侵害他人技术成果或非法垄断技术为目的。从流程上来看，技术合同的订立程序包括招标、投标、开标、评标、中标等程序。技术合同的订立必须要采取书面形式。其中，转让专利申请权、专利权合同应向国家专利局登记并公告；中国单位、个人向外国人转让专利申请权、专利权，须经外经贸部和科技部共同批准。

技术合同的主要内容。合同法对技术合同的主要条款做了示范性规定，包括项目名称、标的、履行、保密、风险责任、成果以及收益分配、验收、价款、违约责任、争议解决方法和专门术语的解释等条款。体现技术合同特殊性的条款主要有：一是保密条款。保守技术秘密是技术合同中的一个重要问题。在订立合同之前，当事人应当就保密问题达成订约前的保密协议，在合同的具体内容中更要对保密事项、保密范围、保密期限及保密责任等问题作出约定，防止因泄密而造成的侵犯技术权益与技术贬值的情况的发生。二是成果归属条款。即合同履行过程中产生的发明、发现或其他技术成果，应定明归谁所有，如何使用和分享。对于后续改进技术的分享办法，当事人可以按照互利的原则在技术转让合同中明确约定，没有约定或约定不明确的，可以达成补充协议；不能达成补充协议的，参考合同相关条款及交易习惯确定；仍不能确定的，一方后续改进的技术成果，他方无权分享。三是特殊的价金或报酬支付方式条款。如采取收入提成方式支付价金的，合同应对按产值还是利润为基数、提成的比例等作出约定。四是专门名词和术语的解释条款。由于技术合同专业性较强，当事人应对合同中出现的关键性名词，或双方当事人认为有必要明确其范围、意义的术语，以及因在合同文本中重复出现而被简化了的略语作出解释，避免事后纠纷。

（二）技术开发合同

技术开发合同，是当事人之间就新技术、新产品、新工艺或者新材料及其系统的研究开发所订立的合同，包括合作开发合同和委托开发合同。

技术开发合同的认定。属于技术开发合同的：有明确、具体的科学研究和技术开发目标；合同标的为当事人在订立合同时尚未掌握的技术方案；研究开发工作及其预期成果有相应的技术创新内容。不属于技术开发合同的：合同标的为当事人已经掌握的技术方案；合同标的为通过简单改变尺寸；合同标的为一般检验、测试、鉴定、仿制和应用。

技术开发合同中的义务。在合作开发合同中各方的义务。合作各方当事人应按照约定进行投资;分工参与研究开发工作;协作配合完成研究工作;保守技术情报和资料的秘密。在委托开发合同中各方的义务。委托人的义务有:按照约定交付研究开发费用和报酬;按照合同约定提供技术资料、原始数据并完成协作事项;按期接受研究开发成果。研发人的义务有依约亲自制定和实施研发计划;合理使用研发经费;按期完成研发工作,交付研发成果;为委托方提供技术资料和具体技术指导,帮助委托方掌握应用研发成果。

技术开发合同的风险责任。所谓的风险,是指在研发过程中,虽经过主观努力,但由于现有认识水平、技术水平和科学知识及其他现有条件的限制,而导致开发失败或部分失败。一般而言认定风险,考虑的因素有:课题在国内现有技术水平下是否有足够难度;对该课题所属领域专家来说,研发失败属于合理失败;当事人在研发中是否付出主观努力。风险负担由当事人约定;没有约定的或约定不明确的,协商确定;仍不能确定的,由当事人合理分担。当然风险发现者及时通知对方,并且防止损失扩大。

技术开发合同的权利归属。第一,合作开发合同的专利权归属。有约定从约定;没有约定的,专利申请权归合作方共有;共有时,一方转让共有份额的,其他共有方有优先受让权;共有时,一方弃权的,另一方可单独申请;前项情形,申请批准后弃权方可免费使用专利;共有时,一方不同意申请专利,他方不得申请。第二,委托开发合同的专利权归属,遵循下列规则:有约定从约定;没有约定的,专利申请权属于受托人,专利批准后,受托人为专利权人。受托人人转让专利申请权的,委托人享有优先受让权;受托人人取得专利权的,委托人可以免费实施该专利。第三,技术秘密成果的权利归属,遵循下列规则:有约定从约定;没有约定的,协商确定;协商不能确定的,当事人均有使用和转让的权利,但研发人不得在向委托人交付研究开发成果之前,将研发成果转让给第三人。

技术开发合同的解除。作为技术开发合同标的的技术已经由他人公开,致使技术开发合同的履行没有意义,可以解除合同。"由他人公开"包括以下情形:他人已将该项技术成果申请专利;该项技术成果已经进入公有领域;该项技术经由他人研究成功或从国外引进可以在市场上作为商品转让。

(三)技术转让合同

技术转让合同是指让与人将技术成果转让给受让人或者允许受让人使用让人支付价款的合同。除具有技术合同的有偿性、双务性、诺成性、与技术成果密切联系性,技术转让合同的主要特征是:技术转让合同是要式合同。《合同法》第 342 条明确规定技术转让合同应当采用书面形式。技术转让合同还需要经过登记乃至审批才能生效。技术转让合同的标的物是既有成果。技术转让合同的标的物必须是已经存在的技术成果,而非未完成的成果技术转让合同的结果是将技术转让给受让人,或者由收让人取得使用权。

根据转让对象的不同,技术转让合同又可分为专利申请权转让合同、专利权转让合同、技术秘密转让合同、专利实施许可合同这四种具体合同。

专利申请权转让合同中,标的物是专利申请权;专利权转让合同中,标的物是专利权。依《专利法》第 10 条的规定:"专利申请权和专利权可以转让。中国单位或者个人向外围人转让专利申请权或者专利权的,必须经国务院有关主管部门批准。转让专利申请权或者专利权的,当事人应当订立书面合同,并向国务院专利行政部门登记,由国务院专利行政部门予以公告。专利申请权或者专利权的转让自登记之日起生效。"专利申请权、专利权转让合同与买卖合同在外观上的差别仅表现在标的物的有形与无形上,但两者本质相同,都是一方将某一对象转让与另一方,另一方支付价款。因此对专利申请权合同与专利权转让合同的内容,可以比照买卖合同加以理解。

专利实施许可合同是指专利权人或者其授权的人作为让与人(许可人)许可受让人(被许可人)在约定的范围内实施专利,受让人支付使用费的合同。与专利权或专利申请权转让合同不同,专利实施许可仅赋予使用人使用权,而非所有权。依使用人所取得的使用权的范围大小,又可将专利实施许可合同划分为独占实施许可合同、排他实施许可合同、普通实施许可合同。独占实施许可合同中,在约定的期限和范围内,仅被许可人有权实施专利,其他人包括专利权人在内均不得实施该专利。在排他实施许可合同中,专利权人夺权自己实施该专利,但不得另行许可他人实施专利。在普通实施许可合同中,专利权人既可自己实施该专利,也有权允许受让人之外的第二人实施该专利。

技术秘密转让合同中的标的物是技术秘密。所谓技术秘密,是指不为公众所知的,具有实用性的技术成果。技术秘密的最主要特征在于其秘密性,即不为公众所知,并不能通过公开渠道获知该技术的内容。此与专利技术不同,专利技术必须公开,任何人均可通过公共渠道获知其内容。在受国家强制力保护力度方面,技术秘密不如专利技术,因为专利技术属于国家许可的"垄断"。但是技术秘密也有比专利技术优越之处,其一是技术秘密无期限性,其二是技术秘密难以转让。

技术转让合同的效力。技术转让合同包含四种不同的合同,尽管其相互间存在是共性。第一,让与人的一般义务。包括,一是瑕疵担保义务。技术转让合同的让与人应当保证自己是所提供的技术的合法拥有者,并保证所提供的技术完整、尤误、有效,能够达到约定的目标。这种瑕疵担保义务包括两个方面:一是权利担保义务,二是品质担保义务。权利担保义务要求让与人是技术的合法拥有者,对该技术的权利归属不存在争议。品质担保义务要求让与人所提供的技术完整、元误、有效,并能达到约定的目标。违反权利担保义务的,除有特别约定外由让与人对第三人承担责任。二是依合同的约定提供转让技术的义务。让与人应依约定的时间、地点、方式提供符合品质的技术。让与人未按照约定转让技术的,应当返还部分或者全部使用费,并应当承担违约责任。三是依合同约定使用或转让其技术的义务。由于技术作为知识产品的可复制性和无形性,即使已经转让,让与人仍然有可能自己使用或转让给第三人使用。在技术转让合同中,让与人是否仍然享有继续使用或转让的权利,须依当事人约定。违反此种约定继续使用或者转让给他人的,有可能会导致让与人违约责任乃至侵权责任的承担。第二,受让人的一般义务。包括,一是支付使用费的义务。作为有偿合同,支付使用费为受让人最核心最重要的义务,也是让与人权利得以实现的根本保证。根据《合同法》第 352 条规定,受让人未按照约定支付使用费的,应当补交使用费并按照约定支付违约金;不补交使用费或者支付违约金的,应当停止实施专利或者使用技术秘密,交还技术资料,承担达约责任。二是保密义务。技术转让合同的受让人应当按照约定的范围和期限,对让与人提供的技术中尚未公开的秘密部分,承担保密义务。违反约定的保密义务的,应当承担违约责任。

后续成果的归属。后续技术成果,是指在技术转让合同的有效期内,一方或者双方对作为合同标的物的技术成果进行革新和改良所取得的成果。后续技术成果是一种独立的新成果。由于《合同法》明确禁止限制技术革新和技术进步的行为,因此后续技术成果的出现成为必然。对该后续技术成果的权属,有如下规则:有约定的,约定优先;无约定或约定不明且依《合同法》第61条仍不同确定的,技术成果完成方独自享有。对此,《合同法》第354条规定:"当事人可以按照互利的原则,在技术转让合同中约定实施专利、使用技术秘密后续改进的技术成果的分享办法。没有约定或者约定不明确,依照本法第61条的规定仍不能确定的,一方后续改进的技术成果,其他各方无权分享。"

(四)技术咨询和服务合同

技术咨询合同是一方接受另一方委托,就特定技术项目提供可行性论证、技术预测、专题技术调查、分析评价报告等,委托人支付报酬的合同。技术服务合同是指当事人一方以技术知识为另一方解决特定技术问题所订立的合同,不包括建设工程合同和承揽合同。

在这两个合同中,双方当事人分别为委托人和受托人。两者既具有技术合同的一般特征,如其为双务、有偿、诺成合同,又另具如下特征:一是为不要式合同。《合同法》明确规定技术开发合同与技术转让合同应以书面方式订立,但对技术咨询合同与技术服务合同未作如此规定。解释上认为这是技术咨询合同为不要式合同的表现。然而在实践中,为了安全和方便,当事人多采书面方式。二是标的的劳务性与技术性。技术咨询合同与技术服务合同均是受托人按委托人的要求为其提供技术性劳务的合同,其标的既不是具有创新性的技术成果,也不是已经存在的技术成果或技术秘密。这使得技术咨询合同与技术服务合同与其他提供劳务的合同如委托合同、承揽合同以及建设工程合同中的勘察、设计合同等具有一些共性。但由于其标的既具有劳务性,同时又均与技术密切相连,因此《合同法》将其与委托合同、承揽合同、建设工程合同相区分,并明确规定技术服务合同"不包括建设工程式合同和承揽合同"。

技术咨询合同与技术服务合同,虽被共同规定于《合同法》第18章第4节,但两者并非一种合同,而是两种不同的合同。两者虽具有如上共同特征,但也存在各种不同。其区别表现在:一是内容不向。《合同法》把技术咨询合同的内容限定在提供可行性论证、技术预测、专题技术调查、分析评价报告等方面。更侧重于受托人提供的技术服务的客观性。另外,技术咨询合同并不要求受托人为委托人的决策提供参考性意见和方案。技术服务合同的内容更为广泛,不仅包括向委托人提供技术知识和经验,还可能包括为委托人的决策提供参考性意见和方案。二是风险责任不同。除另有约定外,技术咨询合同的委托人按照受托人符合约定要求的咨询报告和意见作出决策所造成的损失,由委托人承担。但在技术服务合同中,如果委托人按受托人提供的技术服务内容作出决策造成损失,多会推定受托人所提供的技术服务不符合约定,因而要对损害后果承担违约责任。三是发生时间不同。技术咨询合同多发生在研究开发技术项目实施之前,而技术服务合同一般发生在研究开发成果转让后或技术项日实施之后。

技术咨询台同与技术服务台同的效力。第一,技术咨询合同中当事人的义务与责任。一是委托人的义务与责任。按照约定阐明咨询的问题的义务;提供技术背景材料及有关技术资料、数据的义务;接受受托人的工作成果的义务;支付报酬的义务;委托人的违约责任。委托人未按照约定提供必要的资料和数据,影响工作进度和质量,不接受或者逾期接受工作成果的,支付的报酬不得追回,未支付的报酬仍然应当支付委托人负担风险。技术咨询合同的委托人按照受托人符合约定要求的咨询报告和意见作出决策所造成的损失,由委托人承担,但当事人另有约定的除外。二是受托人的义务与责任。按约定的期限完成咨询报告或者解答问题;提出的咨询报告应当达到约定的要求;违约责任。受托人未按期提出咨询报告或者提出的咨询报告不符合约定的,应当承担减收或者免收报酬等违约责任。第二,技术服务合同中当事人的义务与责任。一是委托人的义务与责任。按照约定提供工作条件;完成配合事项;接受工作成果;支付报酬;违约责任。技术服务合同的委托人不履行合同义务或者履行合同义务不符合约定,影响工作进度和质量,不接受或者逾期接受工作成果的,支付的报酬不得追回,未支付的报酬应当支付。二是受托人的义务与责任。按照约定完成服务项目,解决技术问题;保证工作质量;传授解决技术问题的知识;违约责任。技术服务合同的受托人未按照合同约定完成服务工作的,应当承担免收报酬等违约责任。

新技术成果的归属。对在这两种合同履行过程中所产生的新技术成果,遵循"谁完成的归谁"的原则。对此,《合同法》第363条规定:"技术咨询合同、技术服务合同履行过程中,受托人利用委托人提供的技术资料和工作条件完成的新的技术成果,属于受托人。委托人利用受托人的工作成果完成的新的技术成果,属于委托人。当事人另有约定的,按照其约定。"

第三专题　侵权责任法基础

一、侵权责任法的作用

《中华人民共和国侵权责任法》自 2010 年 7 月 1 日起施行。以下简称《侵权责任法》。

《侵权责任法》的作用在其历史发展中迭经变迁，因时而异，因国而不同，反映着当时社会经济状态和伦理道德观念。我国《侵权责任法》的作用有：①填补损害。填补损害非再惩罚。因此，损害赔偿基本上并不审酌加害人的动机、目的等，其赔偿数额原则上不因加害人故意或过失的轻重而有不同。填补损害系基于公平和正义的理念，其主要目的在于使被害人的损害能获得实质、完整迅速的填补。②损害分散。损害分散的思想已逐渐成为《侵权责任法》的思考方式，认为损害可先加以内部化由创造危险活动者负担，再经由商品或服务的价格机能，或保险（尤其是责任保险）加以分散，由多数人承担。如汽车制造人将其应负的损害赔偿，以调整汽车的价格或责任保险，分散于消费大众或汽车公司的股东。此种分散损害的方式具有两个优点：一是使被害人的救济获得较佳的保障，二是加害人不致因大量损害赔偿而陷于困难或破产。此所涉及的，除加害人和被害人外，尚有社会大众，不特别着眼于加害人的过失，而是在寻找一个"深口袋"，分散到有能力承担损害的人，并认识到这是一个福祸与共的社会，凸显损害赔偿集体化的发展趋势。③预防损害。损害的预防胜于损害补偿。《侵权责任法》规定何种不法侵害他人权益的行为，应予负责，确定行为人应遵行的规范，及损害赔偿的制裁而吓阻侵害行为，具有一定程度的预防功能。任何法律（包括刑法或行政法）的预防功能均受有限制，《侵权责任法》自不例外，其主要影响因素甚多，如行为人是否知悉法律的存在，或认识其行为的危害性；行为人纵有此种认识亦有时难改变其行为，难免错估危害发生的可能性，低估损害赔偿责任的严重性，而怠于防范。④惩罚是《侵权责任法》的重要内容。

二、侵权责任法保护对象的发展

《侵权责任法》第 2 条规定："侵害民事权益，应当依照本法承担侵权责任。"并列举"民事权益"，包括生命权、健康权、姓名权、名誉权、荣誉权、肖像权、隐私权、婚姻自主权、监护权、所有权、用益物权、担保物权、著作权、专利权、商标专用权、发现权、股权、继承权等人身、财产权益。从本条所列举的 18 种民事权利可知，此"民事权利"，以"绝对权"为限。既包括"民事权利"，也包括尚不构成民事权利的"合法利益"。民事权利之外的"合法利益"，应包括人身利益（如死者名誉）和财产利益（如纯经济损失）。

《侵权责任法》保护的对象是绝对权。不承认对债的侵权，即不承认第三人对债的侵害。传统的侵权对象限于绝对权，开始是物权，方式是损害赔偿。随着知识产权的发展，知识产权也纳入《侵权责任法》保护的对象，20 世纪扩展到人格权的保护，到现在人格权的保护已成为非常重要的制度,如侵犯肖像权。从《侵权责任法》保护发展的视角,我们在这里主要介绍以下几项权利。

(一)生命权

人们往往认为生命权由刑法保护,人不在了,民法保护的意义不大,其实民法保护生命权是非常重要的。民法宣示个人的各种权利,生命权是最高利益。任何对生命权的漠视、对生命权保护冲突的法律效力都应退其次。民法保护生命权的意义是对间接受害人以精神赔偿。《民法通则》关于生命权的保护没有精神赔偿的规定,现在《侵权责任法》补救了。生命权的重要性不仅仅是刑法规范的保护,而更应该是民法规范的保护,民法没有确认生命权,如果犯罪发生,权利人如何要求赔偿,只有民法规范对生命权的保护才能形成完整的保护机制。同时还有其他的意义,如危重病人的生命不能因没钱而不救治;不能以侵害生命保护财产等。这是现代民法规范对生命权保护的理念和价值所在。

(二)隐私权

现行《民法通则》未规定"隐私权",属于立法漏洞。1993 年最高人民法院关于名誉权的解释,对此项漏洞进行弥补,将"隐私"作为一种人格利益予以保护,使"披露他人隐私",构成侵害名誉权的侵权责任。但所谓"隐私",属于个人不愿他人知悉的个人生活秘密,披露他人隐私并不一定损及他人名誉。按照最高人民法院此项解释,如披露他人隐私而未损及他人名誉,则行为人仍将不承担侵权责任。现在《侵权责任法》规定"隐私权"为一种特别人格权。按照本法规定,侵害隐私权是一种独立侵权责任,其责任构成,仅有擅自披露他人隐私一项要件,而不考虑是否因此侵害他人名誉。1993 年关于审理名誉权纠纷案件的解答,关于"对未经他人同意,擅自公布他人的隐私材料或者以书面、口头形式宣扬他人隐私,致他人名誉受到损害的,按照侵害他人名誉权处理"的解释当然被废止。现代高科技加大了对隐私的侵害,如摄像机、高倍望远镜,特别是互联网的发展,互联网对个人隐私的挑战越来越大,有些联合国公约用立法保护电子商务的发展,但没有对个人隐私的保护。其实对电子商务的保护与个人隐私的保护是一个问题的两个方面,任何国家都面临保护隐私的问题。具体规定应该有:私人生活秘密;生活安宁权;自然人住宅空间享有隐私;自然人的通信秘密不受侵害等。隐私权越来越重要是现代民法的特点。

(三)肖像权

肖像权的内容越来越扩张,传统的是面部,现在是全身。随着肖像权内容的扩大,形象的代言权、形象权、表演权、舞台形象都有可能受到保护。

(四)纯经济利益的保护

与"权利"被侵害应予区别的是"纯粹经济上损失"或"纯粹财产上损害"。如工厂排泄废油事件,污染他人养殖,系侵害他人的权利,但渔夫不能外出捕鱼,海鲜餐厅歇业,生意锐减,出租车司机收入减少等,则属纯粹经济上损失。纯粹经济上损失的保护是《侵权责任法》上最为困难的课题,因为在利益衡量上,纯粹经济上损失不能与人身或所有权同等并重;纯粹经济上损失的范围,具有不确定性,即美国著名的法官所谓:对不确定的人,于不确定期间,而负不确定数额的责任;纯粹经济上损失尚涉及《侵权责任法》与契约的规范机能。因此如何处理纯粹经济上损失因各国法律而不同,是比较法上热门的研究题目。

（五）知识产权的保护

知识产权是人类智力劳动产生的智力劳动成果所有权。它是依照各国法律赋予符合条件的著作者、发明者或成果拥有者在一定期限内享有的独占权利，一般认为它包括版权和工业产权。保护知识产权的难点在于是不是只有申请了这个专利的人，才有支配和使用这个专利的资格？会不会出现因为争夺一个专利权而导致恶性事件的发生？如不同的人在不同时间内，研究了相同的科研项目，得出的结果是一样的，而产生了相互质问质疑，认为是对方盗取了彼此的研究结果，以及相关的理论。还有一个相关的问题，那就是保护知识产权的同时，如何避免重名重姓的问题？随着科学技术的迅速发展，传统的知识产权制度面临挑战，知识产权的保护范围在不断扩大。如在专利领域中，美国已对含有计算机程序的计算机可读载体、基因工程、网络上的经营模式等发明给予了专利保护。知识产权客体具有无形性，知识产权的无形性使得它所对应的财产形态比较抽象，知识产权在客观上更容易被偷窃、仿冒或无偿占有。侵权人侵犯知识产权，不是占有、毁损知识产权本身，而是未经知识产权人许可，侵犯知识产权权利所派生出的经济利益。因知识产权客体的无形性、地域性、受法定时间限制性等，使得侵权人不慎侵权时有存在，加之法律设定的"公知技术""合理来源""管辖权异议""合理使用"等抗辩事由，侵权人故意侵权羞耻感明显低于有体物侵权，重复侵权时有发生，只是侵权手段更加隐蔽，权利人取证更有难度。保护知识产权的三大支柱主要是专利权、商标权和版权。现在《侵权责任法》也承担起了保护知识产权的任务。

三、侵权责任的主体

（一）共同侵权行为人

共同侵权行为人应当承担连带责任，为各国民法共同制度，且多数民法典设有明文规定。《民法通则》第130条规定："二人以上共同侵权造成他人损害的，应当承担连带责任。"民法理论和实践，关于共同侵权行为的成立，是否以各行为人间存在"意思联络"为要件，存在分歧意见。多数学者主张，不要求"意思联络"，只要有"行为上的关联性"，即可成立共同侵权行为。

最高人民法院关于人身损害赔偿的解释，以《民法通则》第130条为根据，进一步将共同侵权行为区分为两种："共同故意或者共同过失"的共同侵权；"侵害行为直接结合发生同一损害后果"的共同侵权。前者相当于"有意思联络"的共同侵权，又称"主观共同"；后者指存在"行为上的关联性"的共同侵权，又称"客观共同"。《侵权责任法》第8条规定："二人以上共同实施侵权行为，造成他人损害的，应当承担连带责任。"第11条规定："二人以上分别实施侵权行为造成同一损害，每个人的侵权行为都足以造成全部损害的，行为人承担连带责任。"本法大体沿袭民法理论和裁判实践的上述思路，就共同侵权行为，分设为两个条文，第8条规定"有意思联络"的共同侵权行为，即"主观共同"，第11条规定"行为关联"的共同侵权行为即"客观共同"。

考虑到符合"二人以上分别实施"侵权行为造成"同一损害后果"的，并不都构成共同侵权行为，还可能构成所谓"原因竞合"。共同侵权行为与"原因竞合"的区别在于：分别实施的各个侵权行为，是否都足以造成全部损害？各个侵权行为都足以造成全部损害的，构成第11条"客观共同"的共同侵权行为；各个行为不足以造成全部损害，须相互结合才造成全部损害的，则不构成共同侵权行为，而属于"原因竞合"。总之，构成第 8 条规定的"主观共同"侵权行为，须有两个要件：① "二人以上共同实施"侵权行为；② "造成他人损害"，而不论造成的损害是一个或者多个。构成第 11 条规定的"客观共同"侵权行为，须有三项要件：① "二人以上分别实施"侵权行为；②分别实施的行为"造成同一损害"；③ "每个人的侵权行为都足以造成全部损害"。第三项要件是区别行为关联的共同侵权行为与"原因竞合"的关键。

（二）教唆和帮助人

《侵权责任法》第 9 条第 1 款规定："教唆、帮助他人实施侵权行为的，应当与行为人承担连带责任。"此款将教唆、帮助他人实施侵权行为，视为共同侵权行为。

第 2 款规定："教唆、帮助无民事行为能力人、限制民事行为能力人实施侵权行为的，应当承担侵权责任；该无民事行为能力人、限制民事行为能力人的监护人未尽到监护职责的，应当承担相应的责任。"本条第 2 款第 1 项规定"教唆、帮助"未成年人实施侵权行为，教唆人、帮助人仅"应当承担侵权责任"，而非承担"连带承担"。第 2 款第 2 项规定，在他人"教唆""帮助"未成年人实施侵权行为的情形，如监护人未尽到监护职责，则监护人"应当承担相应的责任"。此所谓"相应的责任"，是指与"监护过失"程度相当的责任。法律明文规定，存在监护人过失时，监护人不得免责，有利于促使监护人履行监护职责，有其实质意义。人民法院依据此项规定审理教唆、帮助未成年人实施侵权行为案件时，如教唆人、帮助人有赔偿资力，当然可以判决其承担"全部责任""主要责任"或者"相应的责任"；反之，如教唆人、帮助人不具有赔偿资力，则可判决教唆人、帮助人与行为人承担连带责任，以保障受害人能够获得完全的赔偿。

（三）共同危险行为人

民法理论和裁判实践上有所谓"共同危险行为"，指二人以上实施加害行为，各加害行为均可能造成损害，而不能确定具体加害人的情形。现行《民法通则》并未规定"共同危险行为"，但我国民法理论和裁判实践在共同侵权行为之外，认可"共同危险行为"之存在。最高人民法院关于人身损害赔偿的解释第 4 条："二人以上共同实施危及他人人身安全的行为并造成损害后果，不能确定实际侵害行为人的，应当依照《民法通则》第 130 条规定承担连带责任。共同危险行为人能够证明损害后果不是由其行为造成的，不承担赔偿责任。"《侵权责任法》第 10 条规定："二人以上实施危及他人人身、财产安全的行为，其中一人或者数人的行为造成他人损害，能够确定具体加害人的，由加害人承担侵权责任；不能确定具体加害人的，行为人承担连带责任。"本法在总结民法理论和实践经验的基础上，将"共同危险行为"作为一种独立的侵权行为类型，并且将适用范围由"危及他人人身安全"的行为，扩大到"危及他人人身、财产安全"的行为。按照第 10 条的规定，构成共同危险行为的要件有三：①行为人为多数，即条文所谓"二人以上"；②行为本身具有危险性，即条文所谓"危及他人人身、财产安全的行为"；③ "不能确定具体加害人"。符合这三项要件，即应成立"共同危险行为"，而由各行为人对受害人承担连带责任。至于究竟属于"共同实施"或者"分别实施"及有无"意思联络"，均不在考虑之列。

须补充一点，本条规定"能够确定具体加害人的，由加害人承担侵权责任"一句，目的在于方便实践操作及明确"共同危险行为"与其他侵权行为的界限。如"能够确定具体加害人"，则已不属于"共同危险行为"的范围。这种情形，如确定的具体加害人为一人，应属于一般侵权行为,由该行为人对受害人承担侵权责任;如确定的具体加害人为二人以上,则应构成"共同侵权行为",应依据本法第8条、第11条的规定,由各行为人对受害人承担连带责任。

(四) 使用人

民法所谓"使用人责任"是由"雇用人责任"发展而来。因采用"雇用人责任"概念,易于使人误解为当事人之间必须有"雇用合同"关系。本法采用"使用人责任"概念,不论当事人之间是否有雇用合同、聘用合同、劳动合同关系或者国家机关和事业单位内部组织关系,只要有使用与被使用的事实即可,甚至无偿使用、义务帮工,均可包括在内。但未得到对方(明示或默示)同意的义务帮工,不构成这里所说的使用关系,而应当适用关于"无因管理"的规则(无因管理人进行管理活动造成他人损害的,由无因管理人自己承担侵权责任,但无因管理人承担侵权责任后,可以作为自己进行管理活动所受损失,要求被管理人在实际受到利益的范围内予以偿还)。

《民法通则》未规定"使用人责任"。最高人民法院关于审理人身损害赔偿案件适用法律若干问题的解释,规定了雇用人责任。该解释第9条规定:"雇员在从事雇佣活动中致人损害的,雇主应当承担赔偿责任;雇员因故意或者重大过失致人损害的,应当与雇主承担连带赔偿责任。雇主承担连带赔偿责任的,可以向雇员追偿。"《侵权责任法》第34条规定:"用人单位的工作人员因执行工作任务造成他人损害的,由用人单位承担侵权责任。劳务派遣期间,被派遣的工作人员因执行工作任务造成他人损害的,由接受劳务派遣的用工单位承担侵权责任;劳务派遣单位有过错的,承担相应的补充责任。"《侵权责任法》第35条规定:"个人之间形成劳务关系,提供劳务一方因劳务造成他人损害的,由接受劳务一方承担侵权责任。提供劳务一方因劳务自己受到伤害的,根据双方各自的过错承担相应的责任。"

《侵权责任法》在总结裁判实践经验基础上,首先将"雇用人责任"改为"使用人责任",再将"使用人责任"区分为"用人单位"与工作人员之间的使用关系,和个人之间的使用关系。第34条规定了用人单位与工作人员之间的使用关系,第35条规定了个人之间的使用关系。其次,考虑到"劳务派遣"的特殊性,在第34条设第2款规定被派遣的工作人员致人损害的责任。再次,《侵权责任法》无论对于单位的使用关系或者个人的使用关系,均采取英美侵权法的"替代责任"构成,规定由使用人对受害人承担无过错责任,既不考虑使用人对于被使用人之选任、监督是否存在过失,也不考虑被使用人是否存在故意、过失。因此,最高人民法院上述解释文件中关于"雇员因故意或者重大过失致人损害的,应当与雇主承担连带赔偿责任"的规定将因本法生效而丧失其效力。

须特别注意的一个问题是如何区别"因执行工作任务"与"非因执行工作任务"的界线。按照"行为外观"理论,使用人通过使用被使用人而扩展其活动范围,并享受其利益,且被使用人执行职务的范围,非与其交易的第三人所能分辨,为保护交易的安全,被使用人的行为在客观上具备执行职务的外观,而造成第三人损害时,使用人即应承担赔偿责任。所谓被使用人"因执行职务",不仅指被使用人执行使用人的命令、委托职务本身或者执行职务所必要的行为,即使滥用职务或利用职务上的机会及与执行职务之时间或处所有密切关系的行为,在客观上足以使他人相信被使用人执行职务者,即使是为自己的利益所为的违法行为,均应认定为"执行职务"行为。

最后须说明的是,第 34 条第一款所谓"用人单位",应解释为包含公、私企业及国家机关和事业单位在内,因此,本法未专条规定所谓"公务员之侵权行为"。本法生效之后,第 34 条第一款将取代现行《民法通则》第 121 条 ,成为国家机关工作人员侵权行为之一般法,而行政诉讼法(第 67 条、第 68 条)关于行政机关工作人员侵权责任的规定 ,及国家赔偿法(1994 年 5 月 12 日通过),均应属于第 34 条第一款的特别法。

(五) 安全保障义务人

我国《民法通则》未规定安全保障义务,人民法院裁判实践创设"安全保障义务"规则,用来弥补现行法律规定的不足。最高人民法院人身损害赔偿的解释(2003)第 6 条规定:"从事住宿、餐饮、娱乐等经营活动或者其他社会活动的自然人、法人、其他组织,未尽合理限度范围内的安全保障义务致使他人遭受人身损害,赔偿权利人请求其承担相应赔偿责任的,人民法院应予支持。因第三人侵权导致损害结果发生的,由实施侵权行为的第三人承担赔偿责任。安全保障义务人有过错的,应当在其能够防止或者制止损害的范围内承担相应的补充赔偿责任。安全保障义务人承担责任后,可以向第三人追偿。赔偿权利人起诉安全保障义务人的,应当将第三人作为共同被告,但第三人不能确定的除外。"《侵权责任法》第 37 条规定:"宾馆、商场、银行、车站、娱乐场所等公共场所的管理人或者群众性活动的组织者,未尽到安全保障义务,造成他人损害的,应当承担侵权责任。因第三人的行为造成他人损害的,由第三人承担侵权责任;管理人或者组织者未尽到安全保障义务的,承担相应的补充责任。"《侵权责任法》在总结裁判实践经验基础上,设立本条规定"安全保障义务"。

按照本条的规定,负有安全保障义务的人,除公共场所的管理人外,还有群众性活动的组织者。条文列举规定的所谓"公共场所"是"宾馆、商场、银行、车站、娱乐场所等公共场所"。从条文列举规定可见,本条所谓"公共场所",是指向公众提供各种公用服务的"营业服务场所",而非普通意义上的"公共场所"。普通意义上的公共场所,是指"公有公用"的场所,如街道、公路、广场等。须说明的是,本法第 37 条关于安全保障义务的规定中,没有列举"公园"这一项。理由一是:现代侵权法创设安全保障义务,所针对的是"宾馆""商场""银行""车站"等营利性服务场所,要求经营者或者管理人承担比较一般情形更高的注意义务,确保进入该服务场所的消费者或服务对象的人身安全。而"公园",即使是收费的"公园",绝大多数属于公共服务,不以营利为目的,在注意义务上应当与营利性服务场所有所区别。理由二是:"公园"概念太泛,有收费公园、不收费公园、街头公园、国家森林公园、国家地质公园、国家湿地公园,当然也有极少数营利性的公园;有的公园四周封闭、适于管理;有的公园,如森林公园、地质公园等,方圆数十千米甚至数百千米,根本不可能进行封闭管理;有的名为"公园",实际是供人们自由出入的公共场所。可见,虽同样称为"公园",实际情形差别悬殊,一律要求承担与商场、宾馆、银行、车站同样的安全保障义务,显然不合理。至于一些实行封闭管理的收费公园,因疏于管理造成人身损害,有必要适用安全保障义务的,条文中的"等"字可以包含,并不因条文未特别列举而受影响。

考虑到许多大型群众性活动在公共场所举行,例如在体育场馆举行演唱会,可能发生"管理人"责任与"组织者"责任的竞合,如果损害的原因属于公共场所及其设施本身的缺陷,则应由场所管理人承担责任;如果损害的原因不属于场所本身,而属于组织管理瑕疵或者因组织群众性活动临时增设设施的缺陷,则应由组织者承担责任。此外,本条未如最高法院解释限定于"人身损害",因此对于"财产损失"亦应承担赔偿责任。

按照本条第 2 款的规定,如果损害是由第三人造成的,则应当由该第三人对于受害人所受全部损害承担赔偿责任,未尽到安全保障义务的管理人或者组织者,仅在该当事人不能承担赔偿责任或者不能承担全部赔偿责任时,承担与其未尽安全保障义务的程度相应的补充责任。换言之,如果造成损害的该第三人对全部损害承担了赔偿责任,则未尽到安全保障义务的管理人或者组织者将不承担任何责任;或者,即使该第三人逃逸或者因无赔偿能力根本不能承担赔偿责任,未尽到安全保障义务的管理人或者组织者亦仅承担与其未尽安全保障义务的程度相应的赔偿责任,而不应承担全部赔偿责任。

四、侵权责任的构成

根据各国民法的规定,侵权责任的构成要件,包括以下三方面。

(一)须有损害发生

损害是指一定的行为或事件所造成的财产损失和人身伤害。损害是承担民事责任的基本前提。没有损害事实,不承担民事责任。财产损害既有直接损害,又有因损害事实的发生而使受害人丧失可得利益的损害。人身损害包括肉体损害和精神损害。对于精神损害赔偿,德国、奥地利、瑞士等国立法都有规定。

(1)所谓"损害的事实"必须是侵害合法民事权益的结果。如果损害的不是受法律保护的合法利益,则不能要求民事侵权损害赔偿。只有合法的民事权益才能要求侵权责任。但一定要注意,非法利益仅仅是不受法律保护,并非侵犯其不构成违法行为。

(2)所谓"损害的事实"必须要有法律上的可补救性。也就是说这个损害必须是业已达到了一定的程度。譬如没有超过排污指标的污染,肯定也有损害,但一般不一定承担损害赔偿的责任。损害必须是已经发生的事实。如相邻防险权,损害未发生时,只能要求消除危险,但不能要求损害赔偿。损害必须是真实存在的,损害还必须是对权利和利益的侵害,且此种权益能够依社会一般观念或公平意识加以衡量。如殴打、冒犯性接触、威吓、诽谤等我们说是可以加以衡量的,只要言论中诽谤的意思能够被读者或听众所理解。

(二)加害行为与损害事实之间有因果关系

关于《侵权责任法》上的因果关系分为两种:①责任成立的因果关系;②责任范围的因果关系。

责任成立的因果关系,指可归责的行为与权利受侵害(或保护他人法律的违反)之间具有因果关系,如乙的"死亡"是否"因"遭甲下毒;乙的"身体受侵害"是否"因"食用甲公司制造的汽水等。责任成立因果关系所欲断定的是权利受侵害是否因其原因事实(侵害行为)而发生。

责任范围的因果关系指权利受侵害与损害之间的因果关系,责任范围因果关系所探究的是被害人支出医药费、收入减少、住院期间家中财物被盗等损害是否因其身体健康被侵害所致,而得以请求损害赔偿。例如甲驾车撞伤乙,乙支出医药费,住院期间感染传染病,家中财物被盗时,其须探究的是,乙支出医药费、住院期间感染传染病或家中财物被盗等"损害"与"其身体健康被侵害"之间是否具有因果关系。责任范围因果关系所欲断定的是权利受侵害而生的损害,何者应归由加害人负赔偿责任的问题。

（三）过错（推定过错、无过错）

1. 过错责任

关于《侵权责任法》上的归责原则，首先应提出的是过错责任，即因故意或过失不法侵害他人权利时，应就所生的损害负赔偿责任。《侵权责任法》第 6 条第一款规定："行为人因过错侵害他人民事权益，应当承担侵权责任。"过错应依何标准而认定，过错的概念越来越客观化，过错客观化可以减少受害人的举证负担。法律的标准是一般适用的标准。构成某特定行为内在性质的情绪、智能、教育等情状，层出不穷，因人而异，法律实难顾及，个人生活于社会，须为一定平均的行为。按照本条的规定，凡属于适用过错责任原则的案件，原则上须由原告证明被告有过错，至于要求原告证明达到什么程度，将因案件种类不同而有所不同。

2. 过错推定

《侵权责任法》第 6 条第 2 款规定："根据法律规定推定行为人有过错，行为人不能证明自己没有过错的，应当承担侵权责任。"按照本条的规定，如果属于"法律规定推定行为人有过错"的案型，则不要求原告就被告有过错举证，而是要求被告就自己"没有过错"举证；如果被告"不能证明自己没有过错"，法庭即应认定被告有过错，而判决被告承担侵权责任。关于过错的有无，原则上应由被害人（即请求损害赔偿的原告）负举证责任。"举证之所在，败诉之所在"。本法规定"推定行为人有过错"的案型，主要是第 85 条规定的建筑物管理瑕疵损害责任、第 87 条规定的所谓高楼抛物损害责任、第 88 条规定的堆放物倒塌损害责任、第 90 条规定的林木折断致人损害责任、第 91 条第 2 款规定的窨井等地下设施损害责任、第 81 条规定的动物园的动物致人损害责任。

3. 无过错责任

《侵权责任法》第 7 条规定："行为人损害他人民事权益，不论行为人有无过错，法律规定应当承担侵权责任的，依照其规定。"现代侵权法上的无过错责任原则，是作为过错责任原则的例外规则。相对于过错责任原则须以行为人具有过错作为承担侵权责任的条件而言，无过错责任原则不以行为人具有过错作为承担侵权责任的条件。按照本法内部逻辑关系，第 7 条关于无过错责任原则的规定，其法律意义仅在排除第 6 条过错责任原则的适用。第 7 条关于无过错责任原则的规定本身，并不具有作为裁判根据的意义。要对于某种赔偿案件适用无过错责任原则，必须法律明确规定该类案型不以过错为承担责任的条件。因此，一切追究无过错责任的案件，所适用的是本法或者其他法律关于无过错责任的具体规定，而不是适用第 7 条关于无过错责任原则的规定。凡是本法或者其他法律未明确规定为无过错责任的案型，均属于本法第 6 条规定的过错责任原则的适用范围。

五、侵权责任的承担

我国民法理论和实践，认可对于进行中的侵权行为，受害人有停止侵害、排除妨害、消除危险请求权。现行《民法通则》第 134 条规定的承担民事责任的方式，包括"停止侵害、排除妨害、消除危险"。《侵权责任法》第 21 条规定："侵权行为危及他人人身、财产安全的，被侵权人可以请求侵权人承担停止侵害、排除妨害、消除危险等侵权责任。"本条规定了三项请求权，其中排除妨害请求权和消除危险请求权，与《物权法》第 35 条规定的排除妨害请求权和消除危险请求权相同，人民法院受理请求排除妨害和消除危险案件，可以适用民事诉讼法规定的一审普通程序。但本条规定的停止侵害请求权,所针对的是危及人身、财产安全的进行中的侵权行为,其立法目的,在于通过停止侵害请求权之行使,及时制止那些刚发生的、进行中的侵权行为,以避免造成严重损害后果。如果人民法院按照一审普通程序进行审理,在查明事实后作出责令被告停止侵害的判决,待判决生效之后再由受害人依执行程序申请执行判决,必致本法设立停止侵害请求权目的的完全落空。就此按照最高人民法院关于《民法通则》的解释意见第162条,人民法院可以根据受害人的申请先行作出停止侵害的裁定。

关于人身损害的赔偿,《侵权责任法》第16条规定:"侵害他人造成人身伤害的,应当赔偿医疗费、护理费、交通费等为治疗和康复支出的合理费用,以及因误工减少的收入。造成残疾的,还应当赔偿残疾生活辅助具费和残疾赔偿金。造成死亡的,还应当赔偿丧葬费和死亡赔偿金。"第17条规定:"因同一侵权行为造成多人死亡的,可以以相同数额确定死亡赔偿金。"将第16条关于赔偿项目的规定,与最高法院关于人身损害赔偿的解释(2003年)第17条的规定对照,我们注意到本法第16条没有"营养费"和"被扶养人生活费"这两项。关于"营养费",立法机关认为,并不是每一个人身伤害案件都需要赔偿"营养费",如果在审案件法官认为确有判决"营养费"的必要,则可以包含在本条"为康复支出的合理费用"当中。关于"被扶养人生活费",立法机关认为,死亡赔偿金和残疾赔偿金虽然性质上属于精神损害赔偿,但不排除可以起到对"被扶养人"进行"抚恤"的作用,亦即在对死者遗属或者残疾者本人进行精神抚慰的同时,也在同时成为"被扶养人生活费",因此不必要专门规定"被扶养人生活费"一项。换言之,凡是判决了死亡赔偿金或者残疾赔偿金,均不应再判决"被扶养人生活费"。

所谓"死亡赔偿金",性质上是对死者遗属的精神损害赔偿,此在我国学术界已无争议。其法律根据,是现行《民法通则》第9条关于自然人的权利能力始于出生终于死亡的规定。所谓"残疾赔偿金",究竟属于对残疾者的精神损害赔偿,抑或属于对残疾者"逸失利益"之赔偿,学术界虽有分歧,但以主张属于精神损害赔偿为多数说。特别值得注意的是,最高人民法院关于精神损害赔偿的解释(2001)第9条规定:"精神损害抚慰金包括以下方式:第一,致人残疾的,为残疾赔偿金;第二,致人死亡的,为死亡赔偿金;第三,其他损害情形为精神抚慰金。"此项解释表明,将死亡赔偿金和残疾赔偿金定性为精神损害赔偿,是中国裁判实践的一贯立场。因此,本法第16条、第17条所谓死亡赔偿金和残疾赔偿金,属于精神损害赔偿,而不是所谓"逸失利益"赔偿。

损害赔偿责任的目的在于填补受害人所受损害,故应根据受害人实际受到的财产损失,确定侵权人所应支付的损害赔偿金数额。在财产权受侵害的案型,《侵权责任法》第19条规定:"侵害他人财产的,财产损失按照损失发生时的市场价格或者其他方式计算。"条文所谓"其他方式",应当指依法不能自由买卖的"财产",因无"市场价格",只能采用别的计算方式。至于究竟采用什么方式,难于明示。一般情况"其他方式"包括:法律、法规、规章规定有计算标准的情形,以该法律、法规、规章所规定的计算标准;无法律、法规、规章规定计算标准,当然可以由当事人协商约定计算标准或者协商确定财产损失金额;在既没有法律、法规、规章规定的计算标准,也不能通过协商约定计算标准或者确定损失金额的情形,法庭可以根据公平原则确定赔偿金额。

关于侵害人身权益造成财产损失的赔偿,《侵权责任法》第20条规定:"侵害他人人身权益造成财产损失的,按照被侵权人因此受到的损失赔偿;被侵权人的损失难以确定,侵权人因此获得利益的,按照其获得的利益赔偿;侵权人因此获得的利益难以确定的,被侵权人和侵权人就赔偿数额协商不一致,向人民法院起诉的,由人民法院根据实际情况确定具体赔偿数额。"

人身权益受侵害,因人的生命、身体、健康、姓名、肖像、名誉、隐私不能计算金钱价值,往往难以计算受害人所遭受实际财产损失。在侵害知识产权,如侵害著作权、商标专用权情形,多有"被侵权人的损失难以确定"的情形,裁判实践中采取以侵权人所获财产利益作为被侵权人所受财产损失的办法。

关于精神损害赔偿,现行《民法通则》第120条规定姓名权、肖像权、名誉权等人格权受侵害,可以判决精神损害赔偿。而未规定生命、身体、健康权受侵害,可否请求精神损害赔偿。为弥补此项漏洞,最高人民法院解释说,生命权、身体权、健康权、人格尊严权、人身自由权及其他人格利益受侵害,受害人均可请求精神损害赔偿 。《侵权责任法》第22条规定:"侵害他人人身权益,造成他人严重精神损害的,被侵权人可以请求精神损害赔偿。"本条所谓"人身权益"概念,包含"生命、身体、健康"在内。侵害他人"生命、身体、健康"致人残疾或者死亡,按照《侵权责任法》第16条规定,受害人或者其近亲属有权请求残疾赔偿金或者死亡赔偿金,如前所述,此残疾赔偿金和死亡赔偿金性质上属于精神损害赔偿。因此,结合第16条关于残疾赔偿金和死亡赔偿金的规定进行解释,在致他人残疾、死亡情形,受害人或者其近亲属在依据第16条的规定获得残疾赔偿金或者死亡赔偿金之后,不得再依据本条的规定请求精神损害赔偿。

关于惩罚性赔偿,现行《民法通则》未规定惩罚性损害赔偿。因20世纪80年代中、后期,发生"假冒伪劣、缺斤短两"的损害消费者利益的严重社会问题,民法学者和消费者协会建议借鉴美国法上的惩罚性损害赔偿制度,1993年制定《消费者权益保护法》第49条规定惩罚性赔偿 。但该法第49条规定的惩罚性赔偿金额仅为合同价金的两倍,2008年,我国发生"三鹿奶粉致婴幼儿受害事件",当年颁布的《食品安全法》第96条规定"价款十倍"的惩罚性赔偿金 。《侵权责任法》第47条规定:"明知产品存在缺陷仍然生产、销售,造成他人死亡或者健康严重损害的,被侵权人有权请求相应的惩罚性赔偿。"按照第47条的规定,惩罚性损害赔偿制度的适用,被限定于"产品责任"范围内,产品责任之外的侵权行为,不得适用惩罚性损害赔偿。但本条未规定惩罚性赔偿的"倍数",而是规定被侵权人有权请求"相应的"惩罚性赔偿,将惩罚性赔偿金数额(倍数)之决定委托给审理案件的人民法院结合具体案情予以裁量 。当造成损害的产品属于"食品"时,《食品安全法》第96条关于可以判处"价款十倍"的惩罚性赔偿金的规定,将作为本条规定之特别法而优先适用。

第四专题　行政法基础

一、什么是行政法

现代社会,政府的公共管理无处不在。这使得规范政府权力的行政法,不仅与每个人息息相关,也与国防和军人紧密联系。行政法赋予公民在与政府相处时的种种权利,规定了政府应尽的各种义务,同时也为国防知识产权保护中的公民义务及政府职能提供法律依据。

所谓行政法,就是调整行政关系的法律规范的统称。有社会必有组织,有组织必有行政,行政产生行政权,有行政权又产生了行政法。因此从实质上看,行政法就是控制和规范行政权的法,是关于行政权力的授予、行使,以及对行政权力进行监督和对其后果予以补救的法律规范的总称。而行政法在控制和规范行政权时,重点是对行政行为进行法律规范。

行政法具有鲜明的特点。一是行政法在形式上没有一部完整统一的法典。由于行政法涉及的社会生活领域十分广泛,行政关系变动频繁,因而制定一部完整统一的行政法典是极为困难的。目前,世界各国还没有出现一部统一完整的行政法典。二是行政法的形式多样和多层次性。行政法的形式多样,既有国家立法机关制定的法律规范,也有国家行政机关制定的行政法规和行政规章以及一定规格的抽象性的决议和命令等形式。行政法律规范数量众多,而这些规范因立法主体不同、层级各异而在效力等级方面表现出高低差别。三是行政法律规范的稳定性较其他部门法律规范差。由于大部分行政法律规范确认的行政关系比较具体,更富有变动性,所以行政法律规范的废改立表现出经常性。需要注意的是,这里所说行政法具有变化较快的特点,是指与其他部门法相比较而言的,而不是说行政法可以朝令夕改,使受众无所适从。

行政法的调整对象是行政关系。行政关系是国家行政机关实现其行政职能的社会形式,是国家行政机关在实施国家行政管理过程中发生的社会关系的总称。由于行政职能的广泛和实现方式的多样性,它所形成的社会关系的性质和种类也是多样的和变化的。除了国防、警察和财政等基础职能比较稳定外,行政机关的经济和社会管理等职能会经常变化;新的法律部门的出现和发展,也会影响行政法的调整范围。因此,对于行政法调整的行政关系的种类和范围,应当根据社会需求和行政职能的变化作出新的概括和表述。

行政法对行政关系的调整方式,就是赋予行政关系以法律权利义务的性质,使行政机关实施行政职能的过程成为依法设立、变更和消灭行政法权利义务的过程。任何违反行政法义务的行为,无论是国家行政机关还是其他行政法义务主体都应当承担相应的法律责任。这是行政法调整方式区别于行政政策调整方式的基本标志。

行政法的调整功能,是指行政法调整行政关系的整体作用。行政法有赋予行政机关管理职权以保证行政效率,监督行政机关以防止和消除行政违法行为两方面的功能。在行政法的发展过程中这两种功能可能会有所侧重,但是总体来说它们是结合起来共同发挥对行政机关的规范作用的,只是片面地强调其中一个方面是不可取的。

享有行政权能的组织即行政主体运用行政权对行政相对人所作的法律行为就是行政行为。据此,不是行政主体的行为不是行政行为,是行政主体但不是运用行政权的行为也不是行政行为,行政主体不是针对行政相对人的行为也不是行政行为,行政主体针对相对人的事实行为也不是行政行为。行政行为是对行政相对人的权利义务发生影响的法律行为,这种影响就表现在行政行为的内容当中。从总体上看,行政行为内容可以归纳为三项:一是赋予权利或者免除义务。行政行为对相对人权益产生的影响积极的一面就表现在赋予相对人权利或免除相对人义务。这一般表现为两种形式:一是增加权利,赋予相对人原来所没有的权利,如颁发许可证、发放抚恤金、社会生活保障金等;二是减少或者免除相对人的一些义务,如减免税收、出口退税等。二是剥夺权利或者设定义务。行政行为的内容还可能表现为对相对人权益的消极影响,包括剥夺相对人既有权利和设定新的义务。前者如责令停产停业、吊销许可证和执照以及没收财产等等;后者如责令排除污染、责令拆除违章建筑、责令退耕还田等。三是确认法律事实或者法律地位。确认法律事实是行政行为对于现存的状态的确认,这种状态是一定法律关系的基础。例如对于公民出生的登记、对于婚姻事实的登记、对于收养关系的确认等等,都属于对于法律事实的确认。这种确认成为行政相对人享有某种权利或者承担某种义务的依据,是产生一定法律后果的行为,因此不同于事实行为。确认法律地位即确认一定主体的法律地位,是行政行为确定某种法律关系是否存在的主要形式。例如人民政府对于森林使用权属作出的确认、土地部门对土地使用权作出的确认、房管部门对房屋所有权的确认等。

抽象行政行为和具体行政行为是行政行为的最重要的分类。所谓抽象行政行为,一般指行政机关制订具有普遍约束力的规范性文件的活动,具有调整范围的广泛性和长期性、对象的抽象性、效力的普遍性和持续性、准立法性等特征;具体行政行为是指行政主体针对特定的对象、就特定的事项作出的处理决定。具体行政行为与抽象行政行为的区分主要在于对象是否特定。抽象行政行为一般调整不特定的多数人和事,但是具体行政行为仅仅针对特定的人和事。是否属于特定的对象,并不在于对象的数量是否众多,而在于这一数量是否确定。例如房屋拆迁行政决定中,虽然涉及到多数人的权利义务,但是这一范围是确定不变的,因此,拆迁决定是具体行政行为;而有关机关制订的拆迁管理的规范性文件,例如规定拆迁如何补偿的规定,调整的范围则更为广泛,是不特定的群体,因此是抽象行政行为。此外,抽象行政行为一般以规范性文件的形式表现出来,这些规范性文件不仅适用一次,在有同样条件的情况下,会反复适用,即规范性文件在其效力期间内,一直有调整和约束力;但是具体行政行为仅仅对于本次事项的处理有效,对于其他事项则不适用。

二、行政组织法基础

行政组织法是行政法的基本制度,主要包括行政组织和公务员问题。

(一)行政组织与行政组织法

行政组织是指以实现国家行政职能为目的,以行政职位为基本构成单位的组织。以行政职位为基本构成单位,可以组成不同规模、不同功能和不同形式的各种行政组织。行政组织的典型和主要形态是国家行政机关。根据行政诉讼法等立法规定,行政法学提出了行政主范畴。行政主体,是指能够以自己的名义实施国家行政管理职能并承受一定法律后果的国家行政机关和社会组织。它的重要特征是以实施者的独立名义从事行政活动和承担相关法律责任。虽然行政机关是最重要、最常见的行政主体,但是并非所有的行政机关都能成为行政主体。哪此行政机关能够成为行政主体,应当依据法律规定来确定。行政组织法是关于行政组织的职能和权限、设置权和编制权、公务员录用权和管理权的法律制度,可以分为行政组织(行政机关和非政府公共组织)和公务员两大部分。行政组织法的表现形式:一是规定行政组织基本制度和基本职权的行政组织基本法;二是规定具体行政机关组织事项和具体职权的单行法。目前关于行政组织和人员的基本立法,是宪法、国务院组织法、地方各级人民代表大会和地方各级人民政府组织法、民族区域自治法、国务院地方各级人民政府机构设置和编制管理条例和公务员法。

(二) 国家行政机关

国家行政机关由中央国家行政机关和地方国家行政机关组成。

中央行政机关,是国务院和国务院所属各工作部门的总称。国务院即中央人民政府,是最高国家权力机关的执行机关,是最高国家行政机关。国务院统一领导各部和各委员会的工作,并且领导不属于各部和各委员会的全国性工作,统一领导全国地方各级国家行政机关的工作。国务院的组织由法律规定。现行《国务院组织法》是1982年第五届全国人民代表大会第五次会议通过的。

国务院的组成人员是:总理、副总理、国务委员、各部部长、各委员会主任、审计长和秘书长。国务院实行总理负责制。总理领导国务院工作,副总理、国务委员协助总理工作。国务院工作中的重大问题,须经国务院常务会议或者全体会议讨论决定。总理召集和主持国务院常务会议和国务院全体会议。国务院的职权,可以分为基本职权和专门职权。国务院的基本职权,由宪法第89条规定,其中包括发布决定、命令和行政法规,向全国人大提出议案任免国家工作人员等职权;国务院的专门职权,由单行的法律和全国人大的决议根据需要规定。

国务院组成部门,是国务院领导下主管特定国家行政事务的行政机构,依法分别履行国务院的基本行政管理职能。它包括各部、各委员会、中国人民银行和国家审计署。国务院组成部门的设立、撤销或者合并,由国务院机构编制管理机关提出方案,经国务院常务会议讨论通过后,由国务院总理提请全国人民代表大会决定。在全国人民代表大会闭会期间,提请全国人民代表大会常务委员会决定。国务院组成部门实行部长、主任和审计长、行长负责制。国务院组成部门工作中的方针、政策、计划和重大行政措施,应向国务院请示报告,由国务院决定。根据法律和国务院的决定,国务院组成部门可以在本部门的权限内发布命令、指示和规章。

地方国家行政机关,是指在一定行政区域内由该行政区人民代表机关产生的人民政府及其工作部门。地方国家行政机关的主要法律特征是:第一,在地域上是依据行政区划建立,而不是依据铁路路区、水运航区、送电电区或者其他行政行业区域设立;第二,在政治上由行政区域内的地方人民代表机关产生;第三,在行政体制上是中央人民政府领导下的下级地方行政机关。它与中央行政机关是下级与上级、局部与整体的关系。

在我国,地方各级人民政府是地方各级国家权力机关的执行机关,是地方各级国家行政机关。全国地方各级人民政府都是国务院统一领导下的国家行政机关,都服从国务院。地方各级人民政府必须依法行使行政职权。地方各级人民政府实行省长、市长、县长、区长、乡长、镇长负责制。省、自治区、直辖市的人民政府的各工作部门受人民政府统一领导,并且依照法律或者行政法规的规定受国务院主管部门的业务指导或者领导。自治州、县、自治县、市、市辖区的人民政府的各工作部门受人民政府统一领导,并且依照法律或者行政法规的规定受上级人民政府主管部门的业务指导或者领导。省、自治区、直辖市、自治州、设区的市的人民政府分别由省长、副省长,自治区主席、副主席,市长、副市长,州长、副州长和秘书长、厅长、局长、委员会主任等组成。县、自治县、不设区的市、市辖区的人民政府分别由县长、副县长,市长、副市长,区长、副区长和局长、科长等组成。

此外,由于行政改革和提高行政效率的需要,一些非政府组织被赋予实施行政管理的职权。按照其权力的来源,大致可以分为两类:根据法律、法规规定获得行政管理权限的,称为法律、法规授权的组织;根据行政机关的委托获得行政管理权限的,称为行政机关委托的组织。对此较早作出规定的,是1989年公布的行政诉讼法第25条关于行政诉讼被告的规定。后来又出现在1996年公布的行政处罚法关于行政处罚实施机关的规定、1999年公布的行政复议法关于被申请人的规定和其他法律法规中。

(三)公务员

2006年1月起施行的《公务员法》是新中国成立以来由最高国家立法机关制定公布的第一部公职人员基本法,是我国公职人员制度的基本法律依据。我国公民的担任公职权、公职人员履行公职的保障权和退出公职的公民权将得到系统的法律保护,公民在取得公职、担任公职和退出公职过程中的义务得到明确的法律界定。上述公职人员包括法官、检察官。参照公务员法进行管理的公共事业单位中除公勤人员以外的工作人员权利也因此得到更为严格的保护。

公务员法所称公务员,是指依法履行公职、纳入国家行政编制、由国家财政负担工资福利的工作人员。公务员制度包括公务员的条件、义务与权利;职务与级别;录用;考核;职务任免;职务升降;奖励;惩戒;培训;交流与回避;工资福利保险;辞职辞退;退休;申诉控告等。在行政管理法律关系中,公务员代表行政机关,以所在行政机关的名义行使国家行政权,行为的结果由相应行政机关承担。

公务员的基本权利义务,是公务员普遍和根本的法律义务和权利,是形成公务员与国家之间公职法律关系的基础,是公务员在法律地位上区别于普通公民的主要标志,是国家和社会监督和评价公务员的主要依据。在基本义务方面,公务员应当履行以下义务:模范遵守宪法和法律;按照规定的权限和程序认真履行职责,努力提高工作效率;全心全意为人民服务,接受人民监督;维护国家的安全、荣誉和利益忠于职守、勤勉尽责、服从和执行上级依法作出的决定和命令;保守国家秘密和工作秘密;遵守纪律,恪守职业道德,模范遵守社会公德;清正廉洁,公道正派;法律规定的其他义务。在基本权利方面,公务员享有以下权利:执行公务权,获得履行职责所必须的工作条件;身份保障权,非因法定事由和非经法定程序不被免职、降职、辞退或者处分,公务员的身份和职务受法律保障;工资福利权,获得工资报酬和享受福利、保险待遇;参加培训权,参加政治理论和业务知识的培训,以适应工作的需要;批评建议权,对机关工作和领导人员提出批评和建议;申诉控告权,对有关处分和处理决定提出申诉,对有关机关和负责人滥用职权和其他违法行为提出控告;辞职

42

申请权,可以出于个人原因提出不再继续担任公务员;法律规定的其他权利。

我国公务员职位目前主要有三个类别:综合管理类、专业技术类和行政执法类。国务院根据公务员法,对于具有职位特殊性,需要单独管理的,可以增设其他职位类别;国家根据公务员职位类别设置公务员职务序列。公务员的职务对应相应的级别;公务员的级别根据所任职务及其德才表现、工作实绩和资历确定。国家根据人民警察以及海关、驻外外交机构公务员的工作特点,设置与其职务相应的衔级别;公务员的工资及其他待遇依据公务员的职务与级别确定。

三、行政许可法基础

(一)行政许可的概念与种类

作为行政机关在管理经济事务和社会事务中的一种事先控制手段,行政许可通常也称为"行政审批",通过审批,相对人或得到一个许可证,或得到一本执照,有的盖上印章或贴上许可标记。行政许可是行政机关根据公民、法人和其他组织的申请,经依法审查,准予其从事特定活动的一种行政行为。2003年十届全国人大常委会四次会议通过了《中华人民共和国行政许可法》。

(二)行政许可的特征:

(1)许可是授益性行政行为,其内容是赋予相对人某种权利或资格。

(2)许可是应申请的行政行为。行政机关作出许可行为必须以相对人申请为前提,因为行政许可是赋予相对人某种权利或资格,对于具备法律规定的条件而是否要求取得这种权利或资格,是相对人自己的事,由其自主决定。

(3)许可是要式行政行为。行政许可一般采用书面证书的形式,这些许可证书起到证明性文书的作用,是行政许可行为的凭证,其本身就具有特定的法律效力。许可证所包括的证件种类繁多,主要有许可证、执照、注册登记、准许证、通行证、特许证、护照、批准书、审批书等。

(4)许可存在的前提是法律的一般禁止。许可是对禁止的解除,对符合一定条件者解除禁止,允许其从事某项特定活动,享有特定权利和资格。这里所说的一般禁止,是指不经过个别批准、认可或资质确认便不能从事的活动,是和"绝对禁止"相对应的概念。譬如,在我国目前法律体系中,卖淫嫖娼是绝对禁止的事项,因而便不会有许可制度存在。而如制作、运输、销售爆破物品是国家一般禁止的行为,但是,国家为了国防安全、社会治安和社会建设的需要,对符合特定条件的组织或者个人准许其实施这类行为。

(三)行政许可的原则

行政许可的原则包括:第一,许可法定的原则。对于哪些东西可以设定许可,哪些机关可以发放许可,都由法律明确规定,行政主体不能随意设定。行政机关必须根据宪法、法律和行政法律规范行使许可权,并以行政法律规范所确定的内容和程序,实施对行政事务和社会公共事务的管理。违法许可无效。第二,公开、公平、公正的原则。行政许可的实质是在一般禁止的基础上对特定相对人解除禁止,所以特别要求公开,必须一视同仁,公平对待所有许可申请人。有关机关应当公开办事程序和制度要求,以便当事人了解和掌握,防止秘密许可。除了法律规定不得公开的事项外,诸如许可事项的名称、内容、地点、期限、审核机关、审核程序、资格条件等,许可决定作出之后,应该告知相对人和其他与许可事项有关的人员,并说明作出行政许可决定的事实根据和法律依据以及其他理由;特别是作出不予许可的决定时更该说明理由,以征求意见,也应允许其他利害关系人提出异议。第三,合理裁量的原则。法律一般只规定许可的内容、原则和范围,具体的许可标准和条件则由行政机关自主制定,审查、发放、中止、吊销许可证等亦由行政机关裁量决定。正是由于行政许可权的这种广泛裁量性,决定了行政机关必须遵循合理裁量的原则,公平、公正地对待每个申请人,避免出现程序上的偏私。合理裁量的原则要求听取对方意见,允许利益相关人提出异议,同时避免"自己做自己案件的法官"。第四,便民、高效的原则。行政机关应及时受理行政许可申请,及时进行要件审查,作出是否受理的决定;及时进行实质审查,在充分考虑各当事人或利害关系人的程序权利保障的同时,尽快地作出裁断;及时颁发许可证或执照,同时通知拟拒绝其申请的相对人不予许可的事宜及其理由;及时对有关行政许可的纠纷作出处理决定。采取统一受理、联合集中办理,让老百姓少跑路。第五,适应形势发展需要的原则。行政许可制度会随着国家政治或经济等方面的客观情况的变化而适时作出调整或变更,许可事项、许可权限都会发生变化。

(四) 行政许可的设定

从各国的经验看,一般来说,需要事先许可的,是事后可能造成难以挽回的严重后果,或者要付出更大代价才能挽回后果的事项。我国《行政许可法》对许可的范围作出明确界定,其第 12 条规定只有六类事项可以设定行政许可:①直接涉及国家安全、公共安全、经济宏观调控、生态环境保护以及直接关系人身健康、生命财产安全等特定活动,需要按照法定条件予以批准的事项;②有限自然资源开发利用、公共资源配置以及直接关系公共利益的特定行业的市场准入等,需要赋予特定权利的事项;③提供公众服务并且直接关系公共利益的职业、行业,需要确定具备特殊信誉、特殊条件或者特殊技能等资格、资质的事项;④直接关系公共安全、人身健康、生命财产安全的重要设备、设施、产品、物品,需要按照技术标准、技术规范,通过检验、检测、检疫等方式进行审定的事项;⑤企业或者其他组织的设立等,需要确定主体资格的事项;⑥法律、行政法规规定可以设定行政许可的其他事项。第 13 条规定,如果上述事项通过下列方式能够予以规范的,可以不设行政许可:①公民、法人或者其他组织能够自主决定的;②市场竞争机制能够有效调节的;③行业组织或者中介机构能够自律管理的;④行政机关采用事后监督等其他行政管理方式能够解决的。

(五) 行政许可的实施程序

公民、法人或者其他组织从事特定活动,依法需要取得行政许可的,应当向行政机关提出申请。申请书需要采用格式文本的,行政机关应当向申请人提供行政许可申请书格式文本。申请人可以委托代理人提出行政许可申请。但是,依法应当由申请人到行政机关办公场所提出行政许可申请的除外。申请可以通过信函、电报、电传、传真、电子数据交换和电子邮件等方式提出。申请人申请行政许可,应当如实向行政机关提交有关材料和反映真实情况,并对其申请材料实质内容的真实性负责。行政机关不得要求申请人提交与其申请的行政许可事项无关的技术资料和其他材料。

行政机关对申请人提出的申请,应根据情况作出处理:申请事项依法不需要取得行政许可的,应当即时告知申请人不受理;申请事项依法不属于本行政机关职权范围的,应当即时作出不予受理的决定,并告知申请人向有关行政机关申请;申请材料存在可以当场更正的错误的,应当允许申请人当场更正;申请材料不齐全或者不符合法定形式的,应当当场或者在 5 日内一次告知申请人需要补正的全部内容,逾期不告知的,自收到申请材料之日起即为受理;申请事项属于本行政机关职权范围,申请材料齐全、符合法定形式,或者申请人按照本行政机关的要求提交全部补正申请材料的,应当受理行政许可申请。行政机关受理或者不予受理行政许可申请,应当出具加盖本行政机关专用印章和注明日期的书面凭证。

行政机关应当对申请人提交的申请材料进行审查。申请材料齐全、符合法定形式,行政机关能够当场作出决定的,应当当场作出书面的行政许可决定。其他应在法定期限内按照规定程序作出行政许可决定。根据法定条件和程序,需要对申请材料的实质内容进行核实的,行政机关应当指派两名以上工作人员进行核查。行政机关对行政许可申请进行审查时,发现行政许可事项直接关系他人重大利益的,应当告知该利害关系人。申请人、利害关系人有权进行陈述和申辩。行政机关应当听取申请人、利害关系人的意见。

申请人的申请符合法定条件、标准的,行政机关应当依法作出准予行政许可的书面决定。行政机关作出准予行政许可的决定,需要颁发行政许可证件的,应当向申请人颁发加盖本行政机关印章的行政许可证件。行政机关实施检验、检测、检疫的,可以在检验、检测、检疫合格的设备、设施、产品、物品上加贴标签或者加盖检验、检测、检疫印章。行政机关依法作出不予行政许可的书面决定的,应当说明理由,予以公开,公众有权查阅,并告知申请人享有依法申请行政复议或者提起行政诉讼的权利。

除可以当场作出行政许可决定的外,行政机关应当自受理行政许可申请之日起 20 日内作出行政许可决定。20 日内不能作出决定的,经本行政机关负责人批准,可以延长 10 日,并应当将延长期限的理由告知申请人。行政许可采取统一办理或者联合办理、集中办理的,办理的时间不得超过 45 日;45 日内不能办结的,经本级人民政府负责人批准,可以延长 15 日,并应当将延长期限的理由告知申请人。

四、行政处罚法基础

行政处罚是国家行政机关对构成行政违法行为的公民、法人或者其他组织实施的行政法上的制裁。行政处罚是行政违法行为引起的法律后果。所谓行政违法,是指公民、法人或者其他组织违反国家行政管理秩序,依照法律应当由国家行政机关给予行政处罚的危害社会的行为,例如,公民违反治安秩序,公安机关应当依照治安管理处罚法对该公民给予拘留或其他法律规定的治安行政处罚。1996 年八届人大四次会议通过了《中华人民共和国行政处罚法》。

(一)行政处罚的基本原则

行政处罚是指享有行政处罚权的行政主体,对违反行政法律规范、依法应当给予处罚的行政相对人所实施的法律制裁行为。例如,《中华人民共和国专利法》第 63 条规定:"假冒专利的,除依法承担民事责任外,由管理专利工作的部门责令改正并予公告,没收违法所得,可以并处违法所得四倍以下的罚款;没有违法所得的,可以处 20 万元以下的罚款;构成犯罪的,依法追究刑事责任。"其中的没收违法所得、罚款都是这里讲的行政处罚。

行政处罚与刑罚不同,前者是一种行政行为,后者是一种司法行为,刑罚所采取的制裁方式比行政处罚要严厉。行政处罚与行政处分也不同,后者是针对行政机关公务员在其职务上的违法失职行为作出的制裁,一般有警告、记过、记大过、降级、撤职和开除六种方式。

行政处罚的基本原则如下:

第一,处罚法定原则。处罚法定原则,是指行政处罚必须严格依据法律规定进行,包括:①处罚设定法定;②实施处罚的主体法定;③处罚依据法定;④处罚程序法定。第二,处罚公正、公开原则。处罚公正原则,是指行政处罚的设定与实施要公平正直,没有偏私。实施公正要求行政处罚无论是设定还是实施都要过罚相当,即处罚要与违法行为的事实、性质、情节以及社会危害程度相当。程序公正要求实施处罚的过程中,处罚主体要给予被处罚人公正的待遇,充分尊重当事人程序上所拥有的独立人格与尊严,避免处罚权的行使武断专横。处罚公开原则,是指行政处罚的设定与实施要向社会公开,有两项基本要求:①对违法行为给予处罚的规定要公开,未经公布的规范不能作为行政处罚的依据;②对违法行为实施处罚的程序必须公开,行政主体在实施处罚时,应当告知当事人作出处罚决定的事实、理由、法律依据以及当事人依法享有的权利,要充分听取当事人的意见,不能拒绝当事人的陈述与申辩,在符合法定条件下,还要举行听证会。第三,一事不再罚原则。这一原则的要求是:①针对一个违法行为,不能给予两次以上的同一种类的行政处罚;②违法行为构成犯罪的,人民法院判处拘役或者有期徒刑时,行政机关已实施了行政拘留,应当依法折抵相应的刑期;人民法院判处罚金时,行政机关已实施了罚款的,应折抵相应罚金。第四,处罚与教育相结合原则。指行政主体在实施行政处罚、纠正违法时,要注意说服教育,实现制裁与教育的双重目的。第五,保障权利原则。是指在行政处罚中要充分保障行政相对人的合法权益,不应让无辜的人遭受处罚,要使违法的人得到公正的处罚,受到违法处罚的人到补救。为此,法律赋予相对人在处罚的过程中享有陈述权、申辩权、听证权、申请复议权、提出诉讼权以及赔偿请求权。行政主体处罚过程中,不能随意加以剥夺或限制。

(二) 行政处罚的种类

从原理上,可以将行政处罚分为人身自由罚、财产罚、行为罚、申诫罚等,我国《行政处罚法》规定的行政处罚种类具体如下:

第一,警告。警告是对违法行为人进行谴责以示警戒的处罚措施。它是对违法行为人的声誉加以影响,以达到防止其继续或重新违法目的的处罚种类。警告一般适用于情节比较轻微的违法行为,是最轻微的一种行政处罚。警告属于要式的行政行为,作出警告必须要有书面处罚决定书,指明相对人的违法行为,并交送违法者本人。口头警告属于一般的批评教育,不具有强制力,不属于行政处罚行为。

第二,罚款。即对行政违法人科以金钱处罚。罚款与刑罚上罚金、司法上排除妨碍诉讼行为的强制措施的罚款不同。三者虽然都是以惩戒违法行为为目的.但后两者是由人民法院适用。罚金适用于犯罪,是刑罚中的一种附加刑;排除妨碍诉讼行为的强制措施的罚款是针对在诉讼程序中实施了妨碍诉讼活动的违法行为人进行的。

第三,没收违法所得和非法财物。是将违法行为人的违法所得或非法财物收归国有的处罚。违法所得是指违法行为人因其违法行为所获得的金钱或其他财物,如销售违禁品、销售伪劣产品而获得的钱款。非法财物是违法行为人所占有的违禁品或者实施违法行为所使用的工具和物品,如淫秽书刊、走私物品、用于非法印刷的印刷工具等。对非法财产要全部没收,依法上缴国库或依法定的方式处理。

第四,责令停产停业。责令停产停业是指限制违法行为人从事生产经营活动的处罚。其主要特征:①对违法者具有经营性质活动的能力加以限制,责令停产停业不只针对生产经营活动,只要具有经营性质的业务活动都可以适用,如责令律师事务所停止执业、医疗诊所停止行医等;②对违法者的行为能力的限制,对相对人的财产权不直接影响,而是间接的,由于相对人不能从事某种具有经营性质的活动,必然会对其财产带来损害;③附有一定期限地限制违法者的行为能力,而不是对其行为能力的最终剥夺。

第五,暂扣或者吊销许可证、执照。暂扣或者吊销许可证、执照是暂时扣留或者撤销违法行为人从事某种活动的凭证或者资格证明的处罚措施。如吊销卫生许可证、生产许可证、营业执照,暂扣驾驶执照等。暂扣与吊销的区别在于:暂扣是暂时中止当事人从事某种活动或享有某种资格能力,待一定期限届满后再发还许可证或执照;而吊销是永远终止相对人从事某种活动或享有某种资格。

第六,行政拘留。行政拘留,是指公安机关限制违法行为人短期人身自由的处罚,适用于严重的治安违法行为,是一种严厉的处罚形式,有关它的设定与实施,都有严格的法律规定:行政拘留的设定权只属于全国人大及其常委会,实施权仅限于公安机关,且此权力不能授权也不能委托其他机关或组织行使。目前关于行政拘留的法律规定主要有《治安管理处罚法》《外国人入境出境管理法》《中国公民出境入境管理法》《集会游行示威法》等。根据《治安管理处罚法》第21条的规定,下列四类人不适用行政拘留处罚:①已满14周岁不满16周岁的;②已满16周岁不满18周岁,初次违反治安管理的;③70周岁以上的;④怀孕或者哺乳自己不满1周岁婴儿的。

除以上六种行政处罚之外,《治安管理处罚法》还规定对外国人可以附加适用限期出境或驱逐出境的处罚。驱逐出境是指公安、边防、安全机关对违反我国行政法规范的外国公民、无国籍人采取的强令其离开中国国境的处罚形式,与其相类似的还有禁止入境出境、限期离境等。有些法规还规定了通报批评,它是对违法行为人予以公开的谴责和告诫,是对违法行为人的声誉加以影响。通报批评比警告要严厉,因对行为人制裁结果要公布于众,一般适用于具有较大危害后果的违法行为。

（三）行政处罚的设定和程序

全国人大及其常委会制定的法律可以创设各种行政处罚,其对限制人身自由的行政处罚的创设拥有专属权。人身自由权是公民的一项最基本的权利,限制人身自由是最严厉的处罚,只能由法律进行创设,其他任何形式的规范性文件都不得加以设定。《行政处罚法》规定:"限制人身自由的行政处罚,只能由法律设定。"由国务院制定的行政法规在设定行政处罚上包括两个方面:①创设权,可以创设除限制人身自由以外的各种行政处罚;②规定权,法律对违法行为已经作出行政处罚规定,行政法规必须在法律规定的给予行政处罚的行为、种类和幅度的范围内规定。行政规章属于效力等级较低的法律规范,其创设权有限:只能创设一定数额的罚款和警告的处罚。行政规章主要是拥有行政处罚的规定权,国务院部门规章和地方政府规章可以在法律、法规规定的给予行政处罚的行为、种类和幅度的范围内作出具体规定。除上述法律、法规、规章以外的其他规范性文件都不得对行政处罚加以创设。

行政处罚的程序包括简易程序、一般程序、听证程序和执行程序。

简易程序。适用简易程序必须符合以下三个条件:①违法事实确凿。即当场能够有充分的证据确认违法事实,无需进一步调查取证。②有法定依据。对于该违法行为,法律、法规或者规章明确规定了有关处罚的内容,实施处罚的人员当场可以指出具体的法律、法规或者规章的依据。③符合行政处罚法所规定的处罚种类和幅度。只有对个人处以 50 元以下、对组织处以 1000 元以下罚款或者警告的处罚可以当场决定(不是执行),其他处罚不能适用简易程序。上述三个条件必须同时具备。简易程序的内容主要包括:①表明身份。②说明理由和告知权利。③制作处罚决定书以及备案。

一般程序。具体包括以下几个环节:①立案。处罚实施主体通过各种渠道知悉相对人的违法行为,应先予以立案。②调查取证。③说明理由、当事人陈述与申辩。向当事人说明将要处罚的理由,并采取一定的方式听取当事人的意见,允许其申辩与陈述,对于合理的意见应予采纳。④作出处罚决定。处罚决定应采用书面形式。⑤送达。

听证程序。听证程序适用的条件:①必须符合法定的处罚案件的种类,按《行政处罚法》的规定,责令停产停业、吊销许可证或执照、较大数额罚款等处罚适用听证程序,《治安管理处罚法》还规定,2000 元以上罚款的可申请听证。②必须有当事人听证的请求,听证对相对人而言是一种权利,只有相对人要求听证,行政机关才进行听证。听证程序具体步骤:①告知听证权。②提出听证。③通知听证。④举行听证会。听证会除涉及国家秘密、商业秘密或者个人隐私外,一律公开举行。

执行程序。行政处罚执行程序,是指确保行政处罚决定所确定的内容得以实现的程序。行政处罚决定一旦作出,就具有法律效力,处罚决定中所确定的义务必须得到履行。

当事人越期不履行行政处罚决定的,作出行政处罚决定的行政机关可以采取强制措施:①到期不缴纳罚款的,每日按罚款数额的 3% 加处罚款;②根据法律规定,将查封、扣押的财务拍卖或者将冻结的存款划拨抵缴罚款;③申请人民法院强制执行。

五、行政强制法基础

行政强制是指为了实施行政管理或达成行政管理目的,对公民、法人或者其他组织的人身、财产、行为等采取强制性措施的制度。行政强制是行政强制措施和行政强制执行两项制度的合称,二者虽有区别,但有着内在的关联。行政强制措施,是指行政机关在行政管理过程中,为制止违法行为、防止证据损毁、避免危害发生、控制危险扩大等情形,依法对公民的人身自由实施暂时性限制,或者对公民、法人或者其他组织的财物实施暂时性控制的行为。行政强制执行,是指行政机关或者行政机关申请人民法院,对不履行行政决定的公民、法人或者其他组织,依法强制履行义务的行为。2011 年十一届人大常委会二十一次会议通过了《中华人民共和国行政强制法》。

(一)行政强制的种类和设定

行政强制的设定是由立法创设行政强制,本质是国家对行政强制的立法规定,涉及哪些法律规范可以对何种种类的行政强制作出规定。

先来看行政强制措施的种类和设定。行政强制措施可以划分为不同的类别,行政强制法第 9 条对此作出明确规定,内容为限制公民人身自由;查封场所、设施或者财物;扣押财物;冻结存款、汇款;其他行政强制措施。

限制公民人身自由的强制措施,指为制止违法行为、避免危害发生、控制危险扩大等情形,行政机关依法对公民的人身自由实施暂时性限制。例如,强制驱散游行示威者。查封场所、设施或者财物,扣押财物,冻结存款、汇款,上述三类行政强制措施属于对物采用的强制措施。查封是行政机关对公民、法人或者其他组织的场所或物品进行封存,不准转移和处理的措施,可以适用于财物,也可适用于场所和设施;扣押指行政机关将公民、法人或者其他组织的财物移至另外场所加以扣留,不准被执行人占有、使用和处分的措施;冻结指限制金融资产流动的行政强制措施,包括冻结存款和冻结汇款。

与行政处罚、行政许可的设定相比,行政强制法对包括行政强制措施在内的行政强制设定采取了从严的思路。首先是法律的设定权。法律可以对所有的行政强制措施进行设定,但下列行政强制措施的设定由法律保留,即限制公民人身自由的行政强制措施、冻结存款、汇款,以及其他应由法律设定的事项,这些措施只能由法律作出设定。其次是行政法规的设定权。行政法规对行政强制措施的设定相对复杂,包括两种情形。第一种情形是某一领域或事项尚未制定法律。在此情形下,如相关事项属于国务院行政管理职权事项的,行政法规可以设定由法律保留的行政强制措施之外的措施,即限制公民人身自由的行政强制措施、冻结存款、汇款,以及其他应由法律设定的行政强制措施以外的其他行政强制措施。第二种情形是某一领域或事项已出台法律。在此情形下,如已制定的法律设定了行政强制措施,且对行政强制措施的对象、条件、种类作了规定的,行政法规只能对已创设的行政强制措施作出细化规定,不得作出扩大规定;如已制定的法律未设定行政强制措施,行政法规原则上不得设定行政强制措施。不过,在符合特定条件时行政法规可以设定行政强制措施,即单行法律规定特定事项由行政法规规定具体管理措施,那么,行政法规可以设定由法律保留设定的行政强制措施之外的其他行政强制措施。其次是地方性法规的设定权。根据行政强制法的规定,地方性法规对行政强制措施的设定权为,尚未制定法律、行政法规,且属于地方性事务的,可以设定的行政强制措施有两类,即查封场所、设施或者财物和扣押财物。对法律已设定的行政强制措施,地方性法规只能对法律所规定的行政强制措施的对象、条件、种类作出细化规定,加以具体化,扩大规定无效。如法律中未设定行政强制措施的,地方性法规不得设定行政强制措施。除法律、法规以外的其他规范性文件,均不得设定行政强制措施。

再来看行政强制执行的方式和设定。行政强制执行的方式因执行主体不同而不同。如果行政机关的具体行政行为需要申请法院执行,则由法院主要使用相应的强制方式强制当事人履行;如果行政机关有自行强制执行权,则由行政机关依法律规定的方式强制执行。我国行政强制法第12条规定的行政强制执行方式有:加处罚款或者滞纳金;划拨存款、汇款;拍卖或者依法处理查封、扣押的场所、设施或者财物;排除妨碍、恢复原状;代履行;其他强制执行方式。

行政强制法第13条规定,行政强制执行由法律设定。法律没有规定行政机关强制执行的,作出行政决定的行政机关应当申请人民法院强制执行。此规定要求行政机关的自行强制执行必须由法律设定,包括行政法规、地方性法规不得设定行政机关强制执行。

(二)行政强制措施实施程序

实施行政强制措施的一般程序,指行政机关实施各类行政强制措施均需要遵守程序环节和要求。一是报告和批准。实施前须向行政机关负责人报告并经批准。情况紧急,需要当场实施行政强制措施的,行政执法人员应当在 24 小时内向行政机关负责人报告,并补办批准手续。行政机关负责人认为不应当采取行政强制措施的,应当立即解除。二是表明身份。实施行政强制措施时,应由两名以上行政执法人员实施。实施时,执法人员应出示执法身份证件,表明身份。三是通知当事人到场。当事人不到场的,邀请见证人到场,由见证人和行政执法人员在现场笔录上签名或者盖章。四是告知和说明理由。执法人员应当场告知当事人采取行政强制措施的理由、依据以及当事人依法享有的权利、救济途径。五是听取当事人的陈述和申辩。六是制作现场笔录。现场笔录由当事人和行政执法人员签名或者盖章,当事人拒绝的,在笔录中予以注明。

除一般程序要求外,行政机关实施限制公民人身自由、查封扣押、冻结等行政强制措施的,还须遵循特别程序要求。如实施限制公民人身自由的强制措施,要求当场告知或者实施行政强制措施后立即通知当事人家属实施行政强制措施的行政机关、地点和期限。在紧急情况下当场实施行政强制措施的,在返回行政机关后,立即向行政机关负责人报告并补办批准手续。行政机关实施限制人身自由的行政强制措施不得超过法定期限,实施行政强制措施的目的已经达到或者条件已经消失,应当立即解除。

(三) 行政机关强制执行程序

我国行政强制执行实行由行政机关和法院共享强制执行权的模式,二者各自的权限涉及行政强制执行的运行。行政强制法对此前行政机关和法院各自的强制执行权进行了一定的调整,规定法律没有规定行政机关强制执行的,作出行政决定的行政机关应当申请人民法院强制执行。根据此规定,行政机关自行强制执行权的取得需要由全国人人及其常委会制定的法律授权。

对行政机关自行强制执行程序,无论采取何种措施均应遵循下列程序环节。一是督促催告。在进行强制执行前,行政机关应利用催告的方式,作最后一次的督促,让当事人自觉履行义务。行政机关作出强制执行决定前,应当事先催告当事人履行义务。催告应当以书面形式作出,并载明下列事项:履行义务的期限;履行义务的方式;涉及金钱给付的,应当有明确的金额和给付方式;当事人依法享有的陈述权和申辩权。二是陈述与申辩。当事人收到催告书后有权进行陈述和申辩。行政机关应当充分听取当事人的意见,对当事人提出的事实、理由和证据,应当进行记录、复核。当事人提出的事实、理由或者证据成立的,行政机关应当采纳。三是作出强制执行决定和送达。经催告,当事人逾期仍不履行行政决定,且无正当理由的,行政机关可以作出强制执行决定。强制执行决定应当以书面形式作出,并载明下列事项:当事人的姓名或者名称、地址;强制执行的理由和依据;强制执行的方式和时间;申请行政复议或者提起行政诉讼的途径和期限;行政机关的名称、印章和日期。在催告期间,对有证据证明有转移或者隐匿财物迹象的,行政机关可以作出立即强制执行决定。催告书、行政强制执行决定书应当直接送达当事人。当事人拒绝接收或者无法直接送达当书人的,应当依照民事诉讼法的有关规定送达。四是采取强制执行措施。文书经送达后,行政机关根据执行内容、标的等不同,分别采取不同的强制执行力式,并遵循不同的程序规定。行政机关不得在夜间或者法定节假日实施行政强制执行。但是,情况紧急的除外。行政机关不得对居民生活采取停止供水、供电、供热、供燃气等方式迫使当事人履行相关行政决定。

除一般程序要求外,针对具体强制执行措施,行政机关还应遵循特别程序要求。如金钱给付义务的执行,行政机关依法作出金钱给付义务的行政决定,当事人逾期不履行的,行政机关可以依法加处罚款或者滞纳金。加处罚款或者滞纳金的标准应当告知当事人。加处罚款或者滞纳金的数额不得超过金钱给付义务的数额。行政机关实施加处罚款或者滞纳金超过 30 日,经催告当事人仍不履行的,具有行政强制执行权的行政机关可以强制执行,没有行政强制执行权的行政机关应当申请人民法院强制执行。

六、行政复议法基础

行政复议是指行政相对人认为行政主体的具体行政行为侵犯其合法权益,依法向行政复议机关提出复查该具体行政行为的申请,行政复议机关依照法定程序对被申请的具体行政行为进行合法、适当性审查,并作出行政复议决定的一种法律制度。《中华人民共和国行政复议法》于 1999 年 4 月 29 日由第九届全国人民代表大会常务委员会第九次会议通过。《中华人民共和国行政复议法实施条例》于 2007 年 5 月 23 日由国务院第 177 次常务会议通过。公民、法人或者其他组织认为具体行政行为侵犯其合法权益,向行政机关提出行政复议申请,行政机关受理行政复议申请、作出行政复议决定,适用《行政复议法》有关规定。

(一)行政复议范围

根据《行政复议法》规定,符合法定情形之一的,公民、法人或者其他组织可以依法申请行政复议。比如,对行政机关作出的警告、罚款、没收违法所得、没收非法财物、责令停产停业、暂扣或者吊销许可证、暂扣或者吊销执照、行政拘留等行政处罚决定不服的;对行政机关作出的限制人身自由或者查封、扣押、冻结财产等行政强制措施决定不服的;对行政机关作出的有关许可证、执照、资质证、资格证等证书变更、中止、撤销的决定不服的;认为符合法定条件,申请行政机关颁发许可证、执照、资质证、资格证等证书,或者申请行政机关审批、登记有关事项,行政机关没有依法办理的,都可以申请行政复议。

(二)行政复议申请

根据《行政复议法》规定,公民、法人或者其他组织认为具体行政行为侵犯其合法权益的,可以自知道该具体行政行为之日起 60 日内提出行政复议申请;但是法律规定的申请期限超过 60 日的除外。依照该法申请行政复议的公民、法人或者其他组织是申请人。有权申请行政复议的公民死亡的,其近亲属可以申请行政复议。对县级以上地方各级人民政府工作部门的具体行政行为不服的,由申请人选择,可以向该部门的本级人民政府申请行政复议,也可以向上一级主管部门申请行政复议。对地方各级人民政府的具体行政行为不服的,向上一级地方人民政府申请行政复议。对省、自治区人民政府依法设立的派出机关所属的县级地方人民政府的具体行政行为不服的,向该派出机关申请行政复议。

(三)行政复议受理

根据《行政复议法》规定,行政复议机关收到行政复议申请后,应当在 5 日内进行审查,对不符合法律规定的行政复议申请,决定不予受理,并书面告知申请人;对符合法律规定,但是不属于本机关受理的行政复议申请,应当告知申请人向有关行政复议机关提出。法律、法规规定应当先向行政复议机关申请行政复议、对行政复议决定不服再向人民法院提起行政诉讼的,行政复议机关决定不予受理或者受理后超过行政复议期限不作答复的,公民、法人或者其他组织可以自收到不予受理决定书之日起或者行政复议期满之日起 15

日内,依法向人民法院提起行政诉讼。

(四) 行政复议决定

　　根据《行政复议法》规定,行政复议原则上采取书面审查的办法,但是申请人提出要求或者行政复议机关负责法制工作的机构认为有必要时,可以向有关组织和人员调查情况,听取申请人、被申请人和第三人的意见。行政复议机关负责法制工作的机构应当自行政复议申请受理之日起 7 日内,将行政复议申请书副本或者行政复议申请笔录复印件发送被申请人。被申请人应当自收到申请书副本或者申请笔录复印件之日起 10 日内,提出书面答复,并提交当初作出具体行政行为的证据、依据和其他有关材料。在行政复议过程中,被申请人不得自行向申请人和其他有关组织或者个人收集证据。行政复议机关应当自受理申请之日起 60 日内作出行政复议决定;但是法律规定的行政复议期限少于 60 日的除外。行政复议机关作出行政复议决定,应当制作行政复议决定书,并加盖印章。行政复议决定书一经送达,即发生法律效力。

第五专题　程序法基础

一、什么是程序法

诉讼与非诉讼程序法是中国特色社会主义法律体系七大主要法律部门之一,是规范解决社会纠纷的诉讼活动与非诉讼活动的法律规范。诉讼法律制度是规范国家司法活动解决社会纠纷的法律规范,非诉讼程序法律制度是规范仲裁机构或者人民调解组织解决社会纠纷的法律规范。截至目前,中国已制定了诉讼与非诉讼程序法方面的法律 10 部,主要包括刑事诉讼法、民事诉讼法、行政诉讼法、仲裁法、人民调解法等。

刑事诉讼法规定了一切公民在适用法律上一律平等,人民法院、人民检察院分别独立行使审判权、检察权,人民法院、人民检察院、公安机关分工负责、互相配合、互相制约,保证犯罪嫌疑人、被告人获得辩护,未经人民法院依法判决,对任何人不得确定有罪等刑事诉讼的基本原则和制度,并规定了管辖、回避、辩护、证据、强制措施、侦查、起诉、审判、执行等制度和程序,有效保证了刑法的正确实施,保护了公民的人身权利、财产权利、民主权利和其他权利,保障了社会主义建设事业的顺利进行。

民事诉讼法确立了当事人有平等的诉讼权利、根据自愿和合法的原则进行调解、公开审判、两审终审等民事诉讼的基本原则和制度,明确了诉讼当事人的诉讼权利和诉讼义务,规范了证据制度,规定了第一审普通程序、第二审程序、简易程序、特别程序、审判监督程序等民事审判程序,还对执行程序、强制执行措施作了明确规定。

行政诉讼法确立了"民告官"的法律救济制度。行政诉讼法明确规定,公民、法人和其他组织认为自己的合法权益被行政机关及其工作人员侵犯,有权依法向人民法院提起行政诉讼,人民法院依法对行政案件独立行使审判权,保障公民的合法权益。行政诉讼法颁布实施以来,平均每年受理行政案件 10 万余件,保障了公民的合法权益,促进了行政机关依法行使行政职权。

仲裁法规范了国内仲裁与涉外仲裁机构的设立,明确规定仲裁委员会独立于行政机关,从机构设置上保证了仲裁委员会的独立性,明确将自愿、仲裁独立、一裁终局等原则作为仲裁的基本原则,系统规定了仲裁程序。仲裁法颁布实施以来,共仲裁各类经济纠纷 50 多万件,案件标的额达到人民币 7000 多亿元,对于公正、及时、有效地解决民事经济纠纷,保护当事人的合法权益,维护社会经济秩序稳定与促进社会和谐,发挥了积极作用。

人民调解是一项具有中国特色的化解矛盾、消除纷争的非诉讼纠纷解决方式。中国宪法、民事诉讼法对人民调解的性质和基本原则作了规定,国务院颁布了人民调解委员会组织条例,人民调解工作不断发展。2009 年,人民调解组织调解民间纠纷 767 万多件,调解成功率在 96% 以上。为进一步推动人民调解工作,完善人民调解制度,中国制定了人民调解法,将人民调解工作长期积累的好经验、好做法制定为法律。目前,中国共有人民调解组织 82 万多个,人民调解员 467 万多人,形成了覆盖广大城乡的人民调解工作网络,为预防和减少民间纠纷、化解社会矛盾、维护社会和谐稳定发挥了重要作用。

此外,我国还制定了引渡法、海事诉讼特别程序法、劳动争议调解仲裁法、农村土地承包经营纠纷调解仲裁法等法律,建立健全了诉讼与非诉讼程序法律制度。

二、人民调解法基础

人民调解,是指人民调解委员会通过说服、疏导等方法,促使当事人在平等协商基础上自愿达成调解协议,解决民间纠纷的活动。人民调解制度是我国的一项传统纠纷解决制度,被誉为"东方之花"。2010年8月28日第十一届全国人民代表大会常务委员会第十六次会议通过了《中华人民共和国人民调解法》。该法的颁布实施有利于推进人民调解工作的规范进行,丰富了多样化民事纠纷解决机制,促进了民间纠纷妥善及时地解决。

(一) 人民调解法的特点

人民调解是解决社会矛盾的重要方法,它有利于及时妥善解决民间纠纷,有利于构建社会主义和谐社会。新颁布的人民调解法具有鲜明的特点。一是明确了人民调解的性质。人民调解是人民群众自我管理、自我教育、自我服务的一项制度,这是人民调解工作赖以存在的基础,也是人民调解工作深受群众欢迎、保持强大生命力的根本原因。人民调解法继承和发扬了人民调解的人民性、民主性、自治性的特征。该法规定关于民间纠纷的调解应在平等、自愿的原则下进行,不能违背国家相关的法律规定、政策,要充分尊重当事人享有的权利,不得妨碍当事人通过其他途径保护自己的权利。二是人民调解与其他纠纷解决方式的衔接和配合机制更趋完善。人民调解法制定过程中,充分考虑了不同纠纷解决方式的相互关系和功能互补作用,对人民调解与其他纠纷解决方式的衔接和配合机制作出了更趋完善的规定。在现实生活中可能由于种种原因导致调解失败,因此人民调解法规定如果调解失败,应当终止调解,按照相关法律规定告知当事人可以通过诉讼、仲裁等其他的方式解决纠纷,以维护自己的合法权益。此外,明确规定了调解协议的司法确认机制。人民调解法规定,若达成调解协议后,当事人双方可以在协议生效的30日内共同请求法院确认协议的效力,法院在依法审查了协议后,确认协议的效力。在人民法院确认调解协议有效后,在一方当事人不履行或不完全履行时,另一方有权申请人民法院强制执行。

(二) 人民调解委员会与人民调解员

人民调解委员会调解民间纠纷,应当遵循法定原则,即在当事人自愿、平等的基础上进行调解不违背法律、法规和国家政策尊重当事人的权利,不得因调解而阻止当事人依法通过仲裁、行政、司法等途径维护自己的权利。人民调解委员会调解民间纠纷,不收取任何费用。人民调解委员会是依法设立的调解民间纠纷的群众性组织。村民委员会、居民委员会设立人民调解委员会。企业事业单位根据需要设立人民调解委员会。人民调解委员会由委员三至九人组成,设主任一人,必要时,可以设副主任若干人。人民调解委员会应当有妇女成员,多民族居住的地区应当有人数较少民族的成员。村民委员会、居民委员会的人民调解委员会委员由村民会议或者村民代表会议、居民会议推选产生;企业事业单位设立的人民调解委员会委员由职工大会、职工代表大会或者工会组织推选产生。人民调解委员会委员每届任期三年,可以连选连任。村民委员会、居民委员会和企业事业单位应当为人民调解委员会开展工作提供办公条件和必要的工作经费。

人民调解员由人民调解委员会委员和人民调解委员会聘任的人员担任。人民调解员应当由公道正派、热心人民调解工作,并具有一定文化水平、政策水平和法律知识的成年公民担任。县级人民政府司法行政部门应当定期对人民调解员进行业务培训。人民调解员在调解工作中如果有偏袒一方当事人,侮辱当事人,索取、收受财物或者牟取其他不正当利益或者泄露当事人的个人隐私、商业秘密的行为,由其所在的人民调解委员会给予批评教育、责令改正,情节严重的,由推选或者聘任单位予以罢免或者解聘。人民调解员从事调解工作,应当给予适当的误工补贴;因从事调解工作致伤致残,生活发生困难的,当地人民政府应当提供必要的医疗、生活救助;在人民调解工作岗位上牺牲的人民调解员,其配偶、子女按照国家规定享受抚恤和优待。

(三)人民调解的程序

当事人可以向人民调解委员会申请调解;人民调解委员会也可以主动调解。当事人一方明确拒绝调解的,不得调解。基层人民法院、公安机关对适宜通过人民调解方式解决的纠纷,可以在受理前告知当事人向人民调解委员会申请调解。人民调解委员会根据调解纠纷的需要,可以指定一名或者数名人民调解员进行调解,也可以由当事人选择一名或者数名人民调解员进行调解。人民调解员根据调解纠纷的需要,在征得当事人的同意后,可以邀请当事人的亲属、邻里、同事等参与调解,也可以邀请具有专门知识、特定经验的人员或者有关社会组织的人员参与调解。人民调解委员会支持当地公道正派、热心调解、群众认可的社会人士参与调解。人民调解员调解民间纠纷,应当坚持原则,明法析理,主持公道。调解民间纠纷,应当及时、就地进行,防止矛盾激化。人民调解员根据纠纷的不同情况,可以采取多种方式调解民间纠纷,充分听取当事人的陈述,讲解有关法律、法规和国家政策,耐心疏导,在当事人平等协商、互谅互让的基础上提出纠纷解决方案,帮助当事人自愿达成调解协议。人民调解员在调解纠纷过程中,发现纠纷有可能激化的,应当采取有针对性的预防措施;对有可能引起治安案件、刑事案件的纠纷,应当及时向当地公安机关或者其他有关部门报告。人民调解员调解纠纷,调解不成的,应当终止调解,并依据有关法律、法规的规定,告知当事人可以依法通过仲裁、行政、司法等途径维护自己的权利。

(四)人民调解的协议

经人民调解委员会调解达成调解协议的,可以制作调解协议书。当事人认为无需制作调解协议书的,可以采取口头协议方式,人民调解员应当记录协议内容。调解协议书可以载明下列事项:当事人的基本情况;纠纷的主要事实、争议事项以及各方当事人的责任;当事人达成调解协议的内容,履行的方式、期限。调解协议书自各方当事人签名、盖章或者按指印,人民调解员签名并加盖人民调解委员会印章之日起生效。调解协议书由当事人各执一份,人民调解委员会留存一份。口头调解协议自各方当事人达成协议之日起生效。经人民调解委员会调解达成的调解协议,具有法律约束力,当事人应当按照约定履行。人民调解委员会应当对调解协议的履行情况进行监督,督促当事人履行约定的义务。经人民调解委员会调解达成调解协议后,当事人之间就调解协议的履行或者调解协议的内容发生争议的,一方当事人可以向人民法院提起诉讼。经人民调解委员会调解达成调解协议后,双方当事人认为有必要的,可以自调解协议生效之日起二十日内共同向人民法院申请司法确认,人民法院应当及时对调解协议进行审查,依法确认调解协议的效力。人民法院依法确认调解协议有效,一方当事人拒绝履行或者未全部履行的,对方当事人可以向人民法院申请强制执行。人民法院依法确认调解协议无效的,当事人可以通过人民调解方式变更原调解协议或者达成新的调解协议,也可以向人民法院提起诉讼。

三、仲裁法基础

仲裁法是国家制定或认可的、规范仲裁法律关系主体的行为和调整仲裁法律关系的法律规范的总称。仲裁法有广义和狭义之分。狭义的仲裁法即仲裁法典,是国家最高权力机关制定颁行的关于仲裁的专门法律。我国1994年8月31日第八届全国人民代表大会常务委员会第九次会议通过的《中华人民共和国仲裁法》即为狭义的仲裁法。广义的仲裁法除包括仲裁法典外,还包括所有涉及仲裁制度的法律中的相关法律规范。

(一)仲裁的含义与特点

仲裁,亦称"公断",是指发生纠纷的当事人双方,自愿将他们之间的争议提交给仲裁机构进行裁决的活动。裁决作出后,当事人对同一纠纷再申请仲裁或者向人民法院起诉的,仲裁委员会或人民法院不予受理。裁决被人民法院依法裁定撤销或者不予执行的,当事人就该纠纷可以根据双方重新达成的仲裁协议申请仲裁,也可以向人民法院起诉。仲裁依法独立进行,不受行政机关、社会团体和个人的干涉。

仲裁具有鲜明的特点。一是仲裁是由中立的第三者,即仲裁机构出面解决当事人之间争议的活动。仲裁解决的通常是民事争议,而作为仲裁机构的中立的第三者既不是法院,也不是行政机关。二是提交仲裁以双方当事人自愿为前提。仲裁与审判活动不同,法院审判无需当事人同意,被告则更是被动地参加诉讼。而仲裁必须由双方当事人同意,即书面授权。三是仲裁所作出的裁决具有法律效力。仲裁时,第三者必须严格按照法律程序与规则进行。第三者根据双方当事人签订的仲裁协议所作出的裁决具有法律效力,对双方当事人都具有约束力。

仲裁的上述特点决定了其所具有优越性。一是公正、权威。仲裁机构独立于行政机关,仲裁员是兼职的,不隶属于仲裁委员会。这就在很大程度上避免了行政干预、长官意志对仲裁结果的影响。仲裁没有级别管辖和地域管辖,当事人可以在全国范围内选择自己信赖的仲裁机构。这就排除了地方保护主义的干扰。仲裁员从公正正派的专业人员中选聘,有着严格的条件,即素质高、作风正,非常值得信赖的人员。二是快速、经济。仲裁实行一裁终局制度。当事人之间出现纠纷后,选择了仲裁就不能选择诉讼。仲裁裁决自作出之日起即发生法律效力,如果一方当事人不履行仲裁裁决,另一方当事人可申请法院强制执行。仲裁程序简便,期限比较短,而诉讼实行的是两审终审制,按照民事诉讼法的规定,一般一个案件审结要经过9个月的时间。三是保密性强。仲裁不公开进行,当事人如果不愿意写明争议事实和理由的,可以不写明。

(二)仲裁的基本原则

仲裁具有以下几个原则。一是自愿仲裁原则。自愿原则是仲裁制度的一项根本原则,在仲裁中体现为采取仲裁方式解决纠纷,当事人必须自愿。二是以事实为根据,以法律为准绳原则。仲裁应当根据事实、符合法律规定、公平合理地解决纠纷。三是独立仲裁原则。仲裁依法独立进行,不受任何机关、社会团体和个人的干涉。四是或裁或审原则。解决经济纠纷,当事人可以采取仲裁方式或者审判方式,而不能既采取仲裁方式又采取审判方式。当事人达成仲裁协议,一方向人民法院起诉的,人民法院不予受理,但仲裁协议无效的除外。五是一裁终局原则。仲裁实行一裁终局制度。仲裁庭作出裁决后，裁决即发生法律效力，可以申请法院强制执行。六是人民法院监督原则。人民法院对仲裁不予干预，但要进行必要的监督。法院对仲裁的监督主要体现在两个方面。第一，当事人提出证据证明裁决具有程序违法等特定情形的，可以向人民法院申请撤销裁决，人民法院可以依法裁定撤销仲裁裁决。第二，经人民法院组成合议庭审查核实，证明仲裁裁决具有法定不予执行的情形的，有权裁定不予执行。

（三）仲裁协议

仲裁协议是指各方当事人自愿将他们之间已经发生的争议或可能发生的争议，提交仲裁解决的书面约定。仲裁协议是仲裁机构受理案件的唯一依据，也是仲裁机构管辖案件的前提。

仲裁协议包括三种类型：一种是订立在合同中的一项条款，作为合同的一个不可分割的部分，即通常所称的仲裁条款。这是最普遍的一种形式。另外一种是在纠纷发生前达成的请求仲裁的书面协议，它不是作为合同中的一项条款，而是独立于合同之外的协议。还有一种是纠纷发生后达成的请求仲裁的书面协议，由于这种仲裁协议在争议发生后达成的难度较大，因此在实际中采用的不多。

仲裁协议具有以下法律特征：一是仲裁协议必须以书面形式作出。二是仲裁协议只能由有利害关系的双方当事人订立，否则仲裁协议无效。三是仲裁协议必须是双方当事人共同的意思表示。对于单方面作出的意思表示和行为，他方当事人有权提出异议，可以请求仲裁委员会作出决定，也可以请求人民法院作出裁定。四是仲裁协议具有独立性。法律规定，仲裁协议独立存在，合同的变更、终止或者无效，不影响仲裁协议的效力。

仲裁协议的内容至关重要，它直接关系到争议能否得到公平合理的解决，关系到当事人的切身利益。因此，在订立仲裁协议时，应谨慎行事，使有关内容尽量完善。根据仲裁法的规定，仲裁协议不论采取何种形式，都应当具备三个内容：第一，请求仲裁的意思表示；第二，需要仲裁的事项；第三，选定的仲裁委员会。有效的仲裁协议排斥了法院对争议案件的管辖权。在有仲裁协议的情况下，双方当事人必须受仲裁协议的约束。任何一方当事人不得随意撤销已成立的仲裁协议，不得向法院起诉，法院也不受理有仲裁协议的争议案件，但仲裁协议无效的除外。

（四）仲裁程序

仲裁程序包括仲裁的申请和受理、仲裁庭的组成、开庭和裁决等。

一是申请和受理。当事人向仲裁机关申请仲裁，应符合法定条件，即有仲裁协议；有具体的仲裁请求和事实、理由；属于仲裁委员会的受理范围。申请仲裁，还需当向仲裁委员会递交仲裁协议、仲裁申请书及副本。仲裁委员会在收到仲裁申请书之日起5日内，认为符合受理条件的，应当受理，并通知当事人；认为不符合受理条件的，应当书面通知当事人不予受理，并说明理由。

二是仲裁庭的组成。仲裁庭可以由3名仲裁员或者1名仲裁员组成。由3名仲裁员组成的，设首席仲裁员。当事人约定由3名仲裁员组成仲裁庭的，应当各自选定或者各自委托仲裁委员会主任指定1名仲裁员，第三名仲裁员由当事人共同选定或者共同委托仲裁委员会主任指定。第三名仲裁员是首席仲裁员。当事人约定由1名仲裁员成立仲裁庭的，应当由当事人共同选定或者共同委托仲裁委员会主任指定仲裁员。当事人没有在仲裁规则规定的期限内约定仲裁庭的组成方式或者选定仲裁员的,由仲裁委员会主任指定。

三是开庭和裁决。仲裁应当开庭进行。当事人协议不开庭的,仲裁庭可以根据仲裁申请书、答辩书以及其他材料作出裁决。仲裁不公开进行。当事人协议公开的,可以公开进行,但涉及国家秘密的除外。仲裁委员会应当在仲裁规则规定的期限内将开庭日期通知双方当事人。当事人有正当理由的,可以在仲裁规则规定的期限内请求延期开庭。是否延期,由仲裁庭决定。申请人经书面通知,无正当理由不到庭或者未经仲裁庭许可中途退庭的,可以视为撤回仲裁申请。被申请人经书面通知,无正当理由不到庭或者未经仲裁庭许可中途退庭的,可以缺席裁决。当事人应当对自己的主张提供证据。仲裁庭认为有必要收集的证据,可以自行收集。证据应当在开庭时出示,当事人可以质证。当事人在仲裁过程中有权进行辩论。辩论终结时,首席仲裁员或者独任仲裁员应当征询当事人的最后意见。裁决应当按照多数仲裁员的意见作出,少数仲裁员的不同意见可以记入笔录。仲裁庭不能形成多数意见时,裁决应当按照首席仲裁员的意见作出。裁决书应当写明仲裁请求、争议事实、裁决理由、裁决结果、仲裁费用的负担和裁决日期。当事人协议不愿写明争议事实和裁决理由的,可以不写。裁决书由仲裁员签名,加盖仲裁委员会印章。对裁决持不同意见的仲裁员,可以签名,也可以不签名。当事人应当履行裁决。一方当事人不履行的,另一方当事人可以依照民事诉讼法的有关规定向人民法院申请执行。受申请的人民法院应当执行。

四、民事诉讼法基础

民事诉讼法是调整规范民事诉讼活动的一类法律规范。民事诉讼活动是法院解决平等主体之间因财产关系或人身关系引起的民事纠纷的裁决活动。民事诉讼法律制度主要包括民事诉讼法的基本原则和基本制度、主管与管辖制度、当事人与诉讼代理人制度、证据和证明制度以及民事诉讼程序制度。

(一)民事诉讼法的基本问题

民事诉讼是指人民法院在双方当事人及其他诉讼参与人的参加下,审理民事案件和解决民事纠纷所进行的活动以及由这些活动所产生的各种法律关系的总和。民事诉讼的基本功能在于解决民事纠纷。与其他民事纠纷解决办法相比,民事诉讼具有以下特点:民事诉讼是在国家审判机关的主持下进行的;民事诉讼的进行应当依照严格的诉讼程序和诉讼制度;民事诉讼具有强制性。

民事诉讼法,是指规定法院、当事人和其他诉讼参与人的民事诉讼活动和民事诉讼关系的法律规范的总和。民事诉讼法就其实质而言,是规范民事诉讼活动、调整民事诉讼关系的程序法律制度。民事诉讼法有狭义与广义之分。狭义的民事诉讼法,是指国家颁布的关于民事诉讼的专门法律,即民事诉讼法典。我国现行的民事诉讼法典是 1991 年 4 月 9 日实施,经 2007 年 10 月 28 日十届人大和 2012 年 8 月 31 日十一届人大修订的《中华人民共和国民事诉讼法》(以下简称《民事诉讼法》)。广义的民事诉讼法,是指除民事诉讼法典外,散在于其他法律之中的有关民事诉讼的规定,以及最高人民法院发布的指导民事诉讼的规定。

民事诉讼法的属性具有多重性。首先,民事诉讼法是基本法。从民事诉讼法在我国社会主义法律体系中的地位看,它属于基本法律,其效力仅低于宪法。其次,民事诉讼法是部门法。从民事诉讼法调整的社会关系看,它调整的是民事诉讼关系,是社会关系中具有自身独立特点的一类社会关系。再次,民事诉讼法是程序法。从民事诉讼法的内容看,它规定的主要是程序问题,因此它属于程序法。

(二)民事诉讼法的基本原则与基本制度

民事诉讼法的基本原则,是指民事诉讼法明确规定的,在民事诉讼的全过程或者诉讼的主要阶段起指导作用的准则。根据我国《民事诉讼法》的规定,我国民事诉讼法的基本原则主要有:民事案件的审判权由法院行使原则;人民法院依照法律规定独立进行审判,不受行政机关、社会团体和个人干涉原则;人民法院审理民事案件,必须以事实为根据,以法律为准绳原则;当事人诉讼权利平等原则;诉讼调解原则;使用本民族语言文字进行诉讼原则;辩论原则;处分原则;检察监督原则;支持起诉原则;同等原则与对等原则;人民调解原则;遵循诚实信用原则;民族自治地方制定变通或者补充规定原则。

民事诉讼基本制度,是指民事诉讼法所规定的法院在审理民事案件过程中必须遵循的基本操作规则。《民事诉讼法》第10条规定,人民法院审理民事案件,依照法律规定实行合议、回避、公开审判和两审终审制度。

合议制度,是指法院审理具体民事案件时实行集体审理和裁判的制度,是法院行使审判权的具体形式。《民事诉讼法》规定,人民法院审理第一审民事案件,由审判员、陪审员共同组成合议庭或者由审判员组成合议庭。合议庭的成员人数,必须是单数。适用简易程序审理的民事案件,由审判员一人独任审理。陪审员在执行陪审职务时,与审判员有同等的权利义务。人民法院审理第二审民事案件,由审判员组成合议庭。合议庭的成员人数,必须是单数。发回重审的案件,原审人民法院应当按照第一审程序另行组成合议庭。审理再审案件,原来是第一审的,按照第一审程序另行组成合议庭;原来是第二审的或者是上级人民法院提审的,按照第二审程序另行组成合议庭。合议庭的审判长由院长或者庭长指定审判员一人担任;院长或者庭长参加审判的,由院长或者庭长担任。合议庭评议案件,实行少数服从多数的原则。评议应当制作笔录,由合议庭成员签名。评议中的不同意见,必须如实记入笔录。

回避制度,是指审判人员及其他对案件的审理或执行具有一定影响的人员,在遇有法律规定的情形时,不参加或者应当退出案件的审理、执行或其他诉讼活动的制度。《民事诉讼法》规定,审判人员有下列情形之一的,应当自行回避,当事人有权用口头或者书面方式申请他们回避:是本案当事人或者当事人、诉讼代理人近亲属的;与本案有利害关系的;与本案当事人、诉讼代理人有其他关系,可能影响对案件公正审理的。审判人员接受当事人、诉讼代理人请客送礼,或者违反规定会见当事人、诉讼代理人的,当事人有权要求他们回避。当事人提出回避申请,应当说明理由,在案件开始审理时提出;回避事由在案件开始审理后知道的,也可以在法庭辩论终结前提出。

公开审判制度,是指法院审理民事案件时,应当将其审判过程及结果向社会公开的制度。《民事诉讼法》规定,人民法院审理民事案件,除涉及国家秘密、个人隐私或者法律另有规定的以外,应当公开进行。在国防知识产权领域,由于国防专利受《中华人民共和国保守国家秘密法》约束,因此,由国防专利纠纷引起的民事诉讼不公开审理。此外,离婚案件、涉及商业秘密的案件,当事人申请不公开审理的,可以不公开审理。

两审终审制度,是指一个民事案件经过两级法院的审判即宣告终结的制度。根据我国《民事诉讼法》的有关规定,两审终审制虽然是民事审判的基本制度,但不是唯一的审级制度。适用特别程序、督促程序、公示催告程序审理案件,就实行一审终审制。另外,基层人民法院及其派出的法庭审理符合《民事诉讼法》第157条第1款规定的简单的民事案件,标的额为各省、自治区、直辖市上年度就业人员年平均工资30%以下的,也实行一审终审。实行两审终审制的民事案件,其最多只能获得两个级别法院的审判,因此,第二审人民法院作出的判决、裁定为终审的判决、裁定。

(三)民事诉讼主管与管辖

民事诉讼主管,亦称民事审判范围,是指法院能够依照民事诉讼法的规定行使民事审判权的范围。民事审判范围的实质在于确定民事审判权的作用领域,一方面,要明晰民事审判权与刑事审判权、行政审判权作用领域的界限;另一方面,要明晰法院与其他机关、社会团体解决民事纠纷的分工。《民事诉讼法》第3条规定,人民法院受理公民之间、法人之间、其他组织之间以及他们相互之间因财产关系和人身关系提起的民事诉讼,适用本法的规定。该规定实际上对民事审判与刑事、行政审判范围作了原则性的划分。据此,属于民事审判范围的案件应当具有两个特征:①案件的当事人必须是处于平等法律地位的公民、法人或者其他组织;②案件是因人身关系和财产关系处于非正常状态而引起的。

民事诉讼管辖,是指在法院系统内部确定上下级法院之间以及同级法院之间受理第一审民事案件的分工和权限。确定管辖要考虑两便原则,即便于当事人进行诉讼,便于人民法院行使审判权。民事诉讼管辖的种类,也称为法定管辖种类,是指我国民事诉讼法所规定的管辖类别。根据民事诉讼法的规定,法定管辖种类有级别管辖、地域管辖、指定管辖和移送管辖。

级别管辖,是指上下级法院之间受理第一审民事案件的分工和权限。级别管辖解决的是不同级别的法院之间如何管辖第一审民事案件的问题,即从纵向方面划分法院系统对第一审民事案件的管辖权。根据《民事诉讼法》的规定,基层人民法院管辖第一审民事案件,但本法另有规定的除外。中级人民法院管辖下列第一审民事案件:重大涉外案件;在本辖区有重大影响的案件;最高人民法院确定由中级人民法院管辖的案件。根据最高人民法院印发的《关于适用<中华人民共和国民事诉讼法>若干问题的意见》有关规定,专利纠纷案件由最高人民法院确定的中级人民法院管辖。据此,国防专利纠纷案件属于中级人民法院管辖。高级人民法院管辖在本辖区有重大影响的第一审民事案件。最高人民法院管辖下列第一审民事案件:①在全国有重大影响的案件;②认为应当由本院审理的案件。

地域管辖,又称区域管辖,是指确定同级法院之间对第一审民事案件的分工和权限。根据我国《民事诉讼法》的规定,地域管辖可分为一般地域管辖、特殊地域管辖、专属管辖和协议管辖。

(1)一般地域管辖,又称为普通管辖或一般管辖,是指根据当事人住所地与法院辖区的关系来确定的管辖。亦即当事人的住所地在哪个法院的辖区内,该法院一般就具有管辖权。一般地域管辖以由被告住所地人民法院管辖为原则,以由原告住所地人民法院管辖为例外。《民事诉讼法》规定,对公民提起的民事诉讼,由被告住所地人民法院管辖;被告住所地与经常居住地不一致的,由经常居住地人民法院管辖。对法人或者其他组织提起的民事诉讼,由被告住所地人民法院管辖。同一诉讼的几个被告住所地、经常居住地在两个以上人民法院辖区的,各该人民法院都有管辖权。

(2)特殊地域管辖,又称特别管辖,是指以被告、诉讼标的或者法律事实所在地为标准所确定的管辖。《民事诉讼法》规定了10种特殊地域管辖的情形,其中,因合同纠纷提起的诉讼,由被告住所地或者合同履行地人民法院管辖。因侵权行为提起的诉讼,由侵权行为地或者被告住所地人民法院管辖。据此,国防专利合同纠纷和国防专利侵权纠纷按上述规定确定管辖。

(3)专属管辖,是指由法律直接规定某些特定的案件只能由特定的法院管辖。《民事诉讼法》规定的专属管辖包括因不动产纠纷提起的诉讼、因港口作业中发生纠纷提起的诉讼以及因继承遗产纠纷提起的诉讼。

(4)协议管辖,又称为约定管辖或合意管辖,是指双方当事人在纠纷发生前或发生后,以书面形式约定管辖法院。《民事诉讼法》规定,合同或者其他财产权益纠纷的当事人可以书面协议选择被告住所地、合同履行地、合同签订地、原告住所地、标的物所在地等与争议有实际联系的地点的人民法院管辖,但不得违反本法对级别管辖和专属管辖的规定。

2012年最高人民法院颁布了《关于军事法院管辖民事案件若干问题的规定》,对军事法院民事案件管辖作了规定,具体包括专门管辖、选择管辖、协议管辖。

(1)专门管辖。下列民事案件,由军事法院管辖:双方当事人均为军人或者军队单位的案件,但法律另有规定的除外;涉及机密级以上军事秘密的案件;军队设立选举委员会的选民资格案件;认定营区内无主财产案件。

(2)选择管辖。下列民事案件,地方当事人向军事法院提起诉讼或者提出申请的,军事法院应当受理:军人或者军队单位执行职务过程中造成他人损害的侵权责任纠纷案件;当事人一方为军人或者军队单位,侵权行为发生在营区内的侵权责任纠纷案件;当事人一方为军人的婚姻家庭纠纷案件;民事诉讼法第34条规定的不动产所在地、港口所在地、被继承人死亡时住所地或者主要遗产所在地在营区内,且当事人一方为军人或者军队单位的案件;申请宣告军人失踪或者死亡的案件;申请认定军人无民事行为能力或者限制民事行为能力的案件。

(3)协议管辖。当事人一方是军人或者军队单位,且合同履行地或者标的物所在地在营区内的合同纠纷,当事人书面约定由军事法院管辖,不违反法律关于级别管辖、专属管辖和专门管辖规定的,可以由军事法院管辖。

(四)民事诉讼中的当事人与诉讼代理人

民事诉讼当事人,是指因特定的民事争议而参加诉讼,以自己的名义实施诉讼行为,请求法院行使民事审判权,并受法院判决拘束的利害关系人。当事人具有三个方面的特征,即以自己的名义进行诉讼;与案件有法律上的利害关系;受法院裁判拘束。当事人制度包括原告和被告、共同诉讼人和第三人制度。

民事诉讼中的原告是指针对特定的民事纠纷,以自己的名义向法院提起诉讼,从而引起民事诉讼程序发生的人。被告是指被原告诉称与其发生民事纠纷,由法院通知应诉的人。根据《民事诉讼法》的规定,公民、法人和其他组织可以作为民事诉讼的当事人。法人由其法定代表人进行诉讼。其他组织由其主要负责人进行诉讼。当事人有权委托代理人,提出回避申请,收集、提供证据,进行辩论,请求调解,提起上诉,申请执行。当事人可以查阅本案有关材料,并可以复制本案有关材料和法律文书。当事人必须依法行使诉讼权利,遵守诉讼秩序,履行发生法律效力的判决书、裁定书和调解书。双方当事人可以自行和解。原告可以放弃或者变更诉讼请求。被告可以承认或者反驳诉讼请求,有权提起反诉。

共同诉讼人,是指当事人一方或双方为二人以上,其诉讼标的是共同的或同一种类的,在同一诉讼程序中一并进行诉讼的当事人。《民事诉讼法》规定,当事人一方或者双方为二人以上,其诉讼标的是共同的,或者诉讼标的是同一种类、人民法院认为可以合并审理并经当事人同意的,为共同诉讼。共同诉讼的一方当事人对诉讼标的有共同权利义务的,其中一人的诉讼行为经其他共同诉讼人承认,对其他共同诉讼人发生效力;对诉讼标的没有共同权利义务的,其中一人的诉讼行为对其他共同诉讼人不发生效力。当事人一方人数众多的共同诉讼,可以由当事人推选代表人进行诉讼。

民事诉讼中的第三人,是指对他人之间争议的诉讼标的认为具有独立的请求权,或者虽无独立的请求权,但案件的处理结果与其有法律上的利害关系,从而参加到原、被告之间正在进行的诉讼中去的人。《民事诉讼法》规定,对当事人双方的诉讼标的,第三人认为有独立请求权的,有权提起诉讼。对当事人双方的诉讼标的,第三人虽然没有独立请求权,但案件处理结果同他有法律上的利害关系的,可以申请参加诉讼,或者由人民法院通知他参加诉讼。人民法院判决承担民事责任的第三人,有当事人的诉讼权利义务。

诉讼代理人,是指依照代理权,以当事人名义代为实施或接受诉讼行为,维护该当事人利益的诉讼参加人。以代理权发生的根据为标准,诉讼代理人分为法定诉讼代理人和委托诉讼代理人。《民事诉讼法》规定,无诉讼行为能力人由他的监护人作为法定代理人代为诉讼。法定代理人之间互相推诿代理责任的,由人民法院指定其中一人代为诉讼。当事人、法定代理人可以委托一至二人作为诉讼代理人。下列人员可以被委托为诉讼代理人:律师、基层法律服务工作者;当事人的近亲属或者工作人员;当事人所在社区、单位以及有关社会团体推荐的公民。委托他人代为诉讼,必须向人民法院提交由委托人签名或者盖章的授权委托书。

(五)民事诉讼证据与证明

民事诉讼证据,是指能够证明民事案件真实情况的一切事实材料。证据具有客观性、关联性和合法性三个特征。证据是当事人进行诉讼和维护其合法权益的手段,也是法院查明事实、分清是非,正确裁判的依据。我国《民事诉讼法》规定的证据包括当事人的陈述、书证、物证、视听资料、电子数据、证人证言、鉴定意见和勘验笔录八种。

民事诉讼中的证明是指运用证据证明案件事实的活动。具体包括证明对象、证明责任、证明标准和证明过程等问题。证明对象是当事人运用证据加以证明的案件事实。民事诉讼证明对象包括实体法事实、程序法事实以及外国法律、地方性法规和习惯。免证事实包括:诉讼上自认的事实;众所周知的事实和自然规律及定理;推定的事实;预决的事实;公证证明的事实。证明责任是指案件事实真伪不明时当事人一方所承担的败诉风险。证明责任的作用在于引导法院在事实真伪不明状态下作出裁判,为当事人在诉讼中展开攻击和防御提供依据,国外学者称之为"民事诉讼的脊椎"。证明责任的分配标准是指按照一定的标准,将事实真伪不明的败诉风险,在当事人之间进行分配。我国民事诉讼证明责任的分配原则是,主张权利存在的人,对该权利发生的要件事实负证明责任;否认权利存在的人,对存在变更、消灭或排除的要件事实负证明责任。少数例外情形,实行证明责任倒置。证明标准是指法官在诉讼中认定案件事实所要达到的证明程度。民事诉讼证明标准包括高度概然性和较高程度概然性两个标准。

证明过程是指当事人在法院的主持下所进行的举证、质证以及法官的认证活动。《民事诉讼法》规定,当事人对自己提出的主张,有责任提供证据。当事人及其诉讼代理人因客观原因不能自行收集的证据,或者人民法院认为审理案件需要的证据,人民法院应当调查收集。人民法院应当按照法定程序,全面地、客观地审查核实证据。当事人对自己提出的主张应当及时提供证据。人民法院根据当事人的主张和案件审理情况,确定当事人应当提供的证据及其期限。当事人在该期限内提供证据确有困难的,可以向人民法院申请延长期限,人民法院根据当事人的申请适当延长。当事人逾期提供证据的,人民法院应当责令其说明理由;拒不说明理由或者理由不成立的,人民法院根据不同情形可以不予采纳该证据,或者采纳该证据但予以训诫、罚款。证据应当在法庭上出示,并由当事人互相质证。对涉及国家秘密、商业秘密和个人隐私的证据应当保密,需要在法庭出示的,不得在公开开庭时出示。

(六)民事诉讼程序

民事诉讼程序主要包括第一审程序、第二审程序和审判监督程序等。

第一审程序是法院初次审理民事案件所遵循的程序,具体包括普通程序和简易程序两种。普通程序,是指法院审判第一审民事诉讼案件通常适用的程序。具体包括起诉与受理、审理前的准备、开庭审理、诉讼中止和终结、判决和裁定等内容。

起诉和受理。《民事诉讼法》规定,起诉必须符合下列条件:原告是与本案有直接利害关系的公民、法人和其他组织;有明确的被告;有具体的诉讼请求和事实、理由;属于人民法院受理民事诉讼的范围和受诉人民法院管辖。起诉应当向人民法院递交起诉状,并按照被告人数提出副本。当事人起诉到人民法院的民事纠纷,适宜调解的,先行调解,但当事人拒绝调解的除外。人民法院应当保障当事人依照法律规定享有的起诉权利。对符合《民事诉讼法》规定条件的起诉,必须受理。符合起诉条件的,应当在7日内立案,并通知当事人;不符合起诉条件的,应当在7日内作出裁定书,不予受理;原告对裁定不服的,可以提起上诉。

审理前的准备。《民事诉讼法》规定,人民法院应当在立案之日起5日内将起诉状副本发送被告,被告应当在收到之日起15日内提出答辩状。人民法院应当在收到答辩状之日起5日内将答辩状副本发送原告。被告不提出答辩状的,不影响人民法院审理。人民法院对决定受理的案件,应当在受理案件通知书和应诉通知书中向当事人告知有关的诉讼权利义务,或者口头告知。人民法院受理案件后,当事人对管辖权有异议的,应当在提交答辩状期间提出。合议庭组成人员确定后,应当在3日内告知当事人。审判人员必须认真审核诉讼材料,调查收集必要的证据。人民法院对受理的案件,分别情形,予以处理:当事人没有争议,符合督促程序规定条件的,可以转入督促程序;开庭前可以调解的,采取调解方式及时解决纠纷;根据案件情况,确定适用简易程序或者普通程序;需要开庭审理的,通过要求当事人交换证据等方式,明确争议焦点。

开庭审理。根据《民事诉讼法》的规定,开庭审理具体包括如下几个阶段:

(1)开庭前的准备。人民法院审理民事案件,应当在开庭3日前通知当事人和其他诉讼参与人。公开审理的,应当公告当事人姓名、案由和开庭的时间、地点。开庭审理前,书记员应当查明当事人和其他诉讼参与人是否到庭,宣布法庭纪律。开庭审理时,由审判长核对当事人,宣布案由,宣布审判人员、书记员名单,告知当事人有关的诉讼权利义务,询问当事人是否提出回避申请。

（2）法庭调查。法庭调查的顺序为:当事人陈述;告知证人的权利义务,证人作证,宣读未到庭的证人证言;出示书证、物证、视听资料和电子数据;宣读鉴定意见;宣读勘验笔录。当事人在法庭上可以提出新的证据。当事人经法庭许可,可以向证人、鉴定人、勘验人发问。当事人要求重新进行调查、鉴定或者勘验的,是否准许,由人民法院决定。

（3）法庭辩论。法庭辩论按照下列顺序进行:原告及其诉讼代理人发言;被告及其诉讼代理人答辩;第三人及其诉讼代理人发言或者答辩;互相辩论。法庭辩论终结,由审判长按照原告、被告、第三人的先后顺序征询各方最后意见。

（4）评议与判决。法庭辩论终结,应当依法作出判决。判决前能够调解的,还可以进行调解,调解不成的,应当及时判决。人民法院对公开审理或者不公开审理的案件,一律公开宣告判决。当庭宣判的,应当在10日内发送判决书;定期宣判的,宣判后立即发给判决书。宣告判决时,必须告知当事人上诉权利、上诉期限和上诉的法院。人民法院适用普通程序审理的案件,应当在立案之日起6个月内审结。有特殊情况需要延长的,由本院院长批准,可以延长6个月;还需要延长的,报请上级人民法院批准。

判决和裁定。《民事诉讼法》规定,判决书应当写明判决结果和作出该判决的理由。判决书内容包括:案由、诉讼请求、争议的事实和理由;判决认定的事实和理由、适用的法律和理由;判决结果和诉讼费用的负担;上诉期间和上诉的法院。判决书由审判人员、书记员署名,加盖人民法院印章。

简易程序,是指基层法院及其派出法庭审理第一审简单民事案件所适用的简便易行的诉讼程序。《民事诉讼法》规定,基层人民法院和它派出的法庭审理事实清楚、权利义务关系明确、争议不大的简单的民事案件,适用简易程序。基层人民法院和它派出的法庭审理前款规定以外的民事案件,当事人双方也可以约定适用简易程序。对简单的民事案件,原告可以口头起诉。当事人双方可以同时到基层人民法院或者它派出的法庭,请求解决纠纷。基层人民法院或者它派出的法庭可以当即审理,也可以另定日期审理。基层人民法院和它派出的法庭审理简单的民事案件,可以用简便方式传唤当事人和证人、送达诉讼文书、审理案件,但应当保障当事人陈述意见的权利。简单的民事案件由审判员一人独任审理。人民法院适用简易程序审理案件,应当在立案之日起3个月内审结。人民法院在审理过程中,发现案件不宜适用简易程序的,裁定转为普通程序。

第二审程序又称为上诉审程序,是指民事诉讼当事人不服地方各级法院未生效的第一审判决、裁定,在法定期限内提起上诉,上一级法院对案件进行审理所适用的程序。

根据《民事诉讼法》的规定,当事人不服地方人民法院第一审判决的,有权在判决书送达之日起15日内向上一级人民法院提起上诉。当事人不服地方人民法院第一审裁定的,有权在裁定书送达之日起10日内向上一级人民法院提起上诉。上诉状应当通过原审人民法院提出,并按照对方当事人或者代表人的人数提出副本。原审人民法院收到上诉状、答辩状,应当在5日内连同全部案卷和证据,报送第二审人民法院。第二审人民法院应当对上诉请求的有关事实和适用法律进行审查。第二审人民法院对上诉案件,应当组成合议庭,开庭审理。经过阅卷、调查和询问当事人,对没有提出新的事实、证据或者理由,合议庭认为不需要开庭审理的,可以不开庭审理。第二审人民法院对上诉案件,经过审理,可以作出维持原判、依法改判或者发回原审人民法院重审的裁决。第二审人民法院的判决、裁定,是终审的判决、裁定。人民法院审理对判决的上诉案件,应当在第二审立案之日起 3 个月内审结。

审判监督程序,是指法院、检察院或当事人认为法院已经发生法律效力的判决、裁定及调解协议存在法定的再审情形时,依法提起再审,并由法院对案件进行再审的程序。

法院决定再审。各级人民法院院长对本院已经发生法律效力的判决、裁定、调解书,发现确有错误,认为需要再审的,应当提交审判委员会讨论决定。最高人民法院对地方各级人民法院已经发生法律效力的判决、裁定、调解书,上级人民法院对下级人民法院已经发生法律效力的判决、裁定、调解书,发现确有错误的,有权提审或者指令下级人民法院再审。

当事人申请再审。当事人对已经发生法律效力的判决、裁定,认为有错误的,可以向上一级人民法院申请再审;当事人一方人数众多或者当事人双方为公民的案件,也可以向原审人民法院申请再审。当事人申请再审的,不停止判决、裁定的执行。当事人的申请符合法定情形的,人民法院应当再审。当事人对已经发生法律效力的调解书,提出证据证明调解违反自愿原则或者调解协议的内容违反法律的,可以申请再审。经人民法院审查属实的,应当再审。

检察院提起抗诉。最高人民检察院对各级人民法院已经发生法律效力的判决、裁定,上级人民检察院对下级人民法院已经发生法律效力的判决、裁定,发现有法定情形之一的,或者发现调解书损害国家利益、社会公共利益的,应当提出抗诉。地方各级人民检察院对同级人民法院已经发生法律效力的判决、裁定,发现有法定情形之一的,或者发现调解书损害国家利益、社会公共利益的,可以向同级人民法院提出检察建议,并报上级人民检察院备案;也可以提请上级人民检察院向同级人民法院提出抗诉。各级人民检察院对审判监督程序以外的其他审判程序中审判人员的违法行为,有权向同级人民法院提出检察建议。

国防知识产权领域的民事纠纷可以通过向法院提起民事诉讼加以解决。根据《国防专利条例》第32 条的规定,除《专利法》和本条例另有规定的以外,未经国防专利权人许可实施其国防专利,即侵犯其国防专利权,引起纠纷的,由当事人协商解决;不愿协商或者协商不成的,国防专利权人或者利害关系人可以向人民法院起诉,也可以请求国防专利机构处理。据此规定,对于国防专利侵权纠纷,专利权人或利害关系人既可以选择请求国防专利机构处理,也可以选择向人民法院起诉,通过司法程序解决专利侵权争议。

国防知识产权领域涉及国家秘密的刑事犯罪案件,按照《刑法》《刑事诉讼法》规定的相关犯罪和程序,追究有关犯罪嫌疑人、被告人的刑事责任。我国《刑法》中与国家秘密相关的罪名包括为境外窃取、刺探、收买、非法提供国家秘密、情报罪、故意泄露国家秘密罪、过失泄露国家秘密罪、非法获取军事秘密罪、为境外窃取、刺探、收买、非法提供军事秘密罪、故意泄露军事秘密罪、过失泄露军事秘密罪。《国防专利条例》规定,国防专利申请以及国防专利的保密工作,在解密前依照《中华人民共和国保守国家秘密法》和国家有关规定进行管理。违反本条例规定,泄露国家秘密的,依照《保守国家秘密法》和国家有关规定处理。据此,国防知识产权领域的国防专利权人、国防专利管理机构工作人员以及其他知悉国防专利内容的主体,有违反有关保守国家秘密的法律的行为,构成犯罪的,将按照《刑事诉讼法》规定的程序追究刑事责任,受到法律制裁。

五、行政诉讼法基础

行政诉讼,是指行政相对人认为行政主体作出的具体行政行为侵犯其合法权益,依法向法院提起诉讼,请求法院对被诉的具体行政行为进行审查,法院在诉讼当事人和其他诉讼参与人的参加下,对行政案件进行审理和裁判活动。行政诉讼法是指规范行政诉讼活动的一类法律规范。我国行政诉讼法律制度包括受案范围、管辖、诉讼参加人、证据、起诉和受理、审理和判决以及执行等内容。

(一)行政诉讼法的基本问题

行政诉讼是法院通过审判方式进行的一种司法活动。称为司法活动,是因为解决行政争议的方式和途径不止司法一种,有行政复议机关的复议活动,也有行政申诉处理活动,还有权力机关的监督处理活动。行政诉讼专指法院动用诉讼程序解决行政争议的活动。根据我国宪法规定,各级人民法院是国家的审判机关,法院是通过审判方式解决行政争议的唯一机关。所谓诉讼活动,是指司法机关运用诉讼程序进行的活动,必须由法院主持,当事人各方参加,采用开庭举证、质证、辩论、陈述和法院裁判等诉讼形式解决行政争议。此外,行政诉讼是通过审查行政行为合法性的方式解决行政争议的活动。行政诉讼以审查行政行为为核心内容。行政诉讼的审理形式及裁判形式都不同于民事诉讼和刑事诉讼,独具特色。例如,被诉行政行为的合法性审查不适用调解;被告对具体行政行为合法性负举证责任;行政诉讼的裁判以确认、撤销、维持判决为主要形式等。

行政诉讼法,是指规范行政相对人在认为行政主体的具体行政行为侵犯其合法权益后,依法向法院提起诉讼,请求法院对被诉的具体行政行为进行审查的活动,以及法院在诉讼当事人和其他诉讼参与人的参加下,对行政案件进行审理和裁判等诉讼行为的法律规范的总称。《中华人民共和国行政诉讼法》(以下简称《行政诉讼法》)于1989年4月4日由第七届全国人民代表大会第二次会议通过,是调整我国行政诉讼法律关系的一部重要的基本法律。2014年11月1日第十二届全国人民代表大会常务委员会第十一次会议通过《全国人民代表大会常务委员会关于修改〈中华人民共和国行政诉讼法〉的决定》,自2015年5月1日起施行。除《行政诉讼法》外,《中华人民共和国民事诉讼法》的有关规定以及其他法律、法规有关行政诉讼的规定,以及最高人民法院的司法解释等都是行政诉讼法的重要组成部分。

理解行政诉讼法,需要正确认识行政诉讼法与行政法、行政程序法的关系。行政诉讼法是规范行政诉讼行为,调整行政诉讼关系的程序法,它规定法院、诉讼当事人及其他诉讼参加人在诉讼活动中的程序性权利和义务,因此是有关程序规范的总和,而行政实体法是规定行政机关及相对一方实体权利义务的法律规范。所以,二者规定的内容及范围是不同的。但是,行政诉讼法与行政实体法也有一定的联系。行政诉讼法是保证实体法得到正确实施的重要手段。行政诉讼法与行政程序法都属于程序法,都是保证行政实体法正确实施的手段,但适用的主体不同,所处的阶段也不同。行政诉讼法主要是法院审理行政案件的程序依据,而行政程序法主要是行政机关行使行政权力、实施公务行为的依据。从适用的阶段看,行政诉讼法是审理行政案件时适用的程序法,属于事后救济程序,而行政程序法是关于行政行为的程序法,它贯穿于行政行为的全过程,不仅包括事后救济程序,也包括事前、事中程序。通常情况下,行政实体法首先通过行政程序法得以实施,只有发生行政争议进入诉讼时,才有适用行政诉讼法,通过诉讼程序实施行政实体法的必要。

(二)行政诉讼的受案范围

受案范围,是指人民法院可以受理行政诉讼案件的范围,即根据行政诉讼法的规定,人民法院对哪些行政诉讼案件具有管辖权。《行政诉讼法》规定,人民法院受理公民、法人或者其他组织提起的下列诉讼:对行政拘留、暂扣或者吊销许可证和执照、责令停产停业、没收违法所得、没收非法财物、罚款、警告等行政处罚不服的;对限制人身自由或者对财产的查封、扣押、冻结等行政强制措施和行政强制执行不服的;申请行政许可,行政机关拒绝或者在法定期限内不予答复,或者对行政机关作出的有关行政许可的其他决定不服的;对行政机关作出的关于确认土地、矿藏、水流、森林、山岭、草原、荒地、滩涂、海域等自然资源的所有权或者使用权的决定不服的;对征收、征用决定及其补偿决定不服的;申请行政机关履行保护人身权、财产权等合法权益的法定职责,行政机关拒绝履行或者不予答复的;认为行政机关侵犯其经营自主权或者农村土地承包经营权、农村土地经营权的;认为行政机关滥用行政权力排除或者限制竞争的;认为行政机关违法集资、摊派费用或者违法要求履行其他义务的;认为行政机关没有依法支付抚恤金、最低生活保障待遇或者社会保险待遇的;认为行政机关不依法履行、未按照约定履行或者违法变更、解除政府特许经营协议、土地房屋征收补偿协议等协议的;认为行政机关侵犯其他人身权、财产权等合法权益的。《行政诉讼法》还规定,人民法院不受理公民、法人或者其他组织对下列事项提起的诉讼:国防、外交等国家行为;行政法规、规章或者行政机关制定、发布的具有普遍约束力的决定、命令;行政机关对行政机关工作人员的奖惩、任免等决定;法律规定由行政机关最终裁决的具体行政行为。

在我国,普通专利和国防专利行政争议提起行政诉讼的规定有所不同。根据《专利法》有关规定,专利申请人对国务院专利行政部门驳回申请的决定不服的,可以自收到通知之日起3个月内,向专利复审委员会请求复审。专利复审委员会复审后,作出决定,并通知专利申请人。专利申请人对专利复审委员会的复审决定不服的,可以自收到通知之日起3个月内向人民法院起诉。可见,普通专利行政争议属于法院行政案件受案范围。但是,根据《国防专利条例》有关规定,国防专利申请人对国防专利机构驳回申请的决定不服的,可以自收到通知之日起3个月内,向国防专利复审委员会请求复审。国防专利复审委员会复审并作出决定后,通知国防专利申请人。可见,由于国防专利涉及"国防、外交等国家行为",对于国防专利争议,国防专利复审委员会作出的复审决定具有终局性,当事人不得向人民法院提起行政诉讼。

(三)行政诉讼管辖

行政诉讼案件的管辖,是指人民法院之间受理第一审行政案件的分工和权限。行政诉讼管辖的功能在于明确第一审行政案件的审判权所属的具体法院,即解决第一审行政案件应当由何地、何级法院受理的问题。

级别管辖是指人民法院上下级之间受理第一审行政案件的分工和权限。其实质是依据人民法院组织系统来确定上下级人民法院对第一审行政案件的管辖权。《行政诉讼法》规定,基层人民法院管辖第一审行政案件。中级人民法院管辖下列第一审行政案件:对国务院部门或者县级以上地方人民政府所作的行政行为提起诉讼的案件;海关处理的案件;本辖区内重大、复杂的案件;其他法律规定由中级人民法院管辖的案件。高级人民法院管辖本辖区内重大、复杂的第一审行政案件。最高人民法院管辖全国范围内重大、复杂的第一审行政案件。

地域管辖是指同级人民法院之间受理第一审行政案件的分工和权限。《行政诉讼法》规定，行政案件由最初作出具体行政行为的行政机关所在地人民法院管辖。经复议的案件，复议机关改变原具体行政行为的，也可以由复议机关所在地人民法院管辖。经最高人民法院批准，高级人民法院可以根据审判工作的实际情况，确定若干人民法院跨行政区域管辖行政案件。对限制人身自由的行政强制措施不服提起的诉讼，由被告所在地或者原告所在地人民法院管辖。因不动产提起的行政诉讼，由不动产所在地人民法院管辖。

裁定管辖是指人民法院在特殊情况下对案件管辖的裁定处理。《行政诉讼法》规定，人民法院发现受理的案件不属于自己管辖时，应当移送有管辖权的人民法院。受移送的人民法院不得自行移送。有管辖权的人民法院由于特殊原因不能行使管辖权的，由上级人民法院指定管辖。人民法院对管辖权发生争议，由争议双方协商解决。协商不成的，报其共同上级人民法院指定管辖。

（四）行政诉讼参加人

《行政诉讼法》规定，行政行为的相对人以及其他与行政行为有利害关系的公民、法人或者其他组织，有权提起诉讼。有权提起诉讼的公民死亡，其近亲属可以提起诉讼。有权提起诉讼的法人或者其他组织终止，承受其权利的法人或者其他组织可以提起诉讼。公民、法人或者其他组织直接向人民法院提起诉讼的，作出具体行政行为的行政机关是被告。经复议的案件，复议机关决定维持原具体行政行为的，作出原具体行政行为的行政机关是被告；复议机关改变原具体行政行为的，复议机关是被告。两个以上行政机关作出同一具体行政行为的，共同作出具体行政行为的行政机关是共同被告。由法律、法规授权的组织所作的具体行政行为，该组织是被告。

当事人一方或者双方为二人以上，因同一具体行政行为发生的行政案件，或者因同样的具体行政行为发生的行政案件、人民法院认为可以合并审理的，为共同诉讼。参加共同诉讼的当事人为共同诉讼人。行政诉讼的共同诉讼分必要的共同诉讼和普通的共同诉讼两类，相应的共同诉讼人分必要的共同诉讼人和普通的共同诉讼人。必要的共同诉讼指当事人一方或双方为两人以上，因同一具体行政行为所形成的共同诉讼。普通的共同诉讼指当事人一方或双方为两人以上，因同类的具体行政行为引起的行政案件，由法院合并审理后所形成的共同诉讼。

根据《行政诉讼法》的规定，公民、法人或者其他组织同被诉行政行为有利害关系但没有提起诉讼，或者同案件处理结果有利害关系的，可以作为第三人申请参加诉讼，或者由人民法院通知参加诉讼。人民法院判决第三人承担义务或者减损第三人权益的，第三人有权依法提起上诉。

《行政诉讼法》规定，没有诉讼行为能力的公民，由其法定代理人代为诉讼。法定代理人互相推诿代理责任的，由人民法院指定其中一人代为诉讼。当事人、法定代理人，可以委托一至二人作为诉讼代理人。可以被委托为诉讼代理人的人包括：律师、基层法律服务工作者；当事人的近亲属或者工作人员；当事人所在社区、单位以及有关社会团体推荐的公民。代理诉讼的律师，有权按照规定查阅、复制本案有关材料，有权向有关组织和公民调查，收集与本案有关的证据。对涉及国家秘密、商业秘密和个人隐私的材料，应当依照法律规定保密。当事人和其他诉讼代理人有权按照规定查阅、复制本案庭审材料,但涉及国家秘密、商业秘密和个人隐私的内容除外。

(五)行政诉讼证据制度

行政诉讼证据,是指在行政诉讼过程中,一切用来证明案件事实情况的材料。它既包括当事人向人民法院提交的证据,也包括人民法院在必要情况下依法收集的证据。我国《行政诉讼法》规定的证据有以下几种:书证;物证;视听资料;电子数据;证人证言;当事人的陈述;鉴定意见;勘验笔录、现场笔录。以上证据经法庭审查属实,才能作为认定案件事实的根据。

举证责任是指承担责任的当事人必须对自己主张的主要事实举出主要证据证明其确实存在,否则就要承担败诉后果。《行政诉讼法》规定,被告对作出的行政行为负有举证责任,应当提供作出该行政行为的证据和所依据的规范性文件。被告不提供或者无正当理由逾期提供证据,视为没有相应证据。但是,被诉行政行为涉及第三人合法权益,第三人提供证据的除外。在诉讼过程中,被告及其诉讼代理人不得自行向原告、第三人和证人收集证据。被告在作出行政行为时已经收集了证据,但因不可抗力等正当事由不能提供的,经人民法院准许,可以延期提供。原告或者第三人提出了其在行政处理程序中没有提出的理由或者证据的,经人民法院准许,被告可以补充证据。原告可以提供证明行政行为违法的证据。原告提供的证据不成立的,不免除被告的举证责任。在起诉被告不履行法定职责的案件中,原告应当提供其向被告提出申请的证据。但被告应当依职权主动履行法定职责的,以及原告因正当理由不能提供证据的除外。在行政赔偿、补偿的案件中,原告应当对行政行为造成的损害提供证据。因被告的原因导致原告无法举证的,由被告承担举证责任。人民法院有权要求当事人提供或者补充证据。人民法院有权向有关行政机关以及其他组织、公民调取证据。但是,不得为证明行政行为的合法性调取被告作出行政行为时未收集的证据。与本案有关的下列证据,原告或者第三人不能自行收集的,可以申请人民法院调取:由国家机关保存而须由人民法院调取的证据;涉及国家秘密、商业秘密和个人隐私的证据;确因客观原因不能自行收集的其他证据。在证据可能灭失或者以后难以取得的情况下,诉讼参加人可以向人民法院申请保全证据,人民法院也可以主动采取保全措施。证据应当在法庭上出示,并由当事人互相质证。对涉及国家秘密、商业秘密和个人隐私的证据,不得在公开开庭时出示。人民法院应当按照法定程序,全面、客观地审查核实证据。对未采纳的证据应当在裁判文书中说明理由。以非法手段取得的证据,不得作为认定案件事实的根据。

(六)行政诉讼程序

对属于人民法院受案范围的行政案件,公民、法人或者其他组织可以先向行政机关申请复议,对复议决定不服的,再向人民法院提起诉讼;也可以直接向人民法院提起诉讼。法律、法规规定应当先向行政机关申请复议,对复议决定不服再向人民法院提起诉讼的,依照法律、法规的规定。公民、法人或者其他组织不服复议决定的,可以在收到复议决定书之日起15日内向人民法院提起诉讼。复议机关逾期不作决定的,申请人可以在复议期满之日起15日内向人民法院提起诉讼,法律另有规定的除外。公民、法人或者其他组织直接向人民法院提起诉讼的,应当自知道或者应当知道作出行政行为之日起6个月内提出,法律另有规定的除外。因不动产提起诉讼的案件自行政行为作出之日起超过20年,其他案件自行政行为作出之日起超过 5 年提起诉讼的,人民法院不予受理。公民、法人或者其他组织申请行政机关履行保护其人身权、财产权等合法权益的法定职责,行政机关在接到申请之日起 2 个月内不履行的,公民、法人或者其他组织可以向人民法院提起诉讼。法律、法规对行政机关履行职责的期限另有规定的,从其规定。公民、法人或者其他组织在紧急情况下请求行政机关履行保护其人身权、财产权等合法权益的法定职责,行政机关不履行的,提起诉讼不受前款规定期限的限制。公民、法人或者其他组织因不可抗力或者其他不属于自身的原因耽误起诉期限的,被耽误的时间不计算在起诉期限内。公民、法人或者其他组织因前款规定以外的其他特殊情况耽误起诉期限的,在障碍消除后 10 日内,可以申请延长期限,是否准许由人民法院决定。

提起诉讼应当符合下列条件:原告是符合《行政诉讼法》第 25 条规定的公民、法人或者其他组织;有明确的被告;有具体的诉讼请求和事实根据;属于人民法院受案范围和受诉人民法院管辖。起诉应当向人民法院递交起诉状,并按照被告人数提出副本。书写起诉状确有困难的,可以口头起诉,由人民法院记入笔录,出具注明日期的书面凭证,并告知对方当事人。人民法院在接到起诉状时对符合本法规定的起诉条件的,应当登记立案。对当场不能判定是否符合本法规定的起诉条件的,应当接受起诉状,出具注明收到日期的书面凭证,并在 7 日内决定是否立案。不符合起诉条件的,作出不予立案的裁定。裁定书应当载明不予立案的理由。原告对裁定不服的,可以提起上诉。起诉状内容欠缺或者有其他错误的,应当给予指导和释明,并一次性告知当事人需要补正的内容。不得未经指导和释明即以起诉不符合条件为由不接受起诉状。对于不接受起诉状、接受起诉状后不出具书面凭证,以及不一次性告知当事人需要补正的起诉状内容的,当事人可以向上级人民法院投诉,上级人民法院应当责令改正,并对直接负责的主管人员和其他直接责任人员依法给予处分。人民法院既不立案,又不作出不予立案裁定的,当事人可以向上一级人民法院起诉。上一级人民法院认为符合起诉条件的,应当立案、审理,也可以指定其他下级人民法院立案、审理。公民、法人或者其他组织认为行政行为所依据的国务院部门和地方人民政府及其部门制定的规范性文件不合法,在对行政行为提起诉讼时,可以一并请求对该规范性文件进行审查。

人民法院审理行政案件的诉讼程序包括第一审普通程序、简易程序、第二审程序和审判监督程序。

第一审普通程序。根据《行政诉讼法》的规定,人民法院应当在立案之日起 5 日内,将起诉状副本发送被告。被告应当在收到起诉状副本之日起 15 日内向人民法院提交作出行政行为的证据和所依据的规范性文件,并提出答辩状。人民法院应当在收到答辩状之日起 5 日内,将答辩状副本发送原告。被告不提出答辩状的,不影响人民法院审理。人民法院审理行政案件,由审判员组成合议庭,或者由审判员、陪审员组成合议庭。合议庭的成员,应当是 3 人以上的单数。行政行为证据确凿,适用法律、法规正确,符合法定程序的,或者原告申请被告履行法定职责或者给付义务理由不成立的,人民法院判决驳回原告的诉讼请求。行政行为有下列情形之一的,人民法院判决撤销或者部分撤销,并可以判决被告重新作出行政行为:主要证据不足的;适用法律、法规错误的;违反法定程序的;超越职权的;滥用职权的;明显不当的。人民法院判决被告重新作出行政行为的,被告不得以同一的事实和理由作出与原行政行为基本相同的行政行为。人民法院经过审理,查明被告不履行法定职责的,判决被告在一定期限内履行。人民法院经过审理,查明被告依法负有给付义务的,判决被告履行给付义务。行政行为有下列情形之一的,人民法院判决确认违法,但不撤销行政行为:行政行为依法应当撤销,但撤销会给国家利益、社会公共利益造成重大损害的;行政行为程序轻微违法,但对原告权利不产生实际影响的。行政行为有下列情形之一,不需要撤销或者判决履行的,人民法院判决确认违法:行政行为违法,但不具有可撤销内容的;被告改变原违法行政行为,原告仍要求确认原行政行为违法的;被告不履行或者拖延履行法定职责,判决履行没有意义的。行政行为有实施主体不具有行政主体资格或者没有依据等重大且明显违法情形,原告申请确认行政行为无效的,人民法院判决确认无效。人民法院判决确认违法或者无效的,可以同时判决责令被告采取补救措施;给原告造成损失的,依法判决被告承担赔偿责任。行政处罚明显不当,或者其他行政行为涉及对款额的确定、认定确有错误的,人民法院可以判决变更。人民法院判决变更,不得加重原告的义务或者减损原告的权益。但利害关系人同为原告,且诉讼请求相反的除外。被告不依法履行、未按照约定履行或者违法变更、解除《行政诉讼法》第12条第1款第11项规定的协议的,人民法院判决被告承担继续履行、采取补救措施或者赔偿损失等责任。被告变更、解除《行政诉讼法》第12条第1款第11项规定的协议合法,但未依法给予补偿的,人民法院判决给予补偿。复议机关与作出原行政行为的行政机关为共同被告的案件,人民法院应当对复议决定和原行政行为一并作出裁判。人民法院对公开审理和不公开审理的案件,一律公开宣告判决。当庭宣判的,应当在10日内发送判决书;定期宣判的,宣判后立即发给判决书。宣告判决时,必须告知当事人上诉权利、上诉期限和上诉的人民法院。人民法院应当在立案之日起6个月内作出第一审判决。有特殊情况需要延长的,由高级人民法院批准,高级人民法院审理第一审案件需要延长的,由最高人民法院批准。

简易程序。根据《行政诉讼法》的规定,人民法院审理下列第一审行政案件,认为事实清楚、权利义务关系明确、争议不大的,可以适用简易程序:被诉行政行为是依法当场作出的;案件涉及款额2000元以下的;属于政府信息公开案件的。除上述规定以外的第一审行政案件,当事人各方同意适用简易程序的,可以适用简易程序。发回重审、按照审判监督程序再审的案件不适用简易程序。适用简易程序审理的行政案件,由审判员一人独任审理,并应当在立案之日起45日内审结。人民法院在审理过程中,发现案件不宜适用简易程序的,裁定转为普通程序。

第二审程序。根据《行政诉讼法》的规定,当事人不服人民法院第一审判决的,有权在判决书送达之日起15日内向上一级人民法院提起上诉。当事人不服人民法院第一审裁定的,有权在裁定书送达之日起10日内向上一级人民法院提起上诉。逾期不提起上诉的,人民法院的第一审判决或者裁定发生法律效力。人民法院对上诉案件,应当组成合议庭,开庭审理。经过阅卷、调查和询问当事人,对没有提出新的事实、证据或者理由,合议庭认为不需要开庭审理的,也可以不开庭审理。人民法院审理上诉案件,应当对原审人民法院的判决、裁定和被诉行政行为进行全面审查。人民法院审理上诉案件,应当在收到上诉状之日起3个月内作出终审判决。有特殊情况需要延长的,由高级人民法院批准,高级人民法院审理上诉案件需要延长的,由最高人民法院批准。人民法院审上诉案件,按照下列情形,分别处理:原判决、裁定认定事实清楚,适用法律、法规正确的,判决或者裁定驳回上诉,维持原判决、裁定;原判决、裁定认定事实错误或者适用法律、法规错误的,依法改判、撤销或者变更；原判决认定基本事实不清、证据不足的，发回原审人民法院重审，或者查清事实后改判。原判决遗漏当事人或者违法缺席判决等严重违反法定程序的，裁定撤销原判决，发回原审人民法院重审。原审人民法院对发回重审的案件作出判决后，当事人提起上诉的，第二审人民法院不得再次发回重审。人民法院审理上诉案件，需要改变原审判决的，应当同时对被诉行政行为作出判决。

审判监督程序。根据《行政诉讼法》的规定，当事人对已经发生法律效力的判决、裁定，认为确有错误的，可以向上一级人民法院申请再审，但判决、裁定不停止执行。当事人的申请符合下列情形之一的，人民法院应当再审：不予立案或者驳回起诉确有错误的；有新的证据，足以推翻原判决、裁定的；原判决、裁定认定事实的主要证据不足、未经质证或者系伪造的；原判决、裁定适用法律、法规确有错误的；违反法律规定的诉讼程序，可能影响公正审判的；原判决、裁定遗漏诉讼请求的；据以作出原判决、裁定的法律文书被撤销或者变更的；审判人员在审理该案件时有贪污受贿、徇私舞弊、枉法裁判行为的。各级人民法院院长对本院已经发生法律效力的判决、裁定，发现有《行政诉讼法》第 91 条规定情形之一，或者发现调解违反自愿原则或者调解书内容违法，认为需要再审的，应当提交审判委员会讨论决定。最高人民法院对地方各级人民法院已经发生法律效力的判决、裁定，上级人民法院对下级人民法院已经发生法律效力的判决、裁定，发现有《行政诉讼法》第 91 条规定情形之一，或者发现调解违反自愿原则或者调解书内容违法的，有权提审或者指令下级人民法院再审。最高人民检察院对各级人民法院已经发生法律效力的判决、裁定，上级人民检察院对人民法院已经发生法律效力的判决、裁定，发现有《行政诉讼法》第 91 条规定情形之一，或者发现调解书损害国家利益、社会公共利益的，应当提出抗诉。地方各级人民检察院对同级人民法院已经发生法律效力的判决、裁定，发现有《行政诉讼法》第 91 条规定情形之一，或者发现调解书损害国家利益、社会公共利益的，可以向同级人民法院提出检察建议，并报上级人民检察院备案；也可以提请上级人民检察院向同级人民法院提出抗诉。各级人民检察院对审判监督程序以外的其他审判程序中审判人员的违法行为，有权向同级人民法院提出检察建议。

根据《行政诉讼法》的规定，当事人必须履行人民法院发生法律效力的判决、裁定、调解书。公民、法人或者其他组织拒绝履行判决、裁定、调解书的，行政机关或者第三人可以向第一审人民法院申请强制执行，或者由行政机关依法强制执行。行政机关拒绝履行判决、裁定、调解书的，第一审人民法院可以采取下列措施：对应当归还的罚款或者应当给付的款额，通知银行从该行政机关的账户内划拨；在规定期限内不履行的，从期满之日起，对该行政机关负责人按日处 50 元至 100 元的罚款；将行政机关拒绝履行的情况予以公告；向监察机关或者该行政机关的上一级行政机关提出司法建议。接受司法建议的机关，根据有关规定进行处理，并将处理情况告知人民法院；拒不履行判决、裁定、调解书，社会影响恶劣的，可以对该行政机关直接负责的主管人员和其他直接责任人员予以拘留；情节严重，构成犯罪的，依法追究刑事责任。公民、法人或者其他组织对行政行为在法定期间不提起诉讼又不履行的，行政机关可以申请人民法院强制执行，或者依法强制执行。行政机关或者行政机关工作人员作出的行政行为侵犯公民、法人或者其他组织的合法权益造成损害的，由该行政机关或者该行政机关工作人员所在的行政机关负责赔偿。行政机关赔偿损失后，应当责令有故意或者重大过失的行政机关工作人员承担部分或者全部赔偿费用。

第二编　科学技术法律制度

第六专题　科技法基本问题

　　我国科技法体系由"宪法中的科技法律规范—科技基本法—基本法以外的科技法律—国务院的科技行政法规—地方性科技法规和自治地区单行科技条例—国务院各部、委、直属机构的部门性科技法规"组成。我国科技法对科技决策、科技主体、科技条件、科技成果、技术贸易、科技纠纷、各领域科技进行规范。目前我国科技法主要包括《科学技术进步法》《促进科技成果转化法》等法律。

　　《科技进步法》是我国为了推动科学技术进步、提高经济建设科技含量而制定的一部科技基本法。该法在1993年制定,于2007年修订。《科技进步法》共8章75条,对科学研究、技术开发与科学技术应用、企业技术进步、科学技术研究开发机构、科学技术人员、保障措施、法律责任等做了规定,特别在军民技术转化运用、知识产权战略制定实施、国家对知识产权的优惠政策等方面做了明确规范。

　　《促进科技成果转化法》首次于1996年颁布实施,共6章37条,以法律形式对科技成果转化应当遵循的基本原则、实施科技成果转化的各类主体的权利义务关系以及政府推进科技成果转化的职责和保障措施等一系列问题进行了规范。《促进科技成果转化法》确定了我国科技成果转化应遵循的基本原则,在依法推动科技进步,促进科技成果转化方面发挥了重要作用。

一、科技决策法律制度

　　科技决策法律制度主要在《科学技术进步法》中规定。该法2007年修订的一个中心内容,就是坚持实施科教兴国的战略,增强自主创新的能力,构建国家的创新体系,建设创新型国家,这也是国家发展战略的核心,是提高综合国力的关键。具体而言,一是强调了增强自主创新能力,建设创新型国家;二是国家要制定和实施知识产权战略,要把科技成果能够尽快地转化为现实生产力,鼓励已经取得的发明专利权等知识产权能够尽快地得到实施,在推动经济和社会发展方面发挥重要作用;三是要加大对科技的投入,通过财政政策、金融政策、税收政策等,包括建立基金、动员社会力量来加大科技方面的投入,推动科技更快地发展,特别是增加支持农业科技基础研究、加大农业创新投入新规定;四是要对国家已经形成的科学技术资源加以整合,建立一个全社会共享的制度,使科技资源发挥重大的作用;五是对企业的技术进步进行了专章规定。进一步明确企业技术创新主体地位,要建立以市场为导向,企业为主体的产学研相结合的技术创新体系,充分发挥企业在自主创新中的主体作用;六是强调要调动科技工作人员的积极性,建立一种能够激励自主创新的制度，明确了科研活动"宽容失败"原则，明确了国家资助科研项目的知识产权归属。

（一）国家知识产权战略的制定和实施

《科技进步法》第七条规定，国家制定和实施知识产权战略，建立和完善知识产权制度，营造尊重知识产权的社会环境，依法保护知识产权，激励自主创新。

近年来，国外许多国家将知识产权战略运用上升到国家总体战略的高度，如美国、日本、韩国以及欧洲都在大力推行知识产权战略。美国是世界上最早实施知识产权战略的国家，已有百年的历史，对知识产权的保护格外重视，并大力实施知识产权进攻战略，主要体现在加强国内立法。1980年美国实施《拜杜法案》，明确规定允许小企业和非营利性质机构在绝大多数情况下保留执行政府合同所产生发明的所有权，即有权就其完成的联邦资助项目所产生的发明以自身名义申请专利并享有专利权，政府保留适当的介入权。这一法案的施行极大地激发了研究单位和发明人创新与转化的积极性。1986年美国施行《联邦技术转移法》，1999年通过《技术转移商业化法案》。美国还实施强硬的国家知识产权进攻战略，于1998年通过《综合贸易竞争法》，制定了旨在保护美国知识产权的"特殊301"条款，对其他对手予以打压。

我国实施国家知识产权战略，就是为了建设成为一个创新驱动国家。2008年国务院发布了《国家知识产权战略纲要》，规划到2020年，各类市场主体对于知识产权的创造、保护、应用与管理的能力明显提高，不仅自主知识产权的数量和质量居于世界前列，而且形成一批国际知名品牌，使我国成为世界知识产权强国。为实现此目标，需要制订相应的政策措施，形成实施国家知识产权战略的支撑体系。第一，要完善法律体系和执法体系。我国知识产权立法起步较晚，目前，全国人大常委会制定了《商标法》、《专利法》、《著作权法》以及《民法通则》专节规范知识产权，构成我国知识产权法律体系的基本雏形，后来颁布了《计算器软件保护条例》、《集成电路布图设计保护条例》、《知识产权海关保护条例》、《信息网络传播权保护条例》以及商标法、专利法、著作权法实施条例，并对商标法、专利法、著作权法进行了修订，最高人民法院发布了《关于审理商标民事纠纷案件适用法律若干问题的解释》、《对处理专利侵权纠纷可否认定部分侵权问题的答复》。当前，我国正准备对专利法等进行再次修订。第二，在坚持市场配置资源的前提下，加大对自主知识产权的经济政策的支持力度。第三，建设知识产权技术支撑体系和社会服务平台。第四，加强知识产权人才队伍建设。

《国家知识产权战略纲要》第37至39项任务是有关于国防知识产权的内容。一是建立国防知识产权的统一协调管理机制，着力解决权利归属与利益分配、有偿使用、激励机制以及紧急状态下技术有效实施等重大问题。二是加强国防知识产权管理。将知识产权管理纳入国防科研、生产、经营及装备采购、保障和项目管理各环节，增强对重大国防知识产权的掌控能力。发布关键技术指南，在武器装备关键技术和军民结合高新技术领域形成一批自主知识产权。建立国防知识产权安全预警机制，对军事技术合作和军品贸易中的国防知识产权进行特别审查。三是促进国防知识产权有效运用。完善国防知识产权保密解密制度，在确保国家安全和国防利益基础上，促进国防知识产权向民用领域转移。鼓励民用领域知识产权在国防领域运用。

《国家知识产权战略纲要》发布之后，明确由总装备部牵头负责组织国防知识产权部分的战略实施工作。总装备部会同工业和信息化部、科技部、国家国防科工局、国家知识产权局等部门,成立国防知识产权战略实施领导小组,于2009年制定了《国防知识产权战略实施方案》。该方案明确了2015年国防知识产权战略实施的近期目标和2020年远期目标;结合国防知识产权工作以及国防科技和武器装备建设的现实需求,提出了19项专项任务;并提出到2011年年底完成各专项任务实施方案论证,2012年开始转入全面实施阶段,分别实现近期和远期战略目标。

《科技进步法》第七条还规定,企业事业组织和科学技术人员应当增强知识产权意识,增强自主创新能力,提高运用、保护和管理知识产权的能力。

企业是国家知识产权战略实施的重要主体和基础力量。在经济全球化不断加速和知识经济日益发展的国际环境中,企业自主创新和运用知识产权水平,决定这个企业的核心竞争力,同时也在很大程度上决定着一个国家的综合竞争力。因此,大力提高企业现有自主知识产权创造和运用能力,推动企业在创新道路上持续发展是实施国家知识产权战略的一项重要任务。在上述背景下,企业事业组织和科学技术人员增强知识产权意识,增强自主创新能力,提高运用、保护和管理知识产权的能力具有重要意义。

当前,国防科技工业企业更要增强知识产权意识,提高运用、保护和管理知识产权的能力。军工集团公司知识产权管理模式主要分为集中管理模式和分散管理模式。采取知识产权集中管理模式,目前主要是实力雄厚的大型企业集团,是在企业集团总部设立独立的、综合性的知识产权机构,对本企业集团与知识产权有关的事务进行统一集中管理。该知识产权总部由集团总部高层直接控制和管理。下属公司设立适当规模的知识产权管理机构。企业集团总部和下属公司之间订立明确的知识产权权利归属协议。知识产权分散管理模式是指在企业集团总部不设置专门的负有统一管理职能的知识产权管理机构,不直接经营知识产权资产,而是按照知识产权的类型,将相应的管理职能分别由不同的部门承担并开展相应的工作。这种模式对知识产权管理人员的专业素质有一定的要求。各下属公司可以自选设立知识产权管理机构,配备相关的管理体制人员,自主享有并管理所产生的知识产权,负担各自的知识产权管理经费,但在行政上接受企业集团总部相关部门的指导和监督。

(二)金融对科学技术进步的支持

《科技进步法》第十八条规定,国家鼓励金融机构开展知识产权质押业务,鼓励和引导金融机构在信贷等方面支持科学技术应用和高新技术产业发展,鼓励保险机构根据高新技术产业发展的需要开发保险品种。

法律明确规定国家鼓励金融机构采取包括质押、信贷、保险等在内的方式解决高科技企业缺少资金的难题,以支持科学技术应用和高新技术产业发展。

所谓知识产权质押,是指为担保债权人的债权,以商标专用权、专利权、著作权等知识产权中的财产权作为设定,属于权利质押,与动产质押、其他权利质押相比,知识产权质押是一种以无形财产为标的债权担保方式。担保法第七十九条规定:"以依法可以转让的商标专用权、专利权、著作权的财产权出质的,出质人与质权人应当订立书面合同,并向管理部门办理出质登记。质押合同自登记之日起生效。"

国家早在2007年发布了《关于商业银行改善和加强对高新技术企业金融服务的指导意见》《支持国家重大科技项目政策性金融政策实施细则》,对高新技术企业开展多种形式的担保方式,如出口退税质押、汇票质押、股权质押、保单质押、债券质押、仓单质押和其他权益抵(质)押等。高新技术企业与专业担保机构合作,接受第三方担保,设立合理的授倍期限和还款方式,如采取分期定额、利随本消、灵活地附加必要宽限期(期内只付利息从不还本)。根据信贷原则优先安排和重点支持高新技术企业,还可以借款人提供符合规定的企业资产、业主或主要股东个人财产抵质押以及保证担保,采取抵押、质押、保证担保等方式满足其贷款需求。

国家支持保险公司发展企业财产保险、产品责任保险、出口信用保险、业务中断保险等险种,为高新技术产业发展提供保险服务。

二、科技成果法律制度

科技成果是科学研究成果与技术开发成果的简称,是指科学研究与技术开发中,通过调查考察、实验研究、设计试验和辩证思维活动,所取得的具有一定学术意义或者实用价值的创造性成果。[①] 基础研究、应用研究和发展研究产生的成果都是科技成果。科技成果转化亦有广义与狭义之分,狭义的科技成果转化指科技成果直接转化为生产力要素,通常是应用性研究成果通过技术开发和产品开发,形成新产品、新工艺和新的管理技术或方法。广义的科技成果转化指从各类科技成果的创造形成、到转化为现实生产力的过程,既包括自然科学成果的转化也包括社会科学成果,及其交叉的科技成果的转化。[②]

(一)财政性资金形成的知识产权的归属及其使用

国家科技计划和基金项目成果的知识产权归属政策,是调整各方利益关系的重要杠杆。上世纪 80 年代以来,以美国《拜-杜法案》(Bayh-Dole Act)为代表的有关国家知识产权和技术转移制度纷纷对国家财政资助的科技项目实行知识产权放权,对促进科技成果转化取得了积极成效。但我国科技计划项目成果知识产权长期以来过分强调国家所有,实践中形成了形式上国家所有、事实上单位所有,权利与义务、权限与职责不清的状况,一方面造成单位主动采取知识产权保护措施的积极性不高,另一方面国家对一些重要科研成果疏于管理,未能形成自主知识产权。

修订后的《科技进步法》充分肯定了我国科技管理实践中的做法,并借鉴国外成功经验,对国家科技计划和基金项目的知识产权从权利归属、应用和转让等方面作出规定。

一是明确了涉及的知识产权范围和权利归属。科技进步法第二十条第一款规定,利用财政性资金设立的科学技术基金项目或者科学技术计划项目所形成的发明专利权、计算机软件著作权、集或电路布图设计专有权和植物新品种权,除涉及国家安全、国家利益和重大社会公共利益的外,授权项目承担者依法取得。

法条规定的知识产权的范围非常明确,共有四项,分别是利用财政性资金设立的科学技术基金项目或者科学技术计划项目所形成的发明专利权、计算机软件著作权、集成电路布图设计专有权和植物新品种权。实用新型和外观设计的专利权以及其他著作权等知识产权不属于本条规定的知识产权的范围。

除涉及国家安全、国家利益和重大社会公共利益的外,知识产权由授权项目承担者依

---

① 参见中国科学院科学技术研究成果管理办法. 1986. 5
② 参见秦洁、宋伟:对《促进科技成果转化法》修订的几点思考. 中国科技论坛,2014,04.

法取得。同时明确,本条规定的项目承担者,是指与项目下达部门签订科研任务书的合同一方,主要是指承担项目的企事业单位,如科研机构、高等学校、企业等,也不排除个人,如由几个科研人员共同承担一个科研项目,成为项目承担者。财政性科技项目利用财政性资金形成的知识产权,本为国家所有,但是为充分调动科研单位和科研人员的积极性,以通过授予知识产权的方式,使承担项目的单位和科技人员能够享有该知识产权,并通过实施该知识产权取得收益,从而形成一种非常有效的利益激励机制。

但在实践中,情况更为复杂。在国家科技计划和基金项目中,国家与项目承担者之间属于委托研究开发关系,对委托研究开发中产生的有关知识产权,该条规定由承担者享有和国家享有两种情况。其中,"属于国家安全、国家利益和重大社会公共利益的"项目,项目下达部门通过文件规定或合同等形式明确国家享有,对其他项目的知识产权,本条授权项目承担者依法取得。本条列举的各类知识产权技术含量高且产业应用价值大,将知识产权授予项目承担者,有利于调动承担者申请知识产权保护、实施产业化的积极性。

二是明确了有关知识产权的使用和所产生的利益分配。科技进步法第二十条规定,项目承担者应当依法实施上述知识产权,并就实施和保护情况向项目管理机构提出年度报告;在合理期限内没有实施的,国家可以无偿实施,也可以许可他人有偿实施或者无偿实施。

将有关的知识产权授予项目承担者后,如果该知识产权被束之高阁,得不到有效的运用,则同样起不到促进科技创新的作用。促使专利发明权等有效实施,将科技成果尽快转化为生产力,是实施知识产权战略的最现实目标。因此,必须建立促使项目承担者对所取得的知识产权依法实施的制度。

项目承担者应当依法实施所取得的知识产权。作为项目承担者,依法使用所取得的知识产权,既是权利,也是义务。这一点与普通的知识产权不同。普通的知识产权所有者享有依法实施的权利,属于独占权,并没有在规定的期限内必须实施的义务。而将利用财政性资金形成的知识产权授予项目承担者,是一种国家的让利行为,项目承担者在享受这一权利的同时,必须履行在规定的期限内依法实施的义务,否则国家有权予以介入。实施方式包括自主实施、许可他人实施、转让、作价入股等。

科技进步法第二十条还规定,项目承担者依法取得的上述知识产权,国家为了国家安全、国家利益和重大社会公共利益的需要,可以无偿实施,也可以许可他人有偿实施或者无偿实施。

上述规定意味着国家享有在特殊情况下的介入权。一方面项目承担者在取得本条规定的知识产权后的合理期限内没有实施的,国家可以无偿实施,也可以许可他人有偿或者无偿实施该知识产权;另一方面为了国家安全、国家利益和重大社会公共利益的需要,国家可以无偿实施,也可以许可他人有偿或者无偿实施该知识产权。应当指出的是,国家的介入权与前面规定的国家授予项目承担者知识产权两者是紧密联系的,不可分割。

科技进步法第二十条还规定,项目承担者因实施上述知识产权所产生的利益分配,依有关法律、行政法规的规定执行;法律、行政法规没有规定的,按照约定执行。

利益涉及四方,包括承担项目的科研单位和企业、科研项目研究成果完成人和为成果转化作出贡献的人员、其他协作单位、国家。在有些情况下,国家将知识产权授予项目承担者,可以通过约定的方式,对实施该知识产权产生的利益分配进行约定,如约定项目承担者从实施该知识产权的收益中拿出一部分返还给国家,包括提供财政性资金的政府及其有关行政部门,或者项目管理机构。

上述有关法律、行政法规的规定包括专利法、计算机软件保护条例的规定。专利法第十六条规定:"被授予专利权的单位应当对职务发明创造的发明人或者设计人给予奖励;发明创造专利实施后,根据其推广应用的范围和取得的经济效益,对发明人或者设计人给予合理的报酬。"根据这一规定,取得发明专利的项目承担者是科研单位、企业的,该科研单位、企业应当对科研项目研究成果完成人和为成果转化作出贡献的人员给予奖励和报酬。计算机软件保护条例第三条规定:"自然人在法人或者其他组织任职期间所开发的软件有下列情形之一的,该软件著作权由该法人或者其他组织享有,该法人或者其他组织可以对开发软件的自然人进行奖励:(一)针对本职工作明确指定的开发目标所开发的软件;(二)开发的软件是从事本职工作活动所预见的结果或者自然的结果;(三)主要使用了法人或者其他组织的资金、专用设备、未公开的专门信息等物质技术条件所开发并由法人或者共他组织承担责任的软件。"根据这一规定,取得计算机软件著作权的项目承担单位,应当对参与开发软件的科研人员给予奖励。

对于因实施集成电路布图设计专有权和植物新品种权而产生的利益分配,法律、行政法规没有规定的,按照约定执行。

(二)保守科学技术秘密

科技进步法第二十八条规定,国家实行科学技术保密制度,保护涉及国家安全和利益的科学技术秘密。

我国科学技术保密制度是由国家科学技术委员会、国家保密局根据《保守国家秘密法》和《科学技术进步法》制定的《科学技术保密规定》确立的。

科学技术部管理全国的科学技术保密工作。各省、自治区、直辖市科技主管部门按照职责管理本地区的科学技术保密工作,中央国家机关各部门的科技主管机构按照职责管理本部门或者本系统的科学技术保密工作。各级保密工作部门对科学技术保密工作负有指导、协调、监督和检查的职责。

应当列入国家科学技术秘密范围的是关系国家的安全和利益,一旦泄露会造成下列后果之一的科学技术,包括削弱国家的防御和治安能力;影响我国技术在国际上的先进程度;失去我国技术的独有性;影响技术的国际竞争能力;损害国家声誉、权益和对外关系。而国外已经公开;在国际上无竞争能力且不涉及国家防御治安能力;纯基础理论研究成果;在国内已经流传或者当地群众基本能够掌握的传统工艺;主要受当地气候、资源等自然条件因素制约难模拟其生产条件的传统工艺等不列入国家科学技术秘密的范围。

国家科学技术秘密的密级分为绝密级、机密级和秘密级。

当前,我国国防科技成果保密解密制度不够完善。国防科学技术成果涉及国家利益和国防安全,具有很强的机密性,在一定期限内需要保密。随着军民融合的发展,为了促进国防科技成果向民用转化,需要对不再需要保密的国防科技成果以及保密期限届满的国防科技成果进行解密。

但目前,我国国防科技成果的保密解密规定不统一。涉及国防科技成果保密解密法规规定主要有《国防专利条例》、《中国人民解放军保密条例》及《国防科学技术成果国家秘密的保密和解密办法》(国家科工委、国家保密局1991年4月20日出台,下称《办法》)。《办法》规定,未申请国防专利的国防科技成果的保密解密适用本《办法》,已申请国防专利的国防科技成果的保密解密适用《国防专利条例》。国防专利本属于国防科技成果,但《办法》将申请国防专利的国防科技成果和未申请国防专利的国防科技成果人为割裂,规定不统一无形中推高了立法成本和执法成本。

《办法》自颁布以来,规范了国防科技成果保密解密工作,对于国防科技成果的界定、保密解密及变更管理都有明确的规定。对国防科技成果转民用发展起到了重要的作用。但随着国防科技成果转民用的迅速发展,《办法》本身存在的缺陷也进一步显现出来。

《办法》第十二条规定了国防科技成果自行解密和提前解秘的条件与解密主体,问题在于,首先,《办法》规定解密主体为原定密单位或其上级部门,并没有赋予国防科技成果研发者可以申请国防科技成果解密的权利。国防科技成果转民用与国防科技成果研发者有密切的利益关系,国防科技成果研发者是最具有推动国防科技成果转民用动力的主体,而没有赋予其申请解密权,使得国防科技成果解密工作一直陷入被动局面。其次,《办法》虽然规定定密主体为解密主体,但并没有规定主体责任,没有形成高效的定期解密机制,导致多年以来国防科技成果解密工作一直处于被动的、偶发的状态,使得很多国防科技成果没有及时解密,不能转为民用,只能躺在档案柜里。再次,国防科技成果研发人的救济机制缺失,导致国防科技成果解密工作无法及时启动。国防科技成果不能及时转为民用直接损害了科技成果研发人的利益。

三、技术转移法律制度

技术转移法律制度主要在《科技进步法》《促进科技成果转化法》中规定。《促进科技成果转化法》于2015年进行了修改,充分考虑了与专利法、劳动合同法等法律法规之间的衔接,修订、新增、调整的主要制度超过32项。在完善科技人员的奖励制度和科研人员评价体系,改革成果处置、收益分配制度,加强科技成果信息服务,加强科技计划项目成果转化,强化企业成果转化的主体作用,推进产学研合作等十多个各界关注的方面进行了重点修订。修订后的《促进科技成果转化法》共六章五十二条。《促进科技成果转化法》是与《科学技术进步法》相配套的重要法律。

(一)军用技术与民用技术的交流与利用

《科技进步法》第六条规定,国家加强军用与民用科学技术计划的衔接与协调,促进军用与民用科学技术资源、技术开发需求的互通交流和技术双向转移,发展军民两用技术。《促进科技成果转化法》第十四条规定,国家建立有效的军民科技成果相互转化体系,完善国防科技协同创新体制机制。军品科研生产应当依法优先采用先进适用的民用标准,推动军用、民用技术相互转移、转化。

军民两用技术概念,最早是由美国国会在1992年《国防技术转轨、再投资和过渡法》中首次提出,随后被世界各国广泛采用。其含义为:满足军事应用和非军事应用的产品服务、标准、加工或采办规范,亦即军用和非军用的技术加工和产品。军民两用技术包括三个方面的内容:一是先为军用后转民用的军转民技术;二是先为民用后转军用的先进民用技术;三是从开发时即考虑适合于军民两用的两用技术。这三者的共同之处是都具有军民两用潜力,而非专用技术。这里的军民两用技术是从广义上说的。凡是可以同时满足军事需求和民用需求的技术都是军民两用技术,既包括无形的,如技术、工艺、标准、规则等;也包括有形的,如可以同时为军队和民间采用的产品。军民两用技术既可以表现为物质成果,如各种可以军民两用的工业品;也可以表现为物质活动,如各种可以军民两用的劳务。以往经常把军转民技术、民转军技术和军民两用技术截然分开,实际上,能够军转民或者民转军的技术都是军民两用技术。美国《国家安全科学技术战略》对军民两用技术是这样定义的:它是技术上的根本性转移,目标是建立一个既满足军事需求又满足商业需求的先进国家技术和工业基础,以更低的成本、更高的质量和更好的性能来满足军民两方面的需求,做到武器系统采用现成的民用技术和分系统进行设计,并在一体化的工厂里制造。军民两用技术在存量调整的领域里,包括了先为民用后转为军用的民用技术;在增量领域里,主要是那些设计阶段就考虑到产品未来的军民两用性的技术。

国外推动军民两用技术发展,一方面,在国家层面设立军民两用技术产业化发展协调机构。如美国调整国防部高级研究计划局(DARPA)职能,使之成为专门负责发展军民两用技术研发的职能机构,并强化国防部技术转移办公室(Office of Tech - nology Transfer,OTT)职能,监督和管理国防部军民两用技术的开发、应用和转移,促进军民两用技术产业化。英国则组建了专门负责开发军民两用技术的国防鉴定与研究总局,开展了"开拓者计划"、"外单位研究"等一系列军民两用技术产业化发展项目。另外,英国政府还建立了一些军民两用技术中心(DUTCs),包括结构材料中心、系统与软件工程中心、信息处理与电信革新中心、超级计算中心等。另一方面,形成军民两用技术转移模式,大体分为直接转移和适应性开发转移两种模式,而这两种转移模式又可依转移前后单位情况分为内部转移和外部转移两种模式。

军民融合式发展已经成为我国经济发展的一个模式,而军民融合式发展是吸收最新军民两用科技成果的直接渠道和重要渠道。在国外,也是如此。如在伊位克战争中,美国军方就成为民用商业信息技术的最大用户,从计算机智能终端、便携式电脑,到数据库软件和网络,无所不包。目前,对于发展军民两用技术,实现科学技术军民融合,各国多采取政府与企业共同负担、共享成果的方式,从而使资金、人员、技术、设备等资源得到优化配置,并带动了民用工业的广泛发展。

但就目前而言,我国推动军民融合式发展,促进军民两用技术转化,还存在一些问题需要在立法上予以解决。

一是消除相关法律法规之间冲突现象。作为商事制度的最重要一部法律,《公司法》对国防科技工业领域各方主体的商行为,从形式要件到实质要件,都起着规范的作用。1993 年制定的《公司法》曾于 2004 年、2005 年连续两年进行了该法的第二次、第三次修订。在 2004 年 8 月的修订中,该法仍保留了第六十四条,规定:"国务院确定的生产特殊产品的公司或者属于特定行业的公司,应当采取国有独资公司形式。"在 2005 年 10 月,全国人大常委会对《公司法》再次进行修订时,该条予以删除。2004 年 6 月发布的《国防科技工业产业政策纲要》和 2005 年 2 月颁布的"非公经济 36 条",提出要"推进国防科技工业投资主体多元化","允许非公有资本进入国防科技工业建设领域,……允许非公有制企业按有关规定参与军工科研生产任务的竞争以及军工企业的改组改制"。显然,上述规定出台与《公司法》修订之间存在时间差。即便有法律的明文规定,但在以法治为明显特征的市场经济中,民营企业要进入国防科技工业领域,仍然困难重重。至今并未明确失效的《私营企业暂行条例》第十二条规定:"私营企业不得从事军工、金融业的和产经营。"

与《公司法》有冲突之嫌。尽管从法律位阶来说,全国人大制定的《公司法》优先适用于国务院在1988年公布的条例,但从法律体系的功能角度来说,需要对军民融合发展法律法规予以认真编纂,以消除他们之间的冲突现象。

二是制定或完善相关法律法规,而不能仅仅依靠政策。正如前述,2004年发布了《国防科技工业产业政策纲要》,2005年2月颁布了"非公经济36条",2010年05月再次发布了《国务院关于鼓励和引导民间投资健康发展的若干意见》(俗称新36条),允许"民参军"。实际上,早在1999年,国防科工委就出台了《武器装备科研生产许可证暂行管理办法》,对申请许可证的单位、企业的性质没有做任何限制。随后,《国务院对确需保留的行政审批项目设定行政许可的决定》、《武器装备科研生产许可实施办法》、《武器装备科研生产许可现场审查规则》、《武器装备科研生产许可专业(产品)目录》、《武器装备科研生产许可程序》等法规文件出台,也没有区分国有经济和民营经济成份。国家多次发布关于军民融合发展的政策,但民营企业仍感觉有"玻璃门"、"弹簧门"。原因很大程度上恐怕是政策的需求与法律法规的需求不平衡。不可否认,以我国当前的国情而言,政策有其独到的作用,但是不能夸大政策的作用,也不能将希望完全寄托在政策上,政策很难把体制、机制、市场主体以及相关的金融、工商税务、监督等方面的问题系统性解决,特别是在法律法规规定不一致时。

三是将市场竞争理念融入制度创新中。在市场经济中,企业的基本品质就是竞争,国防科技工业要融入整个国民经济体系中,国防科技工业企业必须与其他企业一样,通过竞争来获取资源。以竞争为基础来构建军民融合的制度体系,这个制度体系就是与市场经济相适应的制度体系。国防科技工业走军民融合式发展路子,改变了传统相对封闭、孤立发展的弊端与不足,将军转民、军民结合提高到了一个新的发展层次上。在走向军民融合式发展道路上,国防科技工业要进行一系列脱胎换骨的改革和制度创新,这一系列的改革和创新是以市场化为目标的。但现实中,一方面,国有国防科技工业企业仍渴望国家给予政策上的优惠,欲享受"超国民待遇"。另一方面,民营企业发展的法律环境不够理想,与国有企业不在一个发展平台上。回顾国防科技工业改革之路,是企业所有权与经营权分离之路,一度给原来计划体制下的国防科技工业企业带来了一定的活力,但是国有国防科技工业企业并没有真正地活起来,根本原因在于对国防科技工业企业具有公益性和经济性双重属性认识不足,忽视其作为市场经济主体的一般属性,而始终没有从产权制度上进行根本性的改革,让其享有诸多特权。而民营企业发展的法律环境不够理想,支持引导非公有制经济发展的相关政策尚未完全成为具体的制度安排,不用说融资,就是诸如信息发布,两者也不在一个水平上。

(二)财政性资金形成的知识产权的转让和许可实施

《科技进步法》第二十一条规定,国家鼓励利用财政性资金设立的科学技术基金项目或者科学技术计划项目所形成的知识产权首先在境内使用。前款规定的知识产权向境外的组织成者个人转让或者许可境外的组织或者个人独占实施的;应当经项目管理机构批准;法律、行政法规对批准机构另有规定的,依照其规定。《促进科技成果转化法》第十七条规定,国家鼓励研究开发机构、高等院校采取转让、许可或者作价投资等方式,向企业或者其他组织转移科技成果。第十八条进一步规定,国家设立的研究开发机构、高等院校对其持有的科技成果,可以自主决定转让、许可或者作价投资。第十九条规定,国家设立的研究开发机构、高等院校所取得的职务科技成果,完成人和参加人在不变更职务科技成果权属的前提下,可以根据与本单位的协议进行该项科技成果的转化,并享有协议规定的权益。第二十条规定,研究开发机构、高等院校的主管部门以及财政、科学技术等相关行政部门应当建立有利于促进科技成果转化的绩效考核评价体系。

上述知识产权,既包括发明专利权等知识产权,还包括其他知识产权。

项目的承担者依法取得包括发明专利权或其他知识产权后,可以依法行使权利,向他人转让,或者许可他人使用。但无论是发明专利权还是其他的知识产权,即使项目承担者已经依法取得知识产权,在转化时仍应当受到一定的限制,因为国家为此提供了一定的资金支持。

首先,国家鼓励利用财政性资金设立的科学技术基金项目或者科学技术计划项目所形成的知识产权首先在境内使用,这里需要注意的是国家对此的态度是鼓励而并非绝对禁止向国外转让,而且是鼓励该知识产权首先而并非始终在境内使用;其次,为避免为国外所垄断,如果利用财政性资金设立的科学技术基金项目或者科学技术项目所形成的知识产权向境外的组织或者个人转让或者许可境外的组织或者个人独占实施的,应当经项目管理机构批准。法律、行政法规对批准机构另有规定的,从其规定。如果是许可境外的组织或者个人非独占实施的,则无需经过批准。同时规定,一般情况下,进行批准的机构的是该项目的管理机构,但如果法律、行政法规对此另有规定的,从其规定。这里表明,只有法律、行政法规才有权规定除法项目管理机构以外的其他机构作为批准机构,在法律、行政法规没有规定的情况下,地方法规、规章无权作出规定,赋予其他机构以批准权。上述规定是为了实现项目承担者的知识产权和国家利益之间的平衡。

《促进科技成果转化法》第二十四条、二十五条规定,鼓励企业、研究开发机构、高等院校及其他组织共同实施利用财政性资金设立的科技项目,联合实施上述科技成果转化。第二十六条规定,国家鼓励上述机构采取联合建立研究开发平台、技术转移机构或者技术创新联盟等产学研合作方式,共同开展研究开发、成果应用与推广等活动。

《促进科技成果转化法》规定,国家对科技成果转化活动实行税收优惠,鼓励开展知识产权质押贷款、股权质押贷款等贷款业务,为科技成果转化提供金融支持,鼓励保险机构开发符合科技成果转化特点的保险品种,支持企业通过股权交易、依法发行股票和债券等直接融资方式为科技成果转化项目进行融资,鼓励创业投资机构投资科技成果转化项目。

《促进科技成果转化法》第四十三条至四十五条规定,国家设立的研究开发机构、高等院校转化科技成果所获得的收入全部留归本单位,完成对完成、转化职务科技成果做出贡献的人员给予奖励和报酬。科技成果完成单位可以规定或者与科技人员约定奖励和报酬的方式、数额和时限。如果没有约定奖励和报酬的方式和数额的,可以按照不低于许可净收入的百分之五十的比例,或者不低于成功投产后营业利润百分之五的比例给予奖励和报酬。

第七专题 关于国防科技的特殊法律规定

国防科技是指直接为国防和军队建设服务或者涉及国防利益、对国防建设具有潜在作用的科学技术。与科学技术的发展相适应,产生了科技法。同样,与国防科技的发展相联系,也产生了国防科技法。我国的国防科技法是调整国防科学技术的研究、开发及其成果应用和管理活动的法律规范的总和。国防科技法调整国防科技研究和管理活动中形成的特有的社会关系,国防科技法调整的科技关系不是一般的科技关系,而是其中的特殊部分,一般的科技关系则由科技法调整。

国防科技法律关系的主体,是从事国防科技活动的公民和法人。从事国防科技活动的公民,主要是科技人员,他们既可以是现役军人或军内职员,也可以是地方人员;从事国防科技活动的法人,主要是各类从事国防科技研究的科研机构或生产企业,它们既可以属于军队系统,也可以属于地方系统。国防科技法律关系的客体,是国防科技研究活动及其成果。国防科技法律关系的内容是人们在从事国防科技研究活动中享有的权利和承担的义务。

国防科技法主要对军品研制、国防科研管理、国防技术监督、特殊国防技术等方面进行规范。军品研制法律制度是关于军品的预研基金、科研试验程序、试验定型以及军品试验合同订立、执行、纠纷处理等方面的法律制度。国防科研管理法律制度涉及国防科研管理体制、科研计划、科研机构、科技干部、经费物资、研制责任、科研成果、军品价格等一系列管理制度。国防技术监督法律制度是关于军用标准、军品质量和国防计量等方面的一系列法规和制度。特殊国防技术法律制度主要规定原子能、人造卫星、航天、激光等高技术装备或具有极大的杀伤力、破坏力的武器装备为研究目的、研制程序、管理使用办法等。

一、国防科技预研与研制法律规定

(一)国防科技预研与研制基本法律规定

国防预研与研制法律制度规范对武器装备系统研制有重大作用的关键技术的研究和应用。

1984年国务院、中央军委发布《武器装备研制设计师系统和行政指挥系统工作条例》,是国防预研与研制领域较早的法规。该条例规定,武器装备研制设计师系统是由各级设计师组成的跨建制、跨部门的技术指挥系统,负责武器装备研制中的设计技术工作;武器装备研制行政指挥系统是由各级行政指挥组成的在各自行政隶属关系范围内实施行政指挥的系统,负责本部门武器装备研制的组织指挥,计划调度,人员、经费、物资保障等工作,并组织跨部门的协调工作;总会计师在行政指挥系统总指挥的领导和总设计师的指导下,负责编制型号总概算,审核科研经费的预、决算和成本核算,并对研制经费使用情况进行监督和检查。武器装备研制设计师系统和行政指挥系统是在主管部门领导下各负其责,同时对任命单位负责。其经常工作,应当在行政总指挥的统一组织领导下进行。

自 2000 年以来,我军先后制定了《装备科研条例》《装备预先研究条例》《武器装备探索研究管理规定》《装备预先研究计划管理规定》《保障预先研究合同管理规定》《国防科技工业基础科研管理办法》、《武器装备科研生产协作配套管理暂行办法》、《国防科技工业软科学研究管理办法》、《国防科技工业标准化科研管理实施细则》。

(二) 国防科技预研与研制合同法律规定

1987 年,我国国防科研开始全面实行合同制管理,并制定了《武器装备研制合同暂行办法》,从而使我国的武器装备研制合同走上法制化轨道。《国防科学技术预先研究项目合同暂行规定》(1989 年)、《装备条例》(2000 年)、《装备科研条例》《装备预先研究条例》(2004 年)都规定了国防科技预研与研制合同制。国防科技预研与研制合同系指具有法人资格的当事人之间,为执行国家武器装备研制计划而确立相互权利、义务关系,维护各自合法权益所订立的协议。订立国防科技预研与研制合同,必须以国家批准的武器装备研制的中长期计划和按计划程序批准的项目为依据,服从加速武器装备发展的大局,贯彻平等互利、协商一致、等价有偿的原则。

按照承包方式和责任的不同,国防科技预研与研制合同分为总承包合同、主承包合同、分承包合同和单项承包合同;按照定价方式的不同,国防科技预研与研制合同分为固定价款合同和成本补偿合同;按照履行期限的不同,国防科技预研与研制合同分为全周期合同和阶段合同,或者按照研制阶段分为论证阶段合同、方案阶段合同、工程研制和设计定型阶段合同、生产定型阶段合同和主研制阶段合同。[1]

总承包合同系指使用部门将武器装备整个系统研制任务,委托某法人总承包所订立的合同。总承包单位对整个系统的研制向使用部门负全部经济技术责任。主承包合同系指使用部门将武器装备研制任务的主体部分,委托某法人承包所订立的合同。主承包单位承担武器装备总体技术的协调责任,并对总体部分的研制向使用部门负全部经济技术责任。分承包合同系指总承包或者主承包单位将其承包项目配套的分系统;设备的研制任务或某项设计、试验任务,委托其他单位承包的合同。分承包单位对总承包单位或其委托单位负经济技术责任。单项承包合同指使用部门将武器装备研制任务的主体部分委托某法人主承包时直接与另一法人为研制武器装备的分系统或配套设备所所订立的合同。单项承包合同直接向使用部门负经济技术责任。

固定价格合同系指以研制项目成本核算为基础,考虑合理的科研收益,双方通过协商一次性确定合同价格所订立的合同。成本补偿合同系指以研制项目成本核算为基础,考虑研制中的不定因素和价格浮动因素,双方通过协商约定计划成本和合理的科研收益以及具体补偿办法所订立的合同。

论证阶段合同系指为完成武器装备研制的论证阶段任务所订立的合同。方案阶段合同系指为完成武器装备研制的方案阶段任务所订立的合同。工程研制和设计定型阶段合同系指为完成武器装备的工程研制和设计定型阶段任务所订立的合同。生产定型阶段合同系指在设计定型的基础上,为完成武器装备的生产定型任务所订定的合同。主研制阶

---

① 参见陈耿主编《军事经济法》,军事科学院出版社 2001 年出版。

段合同系指为完成武器装备研制包括方案阶段、工程研制阶段和设计定型阶段的各项任务所订立的合同。

合同的主要内容即合同所应具备的主要条款。国防科技预研与研制合同的条款包括标的,数量和质量,研制进度及交付期限,研制方案或技术途径,交付方式及验收条件,技术经济责任,合同价款及付款、结算方式,主要配套项目及其研制分工协作关系,密级和保密事项以及当事人协商同意的其他条款。合同双方当事人必须具有法人资格。

国防科技预研与研制合同一经生效,就必须全面实际履行,如遇有国家计划被修改或取消,发生不可抗力事件,技术风险、当事人违约或者双方协商同意并经合同审批部门认可,致使合同部分、全部不可能或不必要履行时,可以变更或者解除。变更或解除合同,必须报原审批部门核准。

国防科技预研与研制合同当事人一方违反合同规定时,应负违约责任。由于不可抗力原因不能履行或部分不能履行合同时,取得有关主管部门认证,当事人不承担违约责任。因分承包合同的违约,造成总承包单位违约时,应查清原因,明确责任,由总承包合同的当事人协商处理。协商不成时,由上级主管部门处理。国防科技预研与研制合同纠纷由当事人主管部门组织调解,主管部门调解不成时,主管部门可提请武器装备管理部门进行调解,经该主管部门同意,当事人也可以向国家有关部门申请仲裁,或者直接向人民法院起诉。

二、国防科研经费管理法律规定

国防科研经费有狭义和广义两种。狭义的国防科研经费,主要指国家财政支出的国防科研试制费。广义的国防科研经费,除包括国防科研试制费外,还包括国防费支出的军队科研费和其他用于国防科研的资金。国防科研经费的主要来源是国防费支出的军队科研费和国家财政支出的国防科研试制费。此外,还有少量其他来源,如科研及使用部门自筹资金、社会资助等。

早期国防科研经费管理规定主要有《国防科研试制费拨款管理暂行办法》《国防科研试制费预决算管理暂行办法》等。目前实施的法规规定主要是总装备部制定的《军队装备科学研究费审计办法》(1998 年)、《关于严格管理国防科研试制费的通知》(2000 年)、《国防科研项目"里程碑"拨款管理办法》(2001 年)、《武器装备科研费管理规定》(2002年)、《国防科研试制费管理规定》(2006 年),以及《装备科研条例》中的"装备科研经费管理"专章。

(一)国防科研试制费管理

国防科研试制费由装备预先研究经费、装备型号研究经费和装备技术研究经费构成。财政部、总装备部和总部分管有关装备部门、军兵种装备部门,以及总装备部委托的中国科学院、有关军工集团公司和中国工程物理研究院等单位按照分工对国防科研试制费分别进行管理。[1]

国防科研试制费实行预算和决算制度。上述管理部门按照经费管理渠道编报国防科研试制费年度预算。国防科研试制费预算资金来源是国家财政拨款和孳生的利息收入。

---

① 参见毛国辉主编《军事装备法律制度概论》第 84－85 页,国防工业出版社 2012 年出版。

国防科研试制费决算分为年度决算和项目决算。

国防科研试制费使用范围包括国防科研项目成本、收益和技术协调费。国防科研项目收益是指国防科研项目价款扣除项目成本费用后的差额部分，在完成研制任务后按规定结转。技术协调费是指军工集团公司或项目总承包单位负责系统技术协调费用，只能用于项目需要的专家咨询费、会议费、差旅费等。

（二）国防科研费的管理

国防科研费即装备科研费，是指军费中用于新型装备的技术革新工作等所开支的费用。由军费预算拨款、专项预算管理和列入预算管理的其他经费组成。总装备部负责全军科研费的归口管理，军区、军兵种装备部以及总部分管有关装备的部门负责所管装备的科研费的管理，科研及试验单位负责本单位的装备科研费管理。

国防科研费开支范围包括设备费、材料费、外部协作费和科研业务费。国防科研费属总部专管经费，在军委、总部批准的预算内，专款专用，专项报销。国防科研费实行预算和决算制度。在国家拨给军队系统的国防费内安排的科学研究费，即军队科研费，主要用于新型装备的发展和性能论证，现有装备的技术革新，没有对口工业部门的少量装备型号研制，应用基础研究，装备与保障技术的科研及技术革新，军事医学科学研究，专业科研单位的军用标准、情报及学术研究等工作的开支。

军队科研费的分配原则是保证重点，兼顾一般。重点保障军队战备、训练和部队建设急需的科研项目，即列入军委、总年度计划的科研项目，予以优先安排；军民通用或各单位自行确定的一般科研项目，以自行解决为主，总部适当给予补助。科研单位在保证完成上级指令性任务的前提下，可以利用自身的技术优势，承担其他科研任务，增加经费收入，弥补科研费的不足。

科研收入主要包括科研单位利用科研条件组织的科研收入，科研设备和仪器报废、处理收入和其他收入。科研单位利用科研条件组织的科研收入主要有代加工试制收入、小批生产利润、科研样机和技术成果转让收入、对外翻译图书资料收入、专利收入、科技开发咨询服务收入、对外试验收入等。2015年末出台的军改方案决定将停止有偿服务。

三、国防科技成果的鉴定与奖励法律规定

（一）国防科技成果鉴定的范围和内容

国防科技成果系指以国防为目的或者主要目的的科学研究和开发活动中产生的成果，主要包括：对国防科技发展有指导意义的科学理论成果；解决国防建设中科学技术问题的、具有实用价值的应用技术成果；对国防科学技术决策管理有推动作用的软科学研究成果等等。国防科技成果的鉴定与奖励方面的法规主要是总装备部2003年制定的《装备科技成果鉴定办法》，2007年制定的《武器装备科学技术奖励办法》。

执行国家科学技术计划项目所完成的国防科技成果、申报科学技术奖励的国防科技成果以及根据国家有关规定应当进行鉴定的其他国防科技成果，都必须按规定进行鉴定。国防科技成果鉴定工作，由科技成果鉴定主管部门归口管理，主要负责制定并监督实施有关法规，统一颁发《国防科学技术成果鉴定证书》和《国防科技成果视同鉴定证书》。各有关主管部门和地区的成果管理机构负责所属系统的国防科技成果鉴定工作。国防科技成果鉴定采用检测鉴定、验收鉴定、通信鉴定和会议鉴定等四种主要形式，并具有

同等效力。

国防科技成果鉴定的内容主要包括:科学理论成果的论点、论据、数据的准确和充分程度,以及其学术价值;应用技术成果的数据、图表的准确、完整性,与同类技术相比,其特点、创造性和水平,实践检验的效果;软科学成果采用的理论、方法、技术的先进性,应用程度及效果。国防科技成果鉴定,必须按照规定的程序进行。

列入各部门装备计划和依据合同研究产生的装备科技成果以及计划外的重大装备科技成果,除基础理论研究成果、国家军用标准、已获得专利的应用技术成果和已按照《军工产品定型工作条例》定型的装备科技成果外,都必须按照《装备科技成果鉴定办法》进行鉴定。

装备科技成果鉴定的主要内容有:是否完成项目任务书或者合同的约定;创造性及主要创新点或者重大技术进步;与国内外相同或相似技术比较所达到的技术水平,或者在相应学科领域产生的影响;成熟程度、实用价值和推广应用前景;存在的问题和改进意见,以及其他要求鉴定的内容。

装备科技成果的鉴定实行统一领导、分级管理。组织鉴定单位应聘请同行专家进行鉴定。装备科技成果鉴定实行申报审批制度。与鉴定有关的各类资料,由科技成果完成单位按科技档案管理有关规定归档。

(二)国防科技成果奖励对象和条件

根据《国家科学技术奖励条例》,为了调动广大科技工作者的积极性,鼓励他们为国防科学技术发展作贡献,国家建立了一系列国防科技成果奖励规定。其中,最主要的是《国防专用国家级科学技术进步奖励规定》。

国防专用国家级科学技术进步奖主要适用于在国防科研、生产、使用及其密切相关的工作中产生并在当前只用于国防目的的科技成果。主要包括:应用于国防的新的科学技术成果;武器装备、国防工程建设成果;航天技术成果;国防科研中的重大预研性成果;国防技术基础工作和军事特种技术成果等。

全军武器装备科学技术奖励范围,主要是在完成军队武器装备科研项目中产生的科技成果,包括装备论证类科技成果、技术开发类科技成果、装备试验类科技成果和技术基础类科技成果。全军武器装备科学技术奖分为一、二、三等奖三个等级。

全军武器装备科学技术奖授予在完成武器装备科技成果中做出突出贡献的个人和单位。奖励项目的主要完成人,就是该项目理论、方案、创新点的提出者,或者是总体方案、新产品的设计者,或者是科研、生产、应用过程中重大技术难点的解决者。奖励项目的主要完成单位就是在该项目研究、设计、制造、应用等过程中提供技术、人员和设备等条件,对该项目的完成起到重要作用的单位。

(三)国防科技成果奖励监督和异议处理

总装备部科技成果主管部门设立全军武器装备科学技术奖评审行为监督领导小组,负责奖励评审活动的监督工作。

评审信誉制度。总装备部科技成果主管部门对参加评审活动的专家建立信誉档案,信誉记录作为遴选评审委员人选的重要依据。

异议制度。各部门推荐的三等奖项目与经各专业技术评审组评审的项目,由全军成果办在适当的范围内征求异议。

四、国防科技成果保密解密法律规定

国防科技成果的保密和解密,应遵循既确保国家秘密安全,又有利于国防科技成果推广应用的原则。其工作由国家主管部门负责归口管理,国务院有关主管部门、军队有关主管单位负责本系统的国防科技成果的保密和解密工作。

国防科技成果秘密的范围包括:获国务院部委级、军队级和国家级科技奖励的国防专用科技成果;获国防专利的科技成果;对国防具有潜在应用价值的阶段性科技成果和新技术成果;对提高武器装备战术性能有作用的新技术、新工艺和新材料。国防科技成果秘密分为绝密、机密和秘密三级。国防科技成果秘密的保密期限届满,即自行解密。秘密级国防科技成果的解密,由原确定密级的单位决定;机密级国防科技成果的解密,由国务院有关主管部门、军队有关主管单位决定;绝密级国防科技成果的解密,由国务院有关主管部门、军队有关主管单位提出审查意见,报国家主管部门审批。

凡带有密级的国防科技成果未经国务院有关主管部门或者军队有关主管单位批准,不得擅自进行国内技术转让。确属国家经济建设或国防建设需要的带有密级的国防科技成果,其转让,秘密级和机密级的,报国务院有关主管部门或军队有关主管单位审批,并报国家主管部门备案;绝密级的报国家主管部门审批。国防科技成果秘密向外国出口时,需由承办单位报国家主管部门批准。

第三编　知识产权法律制度

第八专题　著作权法基本问题

一、著作权概述

（一）著作权的概念

著作权，是指文学、艺术和科学作品的创作者依照法律规定对其创作的作品所享有的各项专有权利的总称。这里的著作权与版权系同一含义，我国《中华人民共和国著作权法》①第 57 条规定："本法所称的著作权即版权。"许多国家的有关法律及保护著作权国际公约中使用的都是"版权"一词。版权最早是指出版权，即主要是指出版商的权利，经过历史的演变，版权从出版权中分离出来并具有了今天的含义，成为作者的权利。

著作权包括著作人身权和著作财产权两大类。著作人身权，又称著作精神权，是指与作者本身密不可分，以人格利益为主要内容的权利，它包括发表权、署名权、修改权和保护作品完整权。著作财产权，又称著作经济权，是指作者对于自己所创作的作品享有以各种方式进行使用或许可他人进行使用并获得相应报酬的权利。著作财产权的使用方式包括复制、表演、广播、出租、展览、发行、放映、摄制、信息网络传播或者改编、翻译、注释、编辑等。

著作权本质上要保障的是思想的表达形式，而不是保护思想本身。因为在保障著作财产权时，此类专属私人的财产权利益尚须兼顾人类文明累积与知识资讯的传播，从而算法、数学方法、技术或机器的设计等，均不属著作权所要保障的对象，此规定皆在平衡著作人与社会对作品进一步使用之间的利益。

（二）著作权的特征

著作权属于知识产权，其保护的对象是智力作品，它有着知识产权最基本的专有性、时间性、地域性等特征，但又有自己独特的特征。

1. 权利自动产生

著作权基于作品的创作而产生。著作权的获得不须经过任何部门审批，作品一经完成就自动产生权利，在这一点上著作权区别于知识产权中的商标权和专利权。商标权和专利权的取得，必须经过申请和审批以及主管部门授权后才能享有权利。

2. 突出对人身权的保护，具有不可剥夺性

著作权中的署名权、修改权、保护作品完整权没有保护期限，与作者紧密相连、不可分

---

① 如不特殊注明，专指 1990 年 9 月 7 日第 7 届全国人民代表大会常务委员会第十五次会议通过、2001 年 10 月 27 日第 9 届全国人民代表大会常务委员会第 24 次会议修正、2010 年 2 月 26 日第 11 届全国人民代表大会常务委员会第 13 次会议修正的《中华人民共和国著作权法》，以下简称《著作权法》。

离,作者永久享有。一般来说不得让与他人、不能随作品进入公共领域而丧失、不能被继承,其中署名权和保护作品完整权不能被转让。但是,著作权个别权能具有可继承性,如发表权。

3. 著作权具有可分性

著作权由著作人身权和著作财产权复合而成,两者可以实现有效分离。著作人身权可以独立于著作财产权而单独存在,同一权能能够进行多次处分。

4. 著作权是有期限的

著作权是有期限的权利,在一定期限经过后,著作财产权即归于失效而属于公共领域,任何人皆可自由利用。在著作权的保护期间内,即使未获作者同意,只要符合"合理使用"的规定,亦可利用。

(三)著作权法原则

1. 保护作者权益为核心

作者是创造性智力成果的创造者,是社会精神财富的创造者,他们的创造性劳动应当受到全社会的尊重和法律保护。由于作者是作品赖以产生的源泉,没有作者,无从谈起作品的利用和传播,更不可能有整个社会精神文明和文化科学的建设。著作权法调整作者和使用人乃至公众利益的关系,将维护作者的权益置于首要和核心地位。

2. 鼓励作品传播

广泛深入的传播作品,使之满足社会公众在物质上和精神上的需求,是文学艺术和科学作品创作的根本目的。作品的广泛传播离不开大众媒体和传播者的劳动。传播虽然不直接创作作品但也需要付出投资和一定的创造性劳动,才能使作品以一种恰当的形式表现出来为公众接受和使用,传播媒体和传播者的投入及产生的合法权益不应被忽视,他们的劳动受到应有的保护是著作权制度不可缺少的的内容。我国《著作权法》调整广义的著作权关系,第四章专门规定了作品传播者的权利,体现了我国著作权法鼓励作品传播的立法原则。

3. 作者利益和公众利益协调一致

文艺作品作为人类社会中文化财富的一部分,具有极强的承袭性,任何作品都离不开对前人优秀文化的继承和借鉴,人类文学艺术本身就是在继承、创新、发展的基础上积累起来的,《著作权法》不仅要鼓励优秀作品的创作与传播,而且要鼓励公众学习知识了解信息,以提高全民的科学文化水平。《著作权法》在保护作者和作品传播权的同时,还要对他们的权利进行一些必要的限制,以平衡作者与社会公众之间的利益关系。

(四)著作权的内容

著作权的内容是指著作权人基于作品所享有的各项人身权利和财产权利的总称。著作权的内容是一个随着科技进步和法治发展而不断调整的动态概念,是著作权中最为核心和活跃的因素。著作权的内容分为两类:一类是精神权利,即《著作权法》所称的人身权,与作者的身份密切相关,专属于作者本人,一般情况下不能转让;另一类是经济权利,即《著作权法》所称的财产权,是作者利用其作品获益的权利,可以授权许可他人使用,也可以转让给他人。人身权与财产权密切相关,然而又可以相互独立。财产权转让后,作者仍享有人身权。受转让的著作权人一般享有财产权而无人身权。我国《继承法》第3条规定公民的著作权中的财产权利属于继承的范围,表明著作财产权可以继承。《民法通则》第 94 条规定:"公民、法人享有著作权(版权),依法享有署名、发表、出版、获得报酬等权利。"其中"署名""发表"的权利就属于人身权。

1. 精神权利(人身权)

著作精神权,是指由著作权法规定和保护、与作者的人身不可分离、以精神利益为内容的权利。民法上讲的人身权,是指与人身密切相连但没有直接财产内容的权利,分为人格权和身份权两个方面。人格权是法律赋予权利主体本身所应具有的权利,如生命健康权、姓名权、名称权、肖像权、名誉权等;身份权是基于血缘关系或某种法律事实而产生的权利,如荣誉权、家庭关系中的亲权、监护权等。著作权属于知识产权,著作权中的人身权可以按照民法上的人身权理解,但并不完全等同于民法上的人身权。著作精神权具有专有性、不可转让性、永久性、非物质利益性的特征,按照《著作权法》第 10 条的规定主要包括以下种类:

1)发表权

发表权,指决定作品是否公之于众的权利,还包括决定以何种形式发表和在何时何地发表的权利。所谓"公之于众"是指向作者以外的公众公布,而不是作者把自己的作品提供给家属、亲友或向某些专家请教。是否公之于众并不取决于听众或者观众的数量,很多情况下取决于作者的主观意向与提供作品的方式。向公众发表演讲,听众可能很少也属于发表;将作品提供给亲属、亲友,可能观者很多,但不属于发表。发表权是决定是否发表的权利,作者只要做出发表或者不发表的决定即是在行使发表权,并不是说作者必须自力亲为去发表作品才叫行使发表权。发表权的重点在于是否公之于众,如果作者单独行使发表权而不行使具体的财产权,很难说此发表行为是行使财产权利,如在公众集会上发表演讲、留下遗言其作品在其死亡后可以公之于世等。著作权法在规定发表权时,在很多情况下做了不同于其他人身权的处理。如规定了其他三项人身权的保护期不受限制,却规定发表权与作者的财产权一样,其保护期为作者有生之年以及死亡后 50 年。这样规定是从有利于作品的传播出发的,而不是因为发表权是财产权。

2)署名权

署名权,指表明作者身份、在作品上署名的权利。作者有权署名,也有权不署名;有权署真名,也有权署假名(笔名);作者也有权禁止他人在自己的作品上署名。作者署名在一般情况下是为了表明作者身份,因此表明作者身份的权利是署名权的应有之义。有时作者不署名或署根本无法表露身份的假名,其目的在于不表明作者身份,因此不表明作者身份的权利也是署名权的应有之义。在发生侵权的情况下,比如他人将别人作品冒充自己的作品,作者有权表明自己的作者身份。即使在作者发表作品时不愿表明作者身份而没有署名,或者署了根本无法表明自己作者身份的假名,作者也有权通过其他的证据来证明自己的作者身份。因此我国著作权法规定的署名权,实际上也包括了有些国家规定的表明作者身份的权利。

3)修改权

修改权,指作者对其作品进行修改或者授权他人进行修改的权利。修改与否、怎么修改以及是否授权他人修改都应根据作者的意愿,不应强制。作者可以自己修改,也可以授权他人修改。授权他人修改,是作者行使修改权,并不是他人行使修改权。在某些情况下,法律赋予他人可以在一定范围内修改作品,如《著作权法》第 34 条规定:"图书出版者经作者许可，可以对作品进行修改、删节。报社、期刊社可以对作品作文字性修改、删节。对内容的修改，应当经作者许可。"这里实际上规定的是作者授权他人修改作品的情况。图书由于体现的思想内容比较复杂，作者以外的其他人难以吃透其意图，因此不能随便修改，以免歪曲作品。对于报纸、期刊所刊文章的文字性修改可以不征得原作者的同意，因为报纸、期刊受版面大小的限制，对一些作品作适当的修改和调整是允许的，但不能涉及内容的改动。从实质上讲，修改权仍然属于作者，因为他人只能在法定范围内作文字性修改、删节，不能改变作品的基本内容和形式。修改作品与改编作品不同。这里讲的修改，是对作品内容作局部的变更以及文字、用语的修正。改编是指在不改变作品基本内容的情况下，将作品由一种类型改变成另一种类型（如将小说改编成电影剧本），或者不改变原作品类型而改变其体裁（如将科学专著改写成科普读物）。

4）保护作品完整权

保护作品完整权，指作者保护其作品不受歪曲、篡改的权利。作者有权保护其作品不被他人丑化，不被他人作违背其思想的删除、增添或者其他损害性的变动。这项权利的意义在于保护作者的名誉、声望以及维护作品的完整性。保护作品完整权与修改权是互相联系的，侵犯修改权往往也侵犯了作者的保护作品完整权。但修改权与保护作品完整权两者的侧重点不同。修改权是为了更好地表达作者的意志，保护作品完整权主要是从维护作者的尊严和人格出发，防止他人对作品进行歪曲性处理以损害作者的声誉。因此，修改权维护作者的意志，保护作品完整权维护作者的声誉。

2. 财产权利

著作财产权，指著作权人享有使用作品或许可他人以一定方式使用作品而获取物质利益的权利。民法上的财产权，最主要的是所有权。所有权是指所有人依法对自己的财产享有占有、使用、收益和处分的权利。著作权中的财产权也可以使用、收益和转让，与所有权相仿，但并不等同于民法上的所有权。由于作品是无形的，是精神产品，决定了著作权与一般所有权有许多不同之处。著作财产权具有可让与性、期限性、物质利益性等特征，《著作权法》对著作财产权作了单项列举式的规定，第 10 条第（5）项至第（17）项规定了著作权人对其作品所享有的具体财产权，主要包括：

1）复制权

复制权，指以印刷、复印、拓印、录音、录像、翻录、翻拍等方式将作品制作一份或者多份的权利，又称重制权，是著作财产权中最重要、最基本和最普遍的权利。复制的特点是复制的作品与原作品相比在内容和形式上没有任何变化。这里所讲的形式没变化指的是作品的表现形式没变化，如同为小说或同为诗歌等，而不是指作品载体的形式没变化。比如同一部小说印成 32 开本是复制，印成 16 开本也是复制，在报刊上连载也属复制。对于复制手段可以是手工的，也可以是机器的。《著作权法》在第 3 条作品类别中增加了"建筑作品"，建筑物本身成了作品，未经许可使用他人享有著作权的建筑设计图进行施工建造侵犯著作权，因此规定按照设计图进行施工不属于复制显然是不合适的。印刷、复印、拓印、翻拍等制作方式是平面到平面，一般认为是复制，没有什么异议。录音、录像、翻录等方式虽然不是平面到平面，但是机械操作，一般也认为是复制。从著作权立法情况来看，对于复制有狭义与广义两种解释。狭义的复制是指印刷、复印、拓印、翻拍、录音、录像等，这是一般国家的著作权法都承认的。广义的复制还包括了按照设计图制作建筑、雕塑等立体作品,有些国家或者地区的著作权法中也规定了这种复制,如法国《著作权法》、日本《著作权法》、我国台湾地区"著作权法"中都规定依建筑设计图或建筑模型建造建筑物者属于"重制"。我国《著作权法》采用的是狭义的复制概念。

2）发行权

发行权,指以出售或者赠与方式向公众提供作品的原件或者复制件的权利。发行是传播作品和实现著作权人经济权利的重要渠道,只有通过发行才能使公众接受。复制和发行相结合就是出版。出版权由著作权人享有,可授权他人进行出版,因此发行权也自然成为著作权人的一项经济权利。发行权可以是有偿的,也可以是无偿的,但要体现发行的公众性,亦即不是向某一个或几个特定的人提供作品,而是向不特定多数人公众提供作品。著作权中的发行权不是指所有权人销售有体物,也不是指图书出版、销售单位经主管部门批准的出版、销售图书的权利,而是作者将其智力成果提供给社会、满足公众需要的权利,是作者的一项民事权利。出版社发行图书、制片人发行拷贝、邮票公司发行邮票,除了有经审批的制作发行的权利以及对制作物的所有权外,如果制作发行的是作者的作品,还必须有作者的授权。没有作者的授权,出版社不能出版发行作者的作品、制片人不能制作发行拷贝、邮票公司也不能发行印有作者作品的邮票。就图书而言,作者有权决定其作品以何种版本在某一地区发行,禁止在另一地区发行。作者对其作品有发行权,但作者自己一般不能印刷、发行。著作权受到其他法律的限制是另一回事,不能说明作者没有发行权。

3）出租权

出租权,指有偿许可他人临时使用电影作品和以类似摄制电影的方法创作的作品、计算机软件的权利,计算机软件不是出租的主要标的的除外。出租权的客体仅限于电影作品和以类似摄制电影的方法创作的作品、计算机软件。而且,当计算机软件随着其他设备一起出租,而软件不是出租的主要标的时,软件著作权人不能主张出租权。著作权人可以自己行使出租权,也可以授权他人行使出租权。不过更多时候,著作权人会授权著作权集体管理机构行使其出租权。出租权也可以称为租赁权,著作权法上的出租或租赁可比照与一般意义上的出租或租赁来理解,都是指将物在一定时间内提供给他人使用并收取租金。但著作权法上的出租是特定的,指的是出租载有作品的物,如载有电影作品或计算程序的光盘。正如作者的发行权与出版社的发行权的关系一样,著作权人的出租权所指向的对象是作品,是无形的智力成果,著作权人一般并不拥有载有电影作品或计算机程序的光盘的所有权,但有出租权。租赁经营者除了有经审批获得的租赁经营权、租赁物的所有权外,还要经过著作权人的授权,才可以出租载有电影作品或者计算机程序的光盘。享有出租权的是电影作品和以类似摄制电影的方法创作的作品和计算机软件,对别的作品如图书等并没有赋予著作权人出租权。出租权是我国《著作权法》按照世界贸易组织通过的《与贸易有关的知识产权协议》的内容[①]要求做出的规定。

---

① 该协议第11条规定:"至少对于计算机程序及电影作品,成员应授权其作者或作者之合法继承人许可或禁止将其享有版权的作品原件或复制件向公众进行商业性出租。对于电影作品,成员可不承担授予出租权之义务,除非有关的出租已导致对作品的广泛复制,其复制程度又严重损害了成员授予作者或作者之合法继承人的复制专有权。对于计算机程序,如果有关程序本身并非出租的主要标的,则不适用本条义务。"

本项规定的计算机程序不是"出租的主要标的"的情况例外,是指如果出租的是一台装有计算机程序的计算机,计算机是出租的主要标的,其中装载的计算机程序不是出租的主要标的。在这种情况下,其计算机程序就没有出租权,也就是说著作权人就不能收取租金。反之,如果计算机程序是单独出租的,如单独出租计算机程序光盘,则出租人应当向著作权人支付租金。一些国家的著作权法规定了出租权,如德国、日本、西班牙以及我国台湾,他们规定的享有出租权的作品不限于电影类作品和计算机软件。

4)展览权

展览权,指公开陈列美术作品、摄影作品的原件或者复制件的权利。能够展览的作品一般限于美术作品和摄影作品,因为这两类作品都是一种视觉作品,除此以外的传播方式其作品内容不易被人们所了解,展览则是一条最佳的渠道。关于展出地点,可以在展览馆,也可在其他公共场所,如大街、商店的橱窗。展览应该体现公共性特点。展览可以是营利性的,也可以是非营利性的。对于人物摄影的问题,摄影师(即作者)对所摄的人物肖像有无展览权呢? 这个问题法律未作明文规定,根据法律精神理解肖像权是民法中规定的人身权,也是人身的基本权利,因此不允许以任何方式侵犯肖像权。因此应当遵从人身权的法律保护,所以展览权应归被摄人物所有。按照《著作权法》第18条规定:"美术等作品原件所有权的转移,不视为作品著作权的转移,但美术作品原件的展览权由原件所有人享有。"对于美术作品原件转移后的展览权,作者对其作品原件具有展览权,但是作品原件一般已为他人所有,行使展览权受到所有权人的制约。要解决这个矛盾就表现在对展览权的规定上,未发表或者未发行的作品才有展览权。未发表或者未发行的作品原件在作者手中,如果发表或者发行了,原件已为他人所有,规定作者不再拥有展览权,也就不会再与作品原件的所有人发生矛盾了。

5)表演权

表演权,指公开表演作品以及用各种手段公开播送作品的表演的权利。这个定义说明著作权中的表演权包括两个重要方面:现场表演"和"机械表演。"公开表演作品"说的是"活表演",或者称为"现场表演",指的是演员直接或者借助技术设备以动作、声音、表情公开再现作品或者演奏作品。将剧本搬上舞台演出、将音乐作品公开表演、朗诵文学作品或者以其他形式表演作品,都是现场表演。作者可以自己表演,也可以授权他人表演其作品。"用各种手段公开播送作品的表演"指的是"机械表演",机械表演指借助录音机、录像机等技术设备将前述表演公开传播,即以机械的方式传播作品的表演。机械表演包括的范围比较广,使用录放设备公开播送录有表演的唱片、录音带、录像带等就属于机械表演,如宾馆、饭店、商店、歌舞厅为顾客播放音乐、歌舞表演等。表演权的内容包括著作权人自己公开表演自己的作品、授权他人公开表演其作品、禁止他人未经同意公开表演其作品以及控制公开播送其作品的表演的权利。对于表演权,由于演出次数的不确定性,若每次须征得作者同意,势必造成麻烦。我国《著作权法》对其进行了限制,规定若使用他人未发表的作品,需要征得著作权人的同意,这是由著作权的发表权决定的;如果使用他人已经发表的作品,就无须征得著作权人的同意,但著作权人声明不准使用的除外。而且上述两种使用方式中,使用人使用作品必须是善意的,不能歪曲作品,不能用于某些不良目的,并得向著作权人支付报酬。"用各种手段公开播送作品的表演的权利"即机械表演权的适用范围也是相当宽泛的。但是不包括广播电台、电视台的无线播放,也不包括电影作品等的放映,前者是作品的广播权,后者是作品的放映权。

6）放映权

放映权,指通过放映机、幻灯机等技术设备公开再现美术、摄影、电影和以类似摄制电影的方法创作的作品等的权利。对电影作品而言,放映权是其主要的著作权。曾经一度将放映权置于表演权之中,但考虑到表演权的定义是"表演作品"或者"播送作品的表演",而放映电影作品等不是表演作品,也不是播送作品的表演,因为电影作品等本身就是作品,放在表演权中不太合理,因此单列一项予以明确。此定义末句的"等"字表明,放映权所适用的范围不仅是明确规定的电影、美术、摄影作品,也包括能够放映的其他作品。在放映权的适用范围上,我们的规定与德国《著作权法》①的规定一致。但许多国家的著作权法规定的放映权在字面上仅适用于电影类作品,如日本《著作权法》②、英国《版权法》③、我国台湾地区"著作权法"④,所谓"视听著作"一般指电影类作品。对于放映权,一些国家是单独作为一项权利规定的,如德国、日本以及我国台湾地区;也有一些国家将其纳入表演权之中,如美国⑤、英国、法国、意大利⑥等国;西班牙⑦将公开放映规定在公开传播的行为中。

7）广播权

广播权,指以无线方式公开广播或者传播作品、以有线传播或者转播的方式向公众传播广播的作品,以及通过扩音器或者其他传送符号、声音、图像的类似工具向公众传播广播的作品的权利。广播权的行使在技术上得通过电台、电视台进行,而且广播行为受到国家行政法规和部门规章的规范,因此常常存在授权广播的事实。"广播权"一般是指作品通过电台、电视台广播,但不限于电台、电视台的广播,还包括其他形式的播放。"公开广播"一般是指通过无线电台、电视台播放。通过电台、电视台广播和其他无线方式传播,这是广播权的第一层意思;将电台、电视台广播的作品以有线传播或者转播,这是广播权的第二层意思;除有线传播或者转播以外,通过扩音器等工具传播电台、电视台广播的作品,这是广播权的第三层意思。从这几层意思可以看出,广播权指以无线的方式广播或者传播作品,以及通过其他有线方式传播广播的作品,作者直接以有线的方式传播作品,并不包括在广播权之中。《伯尔尼公约》第11条规定:"文学艺术作品的作者享有下列专有权利:①授权广播其作品或以任何其他无线传送符号、声音或图像的方法向公众传播其作品;②授权由原广播组织以外的另一机构通过有线传播或转播的方式向公众传播广播的作品;③授权通过扩音器或其他任何传送符号、声音或图像的类似工具向公众传播广播的作品。"《著作权法》对于广播权的这个规定是为了执行《伯尔尼公约》的规定。

---

① 德国《著作权法》第19条规定:"放映权指通过技术设备使公众感知到美术著作、摄影著作、电影著作或科学技术种类的各种表现形式的权利。放映权不包括使公众感知到电台播放的这类著作的权利。"

② 日本《著作权法》第26条规定:"著作人享有公开上映其电影著作物或颁布其复制品的专有权。"

③ 英国《版权法》第19条规定:"公开播放或放映作品是录音、影片、广播或电缆节目之版权所禁止的行为。"

④ 我国台湾地区"著作权法"第25条规定:"著作人专有公开上映其视听著作之权利。"

⑤ 美国《版权法》第106规定,有版权作品的专有权利包括"公开演出有版权的文字作品、音乐作品、戏剧作品和舞蹈作品、哑剧、电影和其他音像作品"。

⑥ 意大利《著作权法》第15条规定:"专有公开表演朗诵权涉及的行为是以任何方式表演音乐、戏剧作品,放映电影作品,展示其他适宜公开展示的作品,或朗诵口头作品,不论是否向表演者付酬。"

⑦ 西班牙《著作权法》第20条规定八种公开传播的行为,"电影作品和其他视听作品的公开放映"是其中一项。

8）信息网络传播权

信息网络传播权，指以有线或者无线方式向公众提供作品，使公众可以在其个人选定的时间和地点获得作品的权利。信息网络传播权与一般作品的播放不同的是，公众可以在个人选定的时间与地点获得作品，如公众在互联网中阅读作品、观看影片、电视片，或者通过电话通讯系统收听歌曲、故事等。世界知识产权组织1996年12月20日通过了《世界知识产权组织版权公约》（简称WCT），该公约第8条明确规定了作者的信息网络传播权。我国《著作权法》规定的信息网络传播权的定义，直接来自于《世界知识产权组织版权公约》第8条的表述。规定信息网络传播权是时代发展的要求，每个上网的用户都是网上信息接收者，也可能是网上信息的提供者和传播者。不经许可将他人作品上网传播、任人利用，损害了作者以及出版者等其他权利人的利益。世界许多国家都在认真研究网络环境下著作权保护的问题，并制定了相关立法。为了正确审理涉及计算机网络的著作权纠纷案件，2000年12月我国最高人民法院根据《民法通则》《著作权法》和《民事诉讼法》等法律的规定，制定并发布实施了《最高人民法院关于审理涉及计算机网络著作权纠纷案件适用法律若干问题的解释》。该司法解释第2条规定："受著作权法保护的作品，包括著作权法第3条规定的各类作品的数字化形式。在网络环境下无法归于著作权法第3条列举的作品范围，但在文学、艺术和科学领域内具有独创性并能以某种有形形式复制的其他智力创作成果，人民法院应当予以保护。著作权法第10条对著作权各项权利的规定均适用于数字化作品的著作权。将作品通过网络向公众传播，属于著作权法规定的使用作品的方式，著作权人享有以该种方式使用或者许可他人使用作品，并由此获得报酬的权利。"此外，解释还对网络侵权行为、网络侵权案件的管辖、法律适用、法律责任和诉讼程序等问题作了规定。但是网络环境下著作权的保护问题十分复杂，如作者将作品上载属于什么权利，在网上传播作品应受到什么限制，如何确定公众对网络传输作品的合理使用等，都是需要解决的问题。这些问题都需要认真调查研究，才能做出具体规定。所以，《著作权法》专门在第59条规定："计算机软件、信息网络传播权的保护办法由国务院另行规定。"原则上规定了作者以及表演者、音像制作者的信息网络传播权。如《光荣使命》是由南京军区组织开发的具有自主知识产权的军事游戏，被列为训练科目，受到基层官兵普遍欢迎。2013年6月，军地携手再创新作，成功研发《光荣使命》网络版。相较单机版，《光荣使命OL》具有更强的实用性和可玩性，不但可以满足广大官兵对游戏联网对战的要求，同时也首度向全中国的青少年玩家开放，积极发挥军事游戏在青少年群体中国防、民防教育宣传作用。这款网游的网络传播权就应当受到《著作权法》的保护。

9）摄制权

摄制权，指以摄制电影或者以类似摄制电影的方法将作品固定在载体上的权利，也可以称为"制片权"。摄制权可以自己行使，也可以授权他人行使，不过授权他人行使摄制权的情况为多。因为著作权人欲将其作品摄制成电影或者类似作品时，迫于电影或者类似作品为一种典型的复合作品因而无法单独完成的事实，往往必须求助于制片人。正因为这样，摄制权又被称为"制片权"。摄制权包括将作品拍成电影故事片、电视剧等作品，也包括将作品制作成为讲课录像等录像制品。制作成为电影片、电视剧等作品的，整体著作权由制片者享有，电影片、电视剧的作者享有署名权与获得报酬的权利，其中剧本、作词、作曲可以单独使用的部分著作权仍归作者享有。制作成录像制品的，按照《著作权法》第4章第3节有关表演、录音录像的规定,其复制、发行、通过信息网络传播的权利由作者与表演者、录像制作者享有,其他权利仍归作者享有。

10)改编权

改编权,指改变作品、创作出具有独创性的新作品的权利。作品由一种形式转变为另一种形式比较好理解,对于形式变化不大的,如长篇小说变为短篇小说的改编就易分清。改编必须包含改编者的创造性劳动,这种创造性劳动在于在表现形式上应有所创新或改动,而不是重复原作品内容。改编后形成的作品构成"演绎作品"。改编权可以自己行使,也可以允许他人行使。作品之所以要改编就是为了适应不同传播手段的要求。所谓改变作品,一般是指在不改变作品内容的前提下,将作品由一种类型改变成另一种类型,如将小说改编成适于演出的剧本、改编成连环画等。改编权也包括将作品扩写、缩写或者改写,虽未改变作品类型,只要创作出具有独创性的作品,也可以认为是改编。音乐作品的改编是一个较为复杂的问题,比如将古典音乐改写成流行音乐、将京剧的曲调改编成交响乐,或者将音乐作品改编成适合某些乐器演奏的形式,有时很难分清改编与复制、改编与重新创作的界线。一般来说,改编使用了原作品的基本内容,如果基本内容不一致,就是重新创作了;改编还必须是对原作的内容作了修改,否则就是复制了。纯技术性的改写虽然不是照搬原作品,形式上看改动大,但也不认为是创作。

11)翻译权

翻译权,是将作品由一种语言文字转换成另一种语言文字的权利。如将中文译成外文或者少数民族文字。除作者自己翻译外,他人也可翻译,但须征得原作者同意。关于翻译,《著作权法》规定了两种无须征得原作者同意的例外情况:①对外国人的作品,当由政府颁布强制许可,便可不经外国作者的同意;②将中国公民、法人或者其他组织已经发表的以汉语言文字创作的作品翻译成少数民族语言文字作品在国内出版发行视为合理使用。这是为了向少数民族传播汉族文化,提高少数民族文化素质,因此无须征得原作者的同意,也不需向其支付报酬。翻译权是著作权中的重要的一项财产权,《伯尔尼公约》第8条规定:"受本公约保护的文学艺术作品的作者,在对原作品享有权利的整个保护期内,享有翻译和授权翻译其作品的权利。"翻译权适用于文字作品、口述作品、电影类作品以及一切以文字为其表现形式的作品。在英国、新加坡等少数国家,还适用于计算机软件,将计算机程序的源代码改变为目标代码、将一种计算机语言写成的程序改变为另一种计算机语言写成的程序等也看作是翻译。翻译与改编不同,翻译改变作品的文字,但不改变内容,而改编不改变作品的文字,而改变作品的内容及结构。我们常常见到"编译",不是纯粹的翻译,也不是纯粹的改编,既是翻译、又是改编,可以说原作者行使了改编与翻译两个权利。

12)汇编权

汇编权,指将作品或者作品的片段通过选择或者编排,汇集成新作品的权利。汇编权的行使,如果在材料的选择和编排上具有独创性,则形成汇编作品。汇编并不改变作品本身,只是为一定目的将作品汇集。汇集成"新作品"的含义是在选择或编排上体现独创性,在整体上成为新作品,而不是指所编的原作品是新作品。所编原作可能是在汇编作品中才第一次发表的,也可能在汇编作品之前已经发表过。作品集、报纸、期刊等都属于汇编而成的作品。行使汇编权编成汇编作品,但不是所有汇编作品都是行使汇编权的结果。

因为有些汇编作品是由一些不享有版权的作品或材料组成的，如法律汇编、列车时刻表等。无论是否明文规定"汇编权"，各国《著作权法》都承认作者将其作品汇编是其法定权利，如德国《著作权法》第4节"著作权的内容"并没有明确规定汇编权，但第4条明确规定了"汇编著作"："数篇著作或稿件的汇编物（汇编著作）通过选择和编排能构成个人智力创作的，在不损害被汇编物的著作权的情况下，当作独立著作予以保护。"日本采取与德国相似的立法，在权利内容的条文中没有规定汇编权，但在规定作品的条文中规定了"编辑著作物"。我国台湾地区"著作权法"第28条明文规定了作者将其著作"编辑成著作之权利"。《伯尔尼公约》没有一般性地规定汇编，但规定作者对于公开演讲、诉讼程序中发表的言论等可以由各国规定是否限制、甚至是否保护的作品，享有汇编的专有权利。

汇编权是演绎权的一种，汇编作品之所以成为受保护的作品在于其选择与编排上的创造性劳动。但是简单的汇编与复制无异，因此未经许可将他人作品进行简单地汇集是侵犯复制权还是侵犯汇编权？一般来说在《著作权法》规定了汇编权的国家，认定侵犯汇编权是理所当然的事情；在没有明确规定汇编权的国家，就会认定侵犯了复制权。未经许可将他人作品进行汇编，如果付出了明显的创造性劳动是侵犯复制权还是侵犯汇编权呢？一般来说是侵犯汇编权，但有的国家仍然会认为是侵犯复制权。然而，如果付出了明显的创造性劳动，与简单地将作品汇编可能有不同的法律后果。付出创造性劳动的汇编作品会被认为是新作品，未经许可当然构成侵权。但是，如果他人对汇编作品侵权，就有可能不仅侵犯原作品的著作权，也侵犯了汇编者的著作权。因此未经许可汇编他人作品属于侵权，但认定侵犯复制权或者汇编权的法律后果是不一样的。

13）应当由著作权人享有的其他权利

除了上述列举的12种权利外，为避免立法的滞后，《著作权法》还规定了一个兜底条款，即"应当由著作权人享有的其他权利"，作者的权利不止明文规定的这12项。理论上讲，作品有多少种使用方式，作者就有多少种权利。著作权立法有一个一般原则，凡是没有进行明文限制，其权利归作者。但是并不是在一切情况下都可以做出这样的解释，如法国、德国、意大利等十几个国家规定了美术作品作者的延续权，"延续权"是指艺术作品作者享有的分享其作品原件转售收入的权利。又如德国《著作权法》还规定了"接触权"，它指的是作者为复制或改编其作品时，有必要并且在不妨碍拥有者的合法权益的条件下，可以向作品的拥有者要求接触作品的权利。如对他人手中保存的手稿、美术作品，原作者有接触权。我国著作权的内容中不包括追续权和接触权。本项规定"应当由著作权人享有的其他权利"至少包括如下各项：

（1）注释权。本条虽未明文规定注释权，但以后若干条款都涉及作者的注释权。注释权即作者注释其作品的权利，可以自己注释，也可以授权他人注释。相对于作者的其他权利，此权利用途较少，需要注释才可理解其义的受著作权保护的现代作品并不是很多。

（2）整理权。整理权即作者整理其作品的权利。作者可以自己整理，也可以授权他人整理。《著作权法》对此没有列举，但不少条款都规定了整理权的问题。整理权属于演绎权，作者行使整理权产生的整理作品属于演绎作品。而古籍的校点、补遗并不产生演绎作品，只会产生制版权，即《著作权法》第35条规定的："出版改编、翻译、注释、整理、汇编已有作品而产生的作品，应当取得改编、翻译、注释、整理、汇编作品的著作权人和原作品的著作权人许可,并支付报酬。"整理作品一般指"对内容零散、层次不清的"有著作权的作品"进行条理化、系统化的加工",如恩格斯整理马克思《资本论》第2卷和第3卷的手稿,称修改或者改编均不合适。修改或者改编一般是在一个已经成形的作品的基础上进行的,修改使其完善,改编一般是改变作品的类型。而整理所指的是一种特定的情形:原作虽然有基本思想,也有表现形式,但较为粗糙,还没有形成一个条理化、系统化、符合格式要求的完整作品。整理应符合原作的思想,文字表述体现原作的风格。对一些文字要进行修改,对缺失的表述要补写,必要时还要按照原作的思想与逻辑进行发挥创作。整理权和整理作品的关系正与汇编和汇编作品的关系一样,有些整理作品所整理的内容是不享有著作权的材料或者著作权已过保护期的作品。但整理作品决不仅仅指此种情况,整理作品还包括整理有著作权的作品的情况。

（3）以有线方式直接公开广播或者传播作品的权利。"广播权"的定义中,已经包括了部分以有线方式间接传播作品的权利,这里讲的是作者直接以有线方式传送其作品的权利。"广播权"的定义严格遵守了《伯尔尼公约》第11条之二第一款的规定,直接广播作品只有无线的方式,有线的方式的传播作品虽然公约也有规定,但限于传播"广播的作品",直接以有线的方式传播作品该款并不包括。设置有线传送广播最初只是为了更好地传送广播节目,由于电磁波的覆盖面、地形等原因,有些地区接收不到或者不能很好地接收电磁波信号,需要有线传送解决这一问题。有线传送的就是无线电台、电视台广播的节目。《伯尔尼公约》第11条之二对广播权的规定虽然不包括著作权人直接以无线的方式广播作品,但并不是说有线电视台可以不经许可任意使用作品。虽然适用此款有困难,《伯尔尼公约》还有许多条文规定了通过有线方式直接传送作品的问题,如《伯尔尼公约》第11条对作品的表演的有线传送的规定,第11条之三对作品朗诵的有线传送的规定,第14条对电影的有线传送的规定等。因此,以有线方式直接传播作品(而不是传播广播的作品)也是作者的权利之一。所以,有线传播作品的权利是普遍得到承认的,依照《伯尔尼公约》规定的广播权的定义虽然没有包括直接以有线方式传播作品,但在本款第(17)项是可以包括的。虽然广播权的定义中没有规定,《著作权法》第4章第4节规定的广播电台、电视台既包括无线台,也包括有线台。"播放的广播、电视",既包括无线广播、电视,也包括有线广播、电视。不能理解为,由于广播权中没有规定以有线方式直接传播作品,有线电台、电视台就可以不经许可任意播放作品。有线播放正如无线播放一样,不能仅仅认为是电台、电视台的播放,还包括宾馆、饭店的闭路电视播放以及住宅区内各单元用电缆系统传送节目等。

（4）制作录音制品的权利。制作录音制品的权利,是指作者将其作品制作成录音制品的权利,一般只适用音乐作品作者。这里主要指制作唱片,如歌曲磁带、CD等。虽然各国规定的方式可能不同,均认为这是音乐作品作者的一项权利。《伯尔尼公约》虽然没有单独明确规定制作录音制品的权利,但第9条第1款、第3款规定:"受本公约保护的文学艺术作品的作者,享有授权以任何方式和采取任何形式复制这些作品的专有权利。""所有录音或录像均应视为本公约所指的复制。"制作录音制品包括在其"复制"之中。德国、英国、意大利、西班牙、日本等许多国家以及我国台湾也都采取与公约基本一致的表述,制作录音制品的权利一般都包括在复制权之中。我国《著作权法》规定了"复制"的定义,其中有"录音"一项。但是,我国复制的概念与公约及许多国家复制的概念不同。我国《著作权法》的复制中的录音是狭义的机械复制,如将作者的演讲等口述作品录音等。将音乐作品制作成唱片包括录音磁带、CD 等,首先要对作品进行适合表演或者演奏的改写、配器等,还要请演员表演或者演奏,再进行制作,复制、发行唱片,是个复杂的过程,与摄制电影、录像等相仿。但《著作权法》中规定的"摄制权"只涉及拍电影类作品以及制作录像制品的权利,不包括制作录音制品。我国《著作权法》规定了作者的表演权,表演权包括"用各种手段公开播送作品的表演的权利",但表演权中讲的是"播送",也不包括制作录音制品。《著作权法》没有明文列举这一权利,不是说作者没有这项权利,第 4 章第 3 节规定了录音制品,又规定制作录音制品要经著作权人许可,作者享有制作录音制品的权利是不言而喻的。但由于这一权利基本只适用于特定的作品,因此没有明文列出,而是将其包括在本条第 1 款第(17)项之中。

(5) 按照设计图建造作品的权利。这里所说的"作品"指受《著作权法》保护的建筑物以及雕塑等,"设计图"指建筑、雕塑的设计图等。对建筑、雕塑设计图的保护不仅仅指未经许可禁止印刷、出版,还包括根据设计图建造《著作权法》保护的建筑物、雕塑等作品。《伯尔尼公约》明文规定保护建筑物及建筑设计图,按照公约"复制"的概念,按照建筑设计图进行施工属于复制,如未经许可属于侵犯著作权的行为。可见,按照建筑图纸施工是建筑设计图著作权人的一项权利。我国《著作权法》中复制的概念是狭义的,不包括按照建筑图施工。因此,按照设计图进行施工建造建筑、雕塑等作品的权利放在第(17)项这一兜底条款中。

在上述各项权利中,与国防著作权关系密切的权利主要有发表权、署名权、修改权、保护作品完整权、复制权、发行权、展览权、表演权、信息网络传播权、改版权、翻译权、汇编权、整理权等。

二、著作权的取得和期限

(一) 著作权的取得

著作权的取得,又称为著作权的产生,是指因为某种法定事由的出现,民事主体对某一特定作品依法取得相应的民事权利。

1. 注册取得

注册取得制度。注册取得也叫登记取得,是指以登记注册作为取得著作权的条件,作品只有登记注册后方能产生著作权,著作权注册取得的原则,又称为"有手续主义"。采用登记手续会使著作权的保护更加明确。因为著作权发生纠纷的取证是一件很困难的事情,如果实行了登记手续,在诉讼证据的认定上,若无相反证明,则可将登记内容作为证据。

2. 自动取得

自动取得制度。著作权自动取得,是指当作品创作完成时,作者因进行了创作而自动取得作品的著作权,不再需要履行其他任何手续。这种获得著作权的方法被称为"无手续主义""自动保护主义"。我国《著作权法》第 2 条规定:"中国公民、法人或者其他组织的作品,不论是否发表,依照本法享有著作权。"即"著作权自作品完成创作之日起产生,并受著作权法的保护。"对于外国人的作品,如果首先在中国境内发表,依照《著作权法》享有著作权。外国人在中国境外发表的作品,根据其所属国同中国签订的协议或者共同参加的国际条约享有著作权,受我国《著作权法》的保护。在这里,如何确定作品创作完毕,是判断是否享受著作权的关键。就文学作品来说,一部小说,可以一集出版,也可以分集出版。如分集出版各集便具有相对独立性,每一集可视为已完成作品,完全受《著作权法》保护。对于小说连载形式也是如此。而对于艺术作品创作完毕的确定,就比较复杂。如一件美术作品,作品的构思和框架已绘制完毕,且已朦胧可见作品的形状,只需着色工序,这时的作品能否予以保护。对此要具体问题具体分析,总的原则是只要达到了能表现作品所要表达的思想,创造性劳动已基本完成,复制可以有价值了,就可以而且也需要予以保护。为明确著作权的归属,在发生著作权纠纷时也可作为初步证据,同时对作品的使用也提供便利。国家版权局曾于 1994 年 12 月 31 日发布了《作品自愿登记试行办法》,在我国实行作品自愿登记制度。实行作品自愿登记制度并不改变《著作权法》规定的著作权自动取得制度。

3. 加注标记取得

在作品上印有某一标记,以示版权专有,并由此获得版权法保护。这一原则实质上也是自动保护原则的一种,不需要履行任何登记手续,只要在作品载体上印有规定的标记,便可享有版权。为了调解自动产生版权的国家与登记产生版权的国家之间的矛盾,《世界版权公约》对《伯尔尼公约》的规定作了变通,要求在作品上标有一定的标记,就相当于履行了登记手续。这一标记有三项内容:标有符号"C",C 的意思是英文版权 COPY-RIGHT 的第一个字母;表明版权享有者的姓名;作品首次出版的时间。这三项内容对于确定著作权人和保护期限具有重大意义。实行版权标记也存有不足之处:版权标记是以出版为条件的,作品只有出版才能印有标记。这对于实行自动产生版权的国家而言,作品一旦创作即享有版权,不需等待作品出版,如果出版时未加注标记,反而要丧失版权。上述这一标记只能在可出版的作品上使用,对于美术作品或建筑艺术作品无法使用。随着世界版权保护水平的提高,许多原来采用登记或者标记制度的国家为与《伯尔尼公约》保持一致,纷纷修改其《著作权法》,采取自动保护原则,美国也在 1989 年取消了作品必须加注版权标记的制度。

(二)著作权的保护期限

著作权保护期是指著作权受法律保护的时间限制,或者说是著作权保护的有效期限。在著作权保护期内,作品的著作权受法律的相应保护,除法律另有规定之外,使用作品均需要征得著作权人的同意,并向其支付报酬。著作权期限届满,著作权自动丧失,作品便进入公共领域,不再受法律保护,任何人都可以在无需征得原著作权人同意、无需向原著作权人支付报酬的情况下使用作品。著作权期限的确立对于既保障著作权人对作品的专有权利,又确保著作权成为发展本国文化和科学事业的工具起了重要作用。

1. 精神权利的保护期限

著作人身权中的署名权、修改权和保护作品完整权的保护期不受限制,可以获得永久性保护。我国《著作权法》第 20 条规定:"作者的署名权、修改权和保护作品完整权的保护期不受限制。"可见,即便是作为作者的公民死亡、法人或其他组织变更、终止后,其署名权、修改权和保护作品完整权仍受著作权法的保护。作为人格权之一的发表权,在理论上也应当不存在保护期间有限的问题。但是,由于发表权通常与著作财产权一同行使,因而《著作权法》对它给予了特别的规定,将其与著作财产权并列,均给予保护期的限制。

2. 财产权利的保护期限

（1）著作权保护的一般期间。一般期间是指著作财产权的保护期为作者有生之年加其死后50年。著作权保护期的起算是自作品完成创作之日起，至作者死后第50年的12月31日止。一般期间通常适用于自然人的作品的发表权和著作财产权，即这些权利的保护期是作者终生及其死亡后50年，截止于作者死亡后第50年的12月31日。例如，甲在1980年3月4日创作了一件作品，但没有发表，甲在2000年的10月1日死亡，那么其发表权和著作财产权的保护期限将从1980年3月4日开始计算，并截止于2050年的12月31日。

（2）著作权保护的特殊期间。特殊期间是针对法律有特别规定的情形而言。根据法律的基本规则，如果法律对某种情形有特别规定的，应当首先适用该特别规定。著作权保护期间亦同样适用该基本规则，即当《著作权法》对保护期有特别规定的，优先适用特别规定。根据《著作权法》的规定，著作权保护的特殊期间具体包括：

① 自然人的合作作品的发表权和著作财产权的保护期。合作作品的发表权、著作财产权的保护期限为作者终生加死亡后50年，截止于最后死亡的作者死亡后第50年的12月31日。例如，甲与乙于1980年3月4日创作了一作品，如果甲在1990年的8月1日死亡，乙在2000年的10月1日死亡，那么该作品的发表权和著作财产权的保护期限将从1980年3月4日开始计算，并截止于2050年的12月31日。

② 作者生前未发表的作品。如果作者未明确表示不发表，在作者死亡后，其作品发表权可由继承人或者受遗赠人行使；没有继承人又无人受遗赠的，由作品原件的所有人行使。该发表权的保护期为作者死亡后的50年，截止于作者死亡后的第50年的12月31日。

③ 作者身份不明的作品。著作财产权的保护期是50年，截止于作品首次发表后第50年的12月31日。但是，作者的身份一旦确定，则适用《著作权法》第21条的规定，即保护期为作者终生及其死亡后50年，截止于作者死亡后第50年的12月31日。

④ 法人等组织的作品。著作权（除署名权外）由法人等组织享有的职务作品，其发表权和著作财产权的保护期是50年，截止于作品首次发表后的第50年的12月31日，但是作品自创作完成后50年内没有发表的，著作权法便不再给予保护。

⑤ 电影作品和以类似摄制电影的方法创作的作品、摄影作品的发表权。著作财产权的保护期是50年，截止于作品首次发表后的第50年的12月31日，但是作品自创作完成后50年内没有发表的，著作权法不再给予保护。

⑥ 计算机软件著作权的保护期限。我国《计算机软件保护条例》第14条规定："软件著作权自软件开发完成之日起产生。自然人的软件著作权，保护期为自然人终生及其死亡后50年，截止于自然人死亡后第50年的12月31日；软件是合作开发的，截止于最后死亡的自然人死亡后第50年的12月31日。法人或其他组织的软件著作权，保护期为50年，截止于软件首次发表后第50年的12月31日，但软件自开发完成之日起50年未发表的，本条例不再保护。"

⑦ 外国人的著作权保护期限。我国《著作权法》第2条第2、3款规定："外国人、无国籍人的作品根据其作者所属国或经常居住地国同中国签订的协议或者共同参加的国际条约享有的著作权，受本法保护。外国人、无国籍人的作品首先在中国境内出版的，依照本

法享有著作权。"

三、著作权的行使及限制

（一）著作权的行使

著作权行使是指作者和作者以外的著作权人依法对作品的各种利用。根据《著作权法》的规定，著作权可由作者自己使用，也可由作者以外的人使用。除了通过继承、赠与方式取得著作权使用作品之外，作者以外的人对作品的使用包括四种情形：他人通过许可合同，被许可使用作品；他人通过著作权转让合同，取得著作权而使用作品；他人根据法律规定，依法定许可使用他人作品；他人通过合理使用的方式，使用他人作品。影视制作者在制作影视作品过程中，经常需要使用他人作品。影视作品完成后，也需要他人使用才能获得预期的社会效益和经济效益。著作权的行使方式包括许可使用、转让和继承。

1. 著作权的许可使用

著作权的许可使用是指著作权人通过合同的形式将其作品许可他人在一定的时间、范围以及采用一定的方式使用，而使用者须向著作权人支付使用费的行为。许可使用是著作权人实现其作品市场利益的最常见、最有效的途径。著作权许可使用具有以下特点：

（1）著作权人只能将著作权中的财产权许可他人使用。著作权中的人身权因与特定的人身不可分离，不能转让、许可他人使用。

（2）著作权人的许可使用不改变著作权的归属。被许可人取得的仅仅是作品的使用权，而不是所有权，所以即使著作权人许可他人使用作品，也不丧失自己继续使用的权利。

（3）以作品的使用方式为标准，可以将著作财产权分为若干种类。著作权人可以许可他人行使著作权里财产权中的一项或数项，比如许可他人出版、发行其作品，或者许可他人翻译或改编其作品。

（4）著作权人可以就同一权能许可一个或多个人使用，使用的期限、范围、方式可以相同，也可以不相同。

（5）著作权人许可他人使用作品，通过签订许可使用合同的形式实现，有关作品的使用期、范围、使用的方式、使用费的计算和支付等都可以在合同中加以约定。

（6）在著作权的许可使用中，被许可方只能按照合同约定的期限、范围和方式使用作品，不得擅自将所获得的使用权再行许可第三人。比如要拍摄电视剧，首先就要使用剧本，这就要通过剧本作者的许可来获取剧本的摄制权。如果这个剧本是根据某一部小说改编的，这又是对小说的使用，就要征得小说原作者的许可，获得小说改编成电视剧剧本的改编权。而剧本摄制为电视剧的摄制权，也同样要征得小说作者的许可。在影视作品制作过程中，还需要使用音乐，无论是对于表现主题的专门创作的音乐，还是使用已有的音乐作品，都需要经作曲者或其授权主体（如音乐家著作权协会）的许可，获得表演权，即在该影视作品中对被许可的音乐作品的使用权。在美术作品方面，使用了他人已有的美术作品、书法作品，构成对他人美术作品、书法作品的展览权的使用。如果上述作品都属于首次公开的话，又是对作品的发表权的使用。影视作品完成以后，将作品进行拷贝、制成录像带或其他形式的音像制品再行复制，构成了对作品的复制权的使用。将作品通过影视作品交易,以拷贝、录像带或各种音像制品的方式提供给公众,构成对作品的发行权的使用。作品被电视台播放,构成对作品广播权的使用。被电影院放映,构成对放映权的使用。通过因特网、数字点播等途径传播作品,使观众自己可以在选定的时间和地点获得作品,构成了对作品的网络传播权的使用。这些都是非作者使用的表现。当前还比较流行对热播电视剧出版同名、同内容小说的情形。比如电影《亮剑》播出后,剧本作者又出版了小说《亮剑》。这是一种原创行为,还是一种改编行为呢? 如果名称、内容、情节基本与原剧情相同,这显然就不属于原创行为,应是一种改编作品。但这种改编是属于对原剧本的改编,还是对原视听节目文本的改编呢? 如果小说是以原剧本为基础的话,应视为对原剧本的改编权的使用。如果是直接依据影视作品即视听作品的文本进行改编的,则构成对影视作品的改编权的使用。

2. 著作权的转让

著作权的转让,是指著作权人将其作品著作权中的财产权部分转移给他人的行为,从而使受让人取得部分或全部著作权。著作权转让通过双方签订著作权转让合同完成,它是著作权人对著作权进行处分的一种方式。

1）著作权转让的特点

著作权转让不同于一般有形财产的转移,最突出的特点在于其可分性:有著作权中人身权与财产权的分离,有著作财产权中各项权能的分离,还有著作权与作品原件及作品物质载体的分离。具体特点是:

（1）著作权转让的对象只能是著作权中的财产权利。我国《著作权法》第 10 条规定了著作权人的精神权利和财产权利,精神权利是指作者因创作作品而依法享有的与特定人身不可分离的权利,包括发表权、署名权、修改权和保护作品完整权。财产权利是指作者对获得著作权保护的作品所享有的许可使用、收益和处分的权利,包括复制权、发行权、出租权、展览权、表演权、放映权、广播权、信息网络传播权、摄制权、改编权、翻译权、汇编权以及应由著作权人享有的其他权利。著作权转让只能就其中的财产权利进行转让,著作权中的精神权利是与作者的特定人身相联系的,不能转让。

（2）著作权中的各项财产权利可以分割转让。我国《著作权法》第 10 条中第 5 ~ 17 项规定的是著作权人的财产权利,由于对作品的使用方式不同,作者的财产权利也体现为不同的表现形式。著作权人可以将全部或部分进行转让,比如文字作品的著作权人向出版社转让复制权、发行权,向电影制片厂转让改编权、摄制权;音乐作品的著作权人向演员转让表演权等行为,都是部分权利的转让,没有经过转让的权利仍然归属于著作权人。

（3）著作权转让是一种主体的变更。当事人通过签订著作权转让合同,使受让人成为新的著作权人,而原著作权人对于已经转让的著作权的部分或全部,不再拥有财产权利,也不得再行使著作权人许可他人使用的权利等。

（4）著作权的转让与作品载体所有权无关。作者所创作的作品,无论以何种形式表现,都应附着一定的载体,比如摄影作品的照片、绘画作品的油画、电影作品的胶片等。载体既体现了作品的表现形式,也是所有权的客体。作为物权客体的载体是可以作为买卖、赠与、继承等标的的。由于著作权具有无形财产权利的性质,对创作作品所拥有的使用权和处分权,不应被理解为某种实际的物品,这也正是我们将著作权称作“财产权”的基本出发点。因此,作为物权客体的作品载体的转让并不当然引起著作权的转移,也不影响作品著作权的继续存在。

（5）著作权转让合同应当以书面形式成立。根据《最高人民法院关于审理著作权民事纠纷案件适用法律若干问题的解释》第 22 条的规定，著作权转让合同未采取书面形式的，人民法院依据《合同法》第 36 条、第 37 条的规定审查合同是否成立。

2）著作权转让合同

（1）著作权转让合同的概念。著作权转让合同是指著作权所有人与他人订立的将著作权中部分或全部财产权转让给受让人的协议。通过著作权转让合同，受让人成为新的著作权人或部分财产权利的所有人，原著作权人不再拥有著作权或著作权的部分财产权利。《著作权法》第 25 条的规定，转让本法第 10 条第 1 款第 5 项～第 17 项规定的权利，应当订立书面合同。《著作权法》第 10 条第 1 款第 5 项～第 17 项规定的就是著作权人的财产权利，包括复制权、发行权、出租权、展览权、表演权、放映权、广播权、信息网络传播权、摄制权、改编权、翻译权、汇编权以及应由著作权人享有的其他权利。转让这些权利应订立书面合同。签订书面合同是著作财产权转让的生效条件，书面形式应被理解为合同生效的法定条件。著作权人在转让合同中未明确转让的权利，未经著作权人同意，另一方当事人不得行使。

（2）著作权转让合同包括下列主要内容：①作品的名称；②转让的权利种类、地域范围；③转让价金；④交付转让价金的日期和方式；⑤违约责任；⑥双方认为需要约定的其他内容。著作权转让合同是合同的一种，因此，当事人签订转让合同，除了需要符合著作权法的规定，同时应符合合同法关于合同成立、生效的实质条件和形式要求。

3. 著作权的质押

我国《著作权法》第 26 条规定："以著作权出质的，由出质人和质权人向国务院著作权行政管理部门办理出质登记。"著作权的质押是指债务人或者第三人依法将其著作权中的财产权出质，将该财产权作为债权的担保。债务人不履行债务时，债权人有权依法以该财产权折价或者以拍卖、变卖该财产权的价款优先受偿。其中债权人为质权人，债务人或者第三人为出质人。著作权中的财产权是一种可让与的财产权，因此它可以成为权利质押的标的。著作权质押属于担保方式中的权利质押。根据《担保法》以及《著作权质押合同登记办法》的有关规定，著作权质押应符合以下规定：

（1）著作权出质人必须是合法著作权所有人。著作权为两人以上共有的，出质人为全体著作权人。中国公民、法人或非法人单位向外国人出质计算机软件著作权中的财产权，必须经国务院有关主管部门批准。

（2）以著作权中的财产权出质的，出质人与质权人应当订立书面合同，并到登记机关进行登记。著作权质押合同自《著作权质押合同登记证》颁发之日起生效。

（3）出质人出质后，不得擅自转让或许可他人使用已出质的著作权中的财产权。如果出质人经质权人同意，则可以转让或者许可他人使用，但出质人所得的转让费或许可使用费应当向质权人提前清偿所担保的债权或向与质权人约定的第三人提存。

（4）质权人不得擅自使用已出质的著作权中的财产权，著作权质押的目的只是债权的担保，而非供质权人使用，如果质权人未经同意而使用这些权利，则构成侵权。

（5）被担保债权因清偿、抵消等原因消灭后，质权人应协助出质人到登记机关办理著作权质押合同注销登记。

4. 著作权的继承

对自然人作者的著作权的保护期限是作者有生之年加死后的 50 年。因此当作者是自然人时,必然会发生对著作权的继承。根据《著作权法》第 19 条规定,著作权属于公民的,公民死亡后,其著作权中的财产权在有效的保护期内,依照继承法的规定转移。著作权属于法人或者其他组织的,法人或者其他组织变更、终止后,其著作权在有效的保护期内,由承受其权利义务的法人或者其他组织享有;没有承受其权利义务的法人或者其他组织的,由国家享有。

(1) 只有著作权中的财产权利才能依照《继承法》的规定继承,著作权中的人身权不能作为继承的标的。但是根据《中华人民共和国著作权法实施条例》①第 15 条的规定,作者死亡后,其著作权中的署名权、修改权和保护作品完整权应由作者的继承人或者受遗赠人保护。著作权无人继承又无人受遗赠的,其署名权、修改权和保护作品完整权应由著作权行政管理部门保护。

(2) 根据《中华人民共和国著作权法实施条例》第 14 条的规定,合作作者之一死亡后,其对合作作品享有的使用权和获得报酬权无人继承又无人受遗赠的,由其他合作作者享有。

(3) 根据《著作权法实施条例》第 16 条、17 条的规定,国家享有的著作权,由著作权行政管理部门代表国家行使。作者生前未发表的作品,如果作者未明确表示不发表,作者死亡后 50 年内,其发表权可由继承人或者受遗赠人行使;没有继承人又无人受遗赠的,由作品原件的合法所有人行使。

(二) 著作权行使的限制

著作权限制,是指法律规定著作权人对某部作品享有充分权利的同时,在作品的利用方面对社会必须履行一些义务。包括著作权的"合理使用"、著作权的法定许可使用、著作权的强制许可使用。我国有关著作权的限制的概念及内涵主要有以下几种看法:有的认为"权利限制",就其本质讲指的是有的行为本来应属侵犯了他人的权利,但由于法律把这部分行为作为侵权的"例外",从而不再属于侵权。著作权权利限制包括合理使用、法定许可、强制许可以及精神权利的限制。有的认为,著作权的限制是对依法授予权利人的权利在法律规定的情形下的剥夺。著作权的限制可以分作合理使用、法定许可、强制许可等。有的认为,著作权限制制度是《著作权法》出于公共利益之目的所规定的约束著作权与有关权之财产权的行使范围,使范围外的特定行为不构成著作权侵权行为且不必承担侵权责任之后果的豁免规范体系。著作权限制制度应包括两大部分:第一部分是保护期制度,第二部分是著作权行使限制制度,主要有两种类型:① "非自愿许可使用"或者"法定许可使用"。法定许可使用包括著作权理论中所说的"强制许可使用"。② "合理使用"或者"免费/自由使用"。除上述两种外,著作权限制制度还包括"权利穷竭"。著作权限制包括时间限制、范围限制以及权能限制。时间限制是针对著作财产权的保护期限而言的;范围限制包括不受《著作权法》保护的作品和不适用《著作权法》的作品;权能限制

---

① 如无特别注明,专指 2002 年 8 月 2 日中华人民共和国国务院令第 359 号公布、根据 2011 年 1 月 8 日《国务院关于废止和修改部分行政法规的决定》第一次修订、根据 2013 年 1 月 30 日《国务院关于修改〈中华人民共和国著作权法实施条例〉的决定》第二次修订,以下简称《著作权法实施条例》。

则包括合理使用、法定许可、强制许可以及第三人权利对著作权的限制（如一美术作品的主人公以一位现实中的人为原形或模特创作的作品，或是一件纪实作品，作者相关权利的行使无疑将与所牵涉的第三方有关）。

1. 合理使用

合理使用，是指在特定条件下，法律允许他人自由使用享有著作权的作品而不必征得著作权人的同意，也不必向著作权人支付报酬的制度。

（1）合理使用的要件：使用的作品已经发表，未发表的作品不属于合理使用的范围；使用的目的仅限于为个人学习、研究、欣赏，或者为了教学、科学研究、宗教或慈善事业以及公共文化利益的需要；使用他人作品时，不得侵犯著作权人的其他权利，并且必须注明作者姓名、作品名称。

（2）合理使用的范围：为个人学习、研究或欣赏，使用他人已经发表的作品；为介绍、评论某一作品或者说明某一问题，在作品中适当引用他人已经发表的作品；为报道时事新闻，在报纸、期刊、广播电台、电视台等媒体中不可避免地再现或引用报纸、期刊、广播电台、电视台等媒体刊登或播放其他报纸、期刊、广播电台、电视台等媒体已经发表的关于政治、经济、宗教、军事的时事性文章，但作者声明不许刊登、播放的除外；报纸、期刊、广播电台、电视台等媒体刊登或播放在公共集会上发表的讲话，但作者声明不许刊登、播放的除外；为学校课堂教学或科学研究，翻译或少量复制已经发表的作品，供教学或科研人员使用，但不得出版发行；国家机关为执行公务在合理范围内使用已经发表的作品；图书馆、纪念馆、博物馆、档案馆、美术馆为陈列或保存版本的需要，复制本馆收藏的作品；免费表演已经发表的作品，该表演未向公众收取费用，也未向表演者支付报酬；对设置或陈列在室外公共场所的艺术作品进行临摹、绘画、摄影、录像。将中国公民、法人、其他组织已经发表的以汉语言文字创作的作品翻译成少数民族语言文字作品在国内出版发行；将已经发表的作品改成盲文出版。前款规定适用于对出版者、表演者、录音录像制作者、广播电台、电视台的权利的限制。《著作权法实施条例》第21条规定："依照著作权法有关规定，使用可以不经著作权人许可的已经发表的作品的，不得影响该作品的正常使用，也不得不合理地损害著作权人的合法利益。"

2. 法定许可使用

法定许可使用，是指依《著作权法》的规定，使用者在使用他人已经发表的作品时，可以不经著作权人的许可，但应向其支付报酬，并尊重著作权人其他权利的制度。法定许可使用范围包括：

（1）为实施九年制义务教育和国家教育规划而编写出版教科书，除作者事先声明不许使用的以外，可以不经著作权人许可，在教科书中汇编已经发表的作品片段或短小的文字作品、音乐作品或单幅的美术作品或摄影作品，但应当按照规定支付报酬，指明作者姓名、作品名称，并且不得侵犯著作权人享有的其他权利。

（2）录音制作者使用他人已经合法录制为录音制品的音乐作品制作录音制品，可以不经著作权人许可，但应当按照规定支付报酬，著作权人声明不许使用的不得使用。

（3）广播电台、电视台播放他人已经发表的作品，可以不经著作权人许可，但应当支付报酬。

（4）广播电台、电视台播放已经出版的录音制品，可以不经著作权人许可，但应当支付报酬。当事人另有约定的除外。具体办法由国务院另行规定。

3. 强制许可使用

强制许可使用，是指在一定条件下，作品的使用者基于某种正当理由需要使用他人已发表的作品时，经申请由著作权行政管理部门授权，即可使用该作品，无需征得著作权人同意，但应当向其支付报酬的制度。我国著作权法没有规定强制许可制度，但是我国已经加入《伯尔尼公约》和《世界版权公约》，故公约中有关强制许可的规定也可引用。强制许可使用与合理使用同属对著作权的限制，其区别在于合理使用不需征得著作权人同意，也不用向其支付报酬；而强制许可使用必须先由使用人以合理条件和理由请求著作权人许可，如著作权人无理拒绝或不作答复，还须向国家有关主管部门申请，由该机关授权许可使用作品，并且须支付报酬。

强制许可使用与法定许可使用的区别在于，法定许可适用于愿意使用法律所规定的作品的特定人，不需经过著作权人同意，但要向其支付报酬，如果著作权人声明不准使用的则不得使用。而强制许可的程序较为烦琐，在向著作权人申请许可未成功时还要向主管部门申请授权，通过强制许可证的形式获得作品使用权，并且同样要向著作权人支付报酬。

四、著作权的保护

（一）侵犯著作权的类型

1.《著作权法》第 47 条所列的侵权行为类型

《著作权法》第 47 条共列举了 11 种侵犯著作权的行为。根据规定，从事了所列侵权行为的，应根据情况，承担停止侵害、消除影响、赔礼道歉、赔偿损害等民事责任，不涉及行政处罚和刑事责任的问题。侵权行为类型可分为侵犯作者精神权利、侵犯作者经济权利、侵犯作者邻接权以及其他的侵权行为四种。

1）侵犯作者精神权利

（1）未经著作权人许可，发表其作品的。这是侵犯作者的发表权的行为。著作权人享有作品的发表权，其创作的作品，是否发表、何时发表、以什么形式发表，都由著作权人自己决定。他人未经作者同意，不得公开作者没有发表过的作品。同时，如果作者与他方订立了著作权转让合同或独家出版合同，就不可以再另行发表其作品了。因为此时著作权人在合同约定范围内不再享有发表权了。

（2）未经合作作者许可，将与他人合作创作的作品当作是自己独立创作的作品发表的。这是侵犯他人署名权的行为。

（3）没有参加创作，为谋取个人名利，在他人作品上署名的。这也是侵犯他人署名权的行为。

（4）歪曲、篡改他人作品的。这是指在未征得著作权人同意的情况下，对其作品作实质性的删节、修改，从而破坏作品的真实含义的行为。这是侵犯作者保护作品完整权的行为。

（5）剽窃他人作品的。这是指将他人作品的全部或部分改头换面，或略加整理以自己的名义发表的行为。剽窃他人的作品，将他人的创作成果据为己有，既具有侵犯作者精神权利的特征，又具有侵犯作者经济权利的特征。

2）侵犯作者经济权利

（1）未经著作权人许可，以展览、摄制电影和以类似摄制电影的方法使用作品，或者以改编、翻译、注释等方式使用作品的，本法另有规定的除外。这大体是侵犯展览权和演绎权的行为，即未经许可展览他人作品或以他人作品为基础创作演绎作品。

（2）使用他人作品，应当支付报酬而未支付的。使用他人作品，使用者一般都要与著作权人签订许可使用的合同，并规定相应的报酬。所以严格来说，使用他人的作品而不支付报酬，属于违约的行为。当然，使用他人作品而不支付报酬又使得著作权人不能实现自己的经济权利，所以也可以纳入侵犯著作权的范畴。

（3）未经电影作品或以类似摄制电影的方法创作作品的著作权人许可。未经计算机软件的著作权人许可，出租其作品的，本法另有规定的除外。

3）侵犯作者邻接权

（1）未经录音录像制品的权利人许可，出租其录音录像制品的，本法另有规定的除外。

（2）未经出版者许可，使用其出版的图书、期刊的版式设计的。

（3）未经表演者许可，从现场直播或者公开传送其现场表演，或者录制其表演的。

4）其他侵权行为

根据《著作权法》第47条第11项的规定，承担民事责任的还有"其他侵权著作权以及与著作权有关的权益的行为"。这是一个弹性条款。如果发生了侵犯著作权和邻接权的某些内容，而这些侵权行为又不见于上述侵权行为时，权利人和司法机关就可以依据本条款追究行为人的责任。

2.《著作权法》第48条所列的侵权行为类型

《著作权法》第48条共列举了8种侵权行为。在发生了这8种侵权行为的情况下，侵权人首先应当承担民事责任；同时损害公共利益的，还要受到行政机关的处罚；构成犯罪的，则要依法追究刑事责任。这表明与第47条所列的侵权行为相比，第48条所列侵权行为的损害程度较大。但是第48条并没有属于弹性条款的"其他侵权行为"，所以除了明确给出的侵权行为，其他侵权行为不能由行政机关给予行政处罚也不能追究刑事责任。8种侵权行为类型可以分为侵犯著作权、侵犯邻接权的、与信息网络有关的以及其他的侵权行为4类。

1）侵犯著作权

未经著作权人许可，复制、发行、表演、放映、广播、汇编、通过信息网络向公众传播其作品的，本法另有规定的除外。对应于《著作权法》第10条所规定的财产权利，这里没有涉及的权利内容有出租权、展览权、摄制权、改编权和翻译权等5项，这5项只能追究侵权者的民事责任。

2）侵犯邻接权

（1）未经表演者许可，复制、发行录有其表演的录音录像制品，或者通过信息网络向公众传播其表演的，本法另有规定的除外。

（2）未经录音录像制作者许可，复制、发行、通过信息网络向公众传播其制作的录音录像制品的，本法另有规定的除外。

（3）未经许可，播放或者复制广播、电视的，本法另有规定的除外。

3）与信息网路有关的侵权行为

（1）未经著作权人或者著作权有关的权利人许可,故意避开或者破坏权利人为其作品、录音录像制品等采取的保护著作权或者与著作权有关的技术措施的,法律、行政法规另有规定的除外。

（2）未经著作权人或者与著作权有关的权利人许可,故意删除或者改变作品、录音录像制品等的权利管理电子信息的,法律、行政法规另有规定的除外。

以上两种侵权行为,可以分别叫做"规避技术措施"和"破坏权利管理信息"。在数字化和互联网络的环境中,有效的保护技术措施和权利管理信息,对于保护著作权和邻接权是非常重要的。

4）其他侵权行为

（1）出版他人享有专有出版权的图书的。此种侵权行为有两种情形,一种是著作权人违约,在许可某一出版者以专有出版权以后,又许可另一家出版者出版自己的图书,这可以由享有专有出版权的出版者追究著作权人的违约责任。另一种是其他的出版者,未经著作权人许可而出版有关的图书,这既可以由著作权人追究侵权责任,也可以由享有专有出版权的出版者作为利害关系人追究侵权责任。

（2）制作、出售假冒他人署名的作品的。这种侵权行为一般都是冒充著名或者知名作者的署名,可以说是侵犯了该作者的精神权利,但在另一方面又相当于制作、出售假冒产品,更多地具有欺骗消费者和进行不正当竞争的特征。所以,即使没有著作权法的规定,权利人也可以依据反不正当竞争法制止这类行为。

3. 侵犯著作人身权的主要类型

（1）侵犯著作权人的发表权,实践中常见的是未经著作权人许可发表其作品。

（2）侵犯著作权人的署名权。侵犯著作权署名权的行为在实践中可以分为不同的情况,有的是未经合作者许可,将与他人合作创造的作品,或者合作开发的软件作品当作自己单独完成的作品发表的;有的是没有参加创作,为谋取个人名利,在他人作品上署名的;有的是发表合作作品,漏署或者不署部分作者或全部作者的姓名。

（3）侵犯著作权人的修改权和保护作品完整权。实践中多表现为歪曲、篡改他人作品,未经软件著作权人的许可或者其合法受让人的同意修改其软件作品等情形。

4. 侵犯著作财产权的主要类型

（1）未经著作权人许可,以展览、摄制电影和以类似摄制电影的方法使用作品,或者改编、翻译、注释等方式使用作品。

（2）未经著作权人许可,复制、发行、表演、放映、广播、汇编、通过信息网络向公众传播其作品。

（3）出版他人享有专有出版权的图书;或者未经出版者许可,使用其出版的图书、期刊的版式设计。

（4）未经表演者许可,从现场直播或者公开传送其现场表演或者录制其表演;或者复制、发行录有其表演的录音录像制品,或者通过信息网络向公众传播其表演。

（5）未经录音录像制作者许可,复制、发行、通过信息网络向公众传播其制作的录音录像制品。

（6）未经许可播放或者复制广播、电视。

（7）使用他人作品，应当支付报酬而未支付。

（8）未经电影作品和以类似摄制电影的方法创作的作品、计算机软件、录音录像制品的著作权人或者与著作权有关的权利人许可，出租其作品或者录音、录像制品。

（9）未经著作权人或者与著作权有关的权利人许可，故意避开或者破坏权利人为其作品、录音录像制品等采取的保护著作权或者与著作权有关的权利的技术措施。

（10）未经著作权人或者与著作权有关的权利人的许可，故意删除或者改变作品、录音录像制品等的权利管理电子信息。

（11）复制品的出版者，制作者不能证明其出版、制作有合法授权的，复制品的发行者或者电影作品或者以类似摄制电影的方法创造的作品、计算机软件、录音录像制品的复制品的出租者不能证明其发行、出租的复制品有合法来源。

5. 既侵犯著作人身权又侵犯著作财产权

（1）剽窃他人作品，这是一种比较常见的侵犯著作权的行为。

（2）制作、出售假冒他人署名的作品。

6. 侵犯计算机软件作品的著作权的主要类型

（1）未经软件著作权人许可，发表或登记其软件的。

（2）将他人软件当作自己的软件发表或登记的。

（3）未经合作者同意，将与他人合作开发的软件作为自己单独完成的软件发表或者登记的。

（4）在他人软件上署名或者更改他人软件上的署名。

（5）未经软件著作权人许可，修改、翻译其软件。

（6）未经软件著作权人许可，复制或部分复制著作权人的软件的。

（7）未经软件著作权人许可，向公众发行、出租、通过信息网络传播著作权人的软件。

（8）未经软件著作权人许可，故意避开或者破坏著作权人为保护其软件著作权而采取的技术措施。

（9）未经软件著作权人许可，故意避开或者改变软件权利管理电子信息的。

（10）未经软件著作权人许可，转让或者许可他人行使著作权人的软件著作权。

（11）其他侵犯软件著作权的行为。实践中经常发生的案例是未经软件著作权人的许可，复制软件作品。

（二）侵犯著作权的法律责任

1. 民事法律责任

著作权的人身权又是人格权，对著作权的侵害在一定意义上说也是对作者的人格权的侵害，因此可以适用《民法通则》第118条规定："公民、法人的著作权（版权）、专利权、商标专用权、发现权、发明权和其他科技成果权受到剽窃、篡改、假冒等侵害的，有权要求停止侵害，消除影响，赔偿损失。"第120条规定："公民的姓名权、肖像权、名誉权、荣誉权受到侵害的，有权要求停止侵害，恢复名誉，消除影响，赔礼道歉，并可以要求赔偿损失。"根据我国《著作权法》第47条规定："有下列侵权行为的，应当根据情况，承担停止侵害、消除影响、赔礼道歉、赔偿损失等民事责任。"因此，侵犯著作权应承担的的民事法律责任有：

（1）停止侵害。是指对已经开始并正在进行的不法侵害勒令立刻停止，不论这一行为进行到何种程度,这是最大限度地减少著作权人损失的一种保全措施。如果侵权人是无意识地侵权,通过这一司法决定可以告知侵权人,阻止侵权行为的继续发生。如果是有意识的,更应该立即执行该司法决定,以减少对著作权人的侵害。然后视情况严重程度,再施以其他处罚。作为著作权人,一旦发现他人侵权,应立即予以警告并诉请司法机关作出停止侵害的决定。

（2）消除影响。是指侵权人因侵权行为而给著作权人造成不良影响。消除影响的方式和范围,根据侵权行为的方式和范围而定。可以通过报刊杂志发表公开声明,也可以在一定的范围内进行口头声明。总之应达到消除人们误解的程度。

（3）公开赔礼道歉。是向被侵权人承认错误的一种方式,也是为了向世人证明作品的真正著作权人是谁,从而恢复著作权人的名誉。这种赔礼道歉必须是公开性的,应使广大公众有所了解。其公开范围应该根据侵权行为影响范围而定,如果侵权人私下找著作权人进行赔礼道歉则不具有公开性,不属于法律上的强制措施,不属于民事责任形式。一般情况下,公开赔礼道歉与消除影响可以结合使用。

（4）赔偿损失。侵权行为给著作权人造成了经济损失的,由侵权行为人给予经济补偿。这种补偿性的民事责任不带有惩罚性质。有关计算赔偿的数额的原则,《著作权法》第49条规定:"侵犯著作权或者与著作权有关的权利的,侵权人应当按照权利人的实际损失给予赔偿;实际损失难以计算的,可以按照侵权人的违法所得给予赔偿。赔偿数额还应当包括权利人为制止侵权行为所支付的合理开支。"此外,当权利人的实际损失或者侵权人的违法所得不能确定的,应"由人民法院根据侵权行为的情节,判决给予50万元以下的赔偿。"侵权行为的情节,主要指侵权行为的轻重、侵权行为波及范围大小、给被害人造成的精神痛苦的程度等。

此外,《著作权法》第50条规定:"著作权人或者与著作权有关的权利人有证据证明他人正在实施或者即将实施侵犯其权利的行为,如不及时制止将会使其合法权益受到难以弥补的损害的,可以在起诉前向人民法院申请采取责令停止有关行为和财产保全的措施。人民法院处理前款申请,适用《中华人民共和国民事诉讼法》第93条至第96条和第99条的规定。"第51条规定:"为制止侵权行为,在证据可能灭失或者以后难以取得的情况下,著作权人或者与著作权有关的权利人可以在起诉前向人民法院申请保全证据。人民法院接受申请后,必须在48小时内作出裁定;裁定采取保全措施的,应当立即开始执行。人民法院可以责令申请人提供担保,申请人不提供担保的,驳回申请。申请人在人民法院采取保全措施后15日内不起诉的,人民法院应当解除保全措施。"这就是著作权人和邻接权人的诉前保护措施。侵犯著作权的诉讼时效为2年,起算日期从著作权人知道或应该知道侵权之日起计算,如果知道他人侵权而不予追究,待2年期满,著作权人便无权再对侵权人进行民事追诉。

2. 行政法律责任

对著作权的侵害不仅侵害了作者的民事权利,而且往往侵害了社会的公共利益,侵害了国家的行政管理秩序。因此,根据《著作权法》第48条规定:"有下列侵权行为的,应当根据情况,承担停止侵害、消除影响、赔礼道歉、赔偿损失等民事责任;同时损害公共利益的,可以由著作权行政管理部门责令停止侵权行为,没收违法所得,没收、销毁侵权复制品,并可处以罚款;情节严重的,著作权行政管理部门还可以没收主要用于制作侵权复制

112

品的材料、工具、设备等;构成犯罪的,依法追究刑事责任。"侵犯著作权应承担的行政法律责任主要有:

(1) 没收违法所得。由于这类行为的目的是为了营利,因此,在实行制裁时不能让侵权人获取经济利益,对其侵权行为所带来的所有经济收益,一律予以没收,上交国库。

(2) 没收侵权复制品以及进行违法活动的财物。

(3) 罚款。罚款是对侵权者更进一步的经济处罚。一般讲如果有违法收入应首先给予没收,然后据情节轻重考虑是否给予罚款。罚款金额必须是侵权者个人的财产,而不能从违法所得中支付。所以在程序上应是先没收,再罚款。对于罚款的数额,按照《著作权法实施条例》第 36 条规定:"有著作权法第四十八条所列侵权行为,同时损害社会公共利益,非法经营额 5 万元以上的,著作权行政管理部门可处非法经营额 1 倍以上 5 倍以下的罚款;没有非法经营额或者非法经营额 5 万元以下的,著作权行政管理部门根据情节轻重,可处 25 万元以下的罚款"进行办理。

(4) 没收主要用于制作侵权复制品的材料、工具、设备等。这是针对情节严重的侵权行为。

进行行政处罚的机关,依照《著作权法实施条例》的规定,一般情况下是地方人民政府著作权行政管理部门;对于全国有重大影响的侵权行为则是国务院著作权行政管理部门。当事人对行政处罚不服的,可以自收到行政处罚决定书之日起 3 个月内向人民法院起诉,期满不起诉又不履行的,著作权行政管理部门可以申请人民法院执行。

3. 刑事法律责任

侵犯著作权罪,是指以营利为目的,未经著作权人或与著作权人有关的权益人许可,复制发行其文字、音像、计算机软件等作品,出版他人享有专有出版权的图书,未经录音录像制作者许可复制发行其制作的音像制品,或者制售、假冒他人署名的美术作品,违法所得数额较大或者有其他严重情节的行为。

本罪侵犯的客体是国家的著作权管理制度以及他人的著作权和与著作权有关的权益。根据《著作权法实施条例》26 条规定,著作权法和本条例所称与著作权有关的权益,是指出版者对其出版的图书和期刊的版式设计享有的权利,表演者对其表演享有的权利,录音录像制作者对其制作的录音录像制品享有的权利,广播电台、电视台对其播放的广播、电视节目享有的权利。

本罪在客观方面表现为侵犯著作权和与著作权有关权益,情节严重的行为。我国《著作权法》48 条规定了 8 种侵犯著作权和与著作权有关权益的行为,但是依据我国《刑法》第 217 条、218 条、220 条的规定,有下列 4 种侵权行为可以构成侵犯著作权罪:

(1) 未经著作权人许可,复制发行其文字作品、音乐、电影、电视、录像作品、计算机软件及其他作品的行为。未经著作权人许可即指未经过著作权人的同意。著作权人一般指作者,也可能是其他依法享有著作权的公民、法人或非法人单位。复制是指以印刷、复印、临摹、拓印、录音、录像、翻录、翻拍等方式将作品制作一份或多份的行为;发行是指为满足公众合理需求,通过出售、出租等方式向公众提供一定数量的作品复印件。复制与发行是紧密联系在一起的整体行为,应同时具备才构成本罪,如果仅仅具备其中一个方面的则不符合本罪行为特征。当然不同行为人事先通谋而分别实施复制、发行的,属于共同犯罪,仍然可以构成本罪。

（2）出版他人享有专有出版权的图书的行为。出版是指把作品编辑加工后，经过复制向公众发行的行为。出版实际上是一种特殊的复制发行。出版者出版图书，一般需要经著作权人授权而取得对作品的专有出版权。专有出版权是指出版者对著作权人交付的作品在合同规定的时间、地点以原版、修订版方式制作成图书并予以发行的独占权利，具有排他性。

（3）未经录音录像制作者许可，复制发行其制作的录音录像的行为。录音录像制作者对其作品享有许可他人复制发行并获得报酬的权利，该权利的保护期为50年，对其作品在保护期内享有专有出版权。

（4）制作、出售假冒他人署名的美术作品的行为。具体包括三种形式：①以临摹的方法，临摹他人的美术作品，然后署上他人的姓名，假冒他人的作品出售，牟取非法利益；②以自己的美术作品，署上他人的姓名假冒他人作品出售牟利；③在他人的美术作品上，署上名家的姓名，然后假冒名家的作品出售牟利。

上述侵犯著作权行为的四种情形还必须是违法所得的数额较大或者有其他严重情节的才构成本罪。根据1998年最高人民法院发布的《关于审理非法出版物刑事案件具体应用法律若干问题的解释》，个人违法所得数额在5万元以上20万元以下，单位违法所得数额在20万元以上100万元以下的，属于"违法所得数额较大"；具有下列情形之一的，属于"有其他严重情节"：因侵犯著作权曾经两次以上被追究行政责任或者民事责任，两年内又实施前述侵犯著作权的行为之一的；个人非法经营数额在20万元以上，单位非法经营数额在100万元以上的；造成其他严重后果或者具有其他严重情节的。

本罪的犯罪主体是个人和单位。

本罪的主观方面是故意，并且具有营利目的。以刊登收费广告等方式直接或间接收取费用的情形，属于本条规定的"以营利为目的"。

按照刑法217条、220条的规定，本罪的刑事处罚为：违法所得数额较大或者有其他严重情节的，处3年以下有期徒刑或者拘役，并处或者单处罚金；违法所得数额巨大或者由其他特别严重情节的，处3年以上7年以下有期徒刑，并处罚金。单位犯本罪，对单位判处罚金，并对其直接负责的主管人员和其他直接责任人员，依照上述规定处罚。依据最高人民法院、最高人民检察院2004年发布的《关于办理侵犯知识产权刑事案件具体应用法律若干问题的解释》第15条规定，单位犯本罪的按相应个人犯罪的定罪量刑标准的3倍定罪量刑。

第九专题 专利法基本问题

一、专利法概述

（一）专利与专利法

1. 专利的概念

专利原意为公开的文件，是中世纪君主用来授予某种特权的证明。对专利这一概念，目前尚无统一的定义，主要有以下几种不同看法：①专利是指专利技术，即依法获得法律保护的发明创造；②专利是指专利权，即发明创造人依法取得的一种垄断性权利；③专利是指专利文献，即记载发明创造的专利文献，如专利说明书、外观设计图等。

可见，专利这一概念具有多种含义，需要结合相应的场景和语境才能准确判断。但通常情况下，专利是专利权的简称，意指法律赋予发明创造人对其发明创造在一定空间地域和时间期限内享有的专有权利。我国专利法将专利分为三种，即发明、实用新型和外观设计。

2. 专利权的性质和特征

专利权属于财产权的范畴，专利权的客体是人类智力劳动成果中的发明、实用新型和外观设计。发明创造是发明人或设计人创造性智力劳动的结晶，能提高社会的生产效率，具有潜在的市场价值，是社会财富的重要来源之一。同时，专利保护标的具有无形性，不占有任何物质空间。因此，从法学体系上看，专利权可归入无形财产权的范畴。

专利权是指法律赋予发明创造人对其发明创造在一定空间地域和时间期限内享有的专有权利，具有独占性、时间性、地域性、法定性和公告性等法律特征。

独占性。专利权作为一种对世权，效力及于一切人，专利权人作为权利主体，其他人皆为义务主体，未经专利权人允许，任何其他人不得制造、使用、销售、进口其受专利权保护的相同商品，或使用相同方法，否则就会构成对专利权的侵犯。当然，合理使用、法定许可等除外。

时间性。专利权的时间性是指专利法对专利权的保护具有时间限制，一旦保护期限届满，该权利就自行终止。专利权的客体作为一种非物质形态的智力劳动成果，不会发生物质形态上的毁损、灭失，具有事实意义上的永久性，专利法通过进行规定专利有效期限的法律处分，使专利权具有了时间性的法律特征。

地域性。在没有其他法律或条约另行规定的情况下，专利权的有效范围仅限于专利权授予国的领土。也就是说，经过一个国家法律认可的专利权，仅在该国法律管辖范围内受到保护。该发明在其未申请或未被授予专利的国家，任何人的实施行为无需得到专利权人的同意或支付使用费。《巴黎公约》和《伯尔尼公约》等国际条约在专利权国际保护方面，遵循了独立性原则，即享有国民待遇的公民就同一发明在不同成员国内申请及享有的专利权，彼此独立，同一发明创造在某一个成员国被授予专利权后，并不要求其他成员国也必须授予。可见,专利权的法律保护具有明显的地域性特征。

法定性。专利权的产生不是基于发明创造活动或者发明创造事实,而是基于发明创造人的专利申请和国家专利部门的批准授权。以发明专利为例,发明人的专利申请只有国家专利部门经过审查,确认该项发明创造符合新颖性、创造性和实用性标准,批准授权后,该项发明创造才能取得专利权。

公开性。专利权的产生、移转和消亡均需明确的公告。发明创造符合新颖性、创造性和实用性标准是其取得专利权的必要前提。只有将发明创造的具体内容清楚明确地向社会公开,才能对其进行全面、科学的评判,并对权利客体的范围和侵权行为作出明确界定。目前,我国《专利法》对发明专利实行"早期公开、延迟审查"制度,申请获得发明专利的技术方案自申请之日起满18个月即向社会公开。当然,发明内容的公开可能给申请人带来双重风险:一方面,申请人无法通过保密措施将发明创造继续进行保密;另一方面,申请有可能因技术方案不符要求而被驳回,无法取得专利权的法律保护。

3. 专利法的概念与特征

专利法,是指国家制定的、用以调整因发明创造的所有权确认和实施而产生的各种社会关系的法律规范的总称,具体包括专利权的基本要素、授权的基本条件、申请和审批程序以及相应的保护措施等。专利法与著作权法、商标法共同构成了知识产权法的主体部分和核心内容。

专利法与其他法律制度相比,具有以下特征:专利法是国内法,仅适用于领土范围内的本国公民和外国公民。专利法的法律效力受到国家主权原则的制约,仅限于专利权授予国的管辖范围,不具有域外效力。专利法采用民事调解和行政调解相结合的方式。专利法既涉及专利申请者、专利使用者、专利受让者等民事主体,也涉及国家专利部门等行政主体;侵权行为可能承担民事责任,也可能承担行政责任或刑事责任。因此,专利法通常采用民事调解和行政调解相结合的调解方式。

随着科学技术的不断进步,专利权领域内不断出现新情况,如基本专利与外围专利共同形成专利网状结构,专利与国际贸易问题挂钩,国际贸易保护的基本原则和具体措施被引入专利权保护领域等,这些客观上都要求专利法就保护对象、保护范围和保护方式等方面作出相应的调整,以进一步适应科技和社会发展的需要。

(二)专利法的历史沿革

1. 专利法的起源和发展

一般认为,专利制度起源于中世纪的西欧国家。随着商品经济的发展,科技创造的财富在社会总财富中所占的比例逐渐提高。13世纪前期,英国皇家开始以特许令的方式,授予技术发明者或引进者在一定期限内的垄断权。这种钦赐特权制度便是专利制度的萌芽。

15世纪,地中海沿岸贸易十分发达,科学技术逐渐出现了商品化和产权化的趋势。1421年,佛罗伦萨对著名建筑师伦内莱希发明的"装有吊机的驳船"授予了3年的垄断经营权,开创了对具体发明授予专利的先河。

1474年,威尼斯议会通过《专利法》。依据该法的规定,任何人在威尼斯城制造了前所未有的机械装置,同时又达到了可以具体使用和操作的程度,就可以向市政机关登记,并获得10年的专有权利。在此期间,他人未经发明人许可,不得制造与该装置相同或相似的产品。如果有人未经发明人许可制造,则发明人可以到市政府机关告发。市政机关可以责令侵权者赔偿 100 金币,并销毁侵权物品。可见,威尼斯专利法已经具备了近代专利制度的基本要素,如技术发明必须具有新颖性和实用性,发明人需要向专门机构登记并获得批准,禁止他人未经许可实施相同或相似的技术发明,侵权者应当承担相应责任等。

1623 年,英国国会通过《垄断法》,该法规定了专利权取得的条件,专利权的主体、客体、有效期以及侵权的救济措施等具体内容,是第一部内容相对完整、结构相对健全的专利法。该法的颁布确立了专利制度的一些基本原则,实现了专利权由传统"钦赐特权"向现代立法的转变,标志着世界上具有现代意义的专利法的正式诞生。

此后,世界各国纷纷效仿英国,美国在 1790 年、法国在 1791 年、荷兰在 1809 年、瑞典在 1819 年、西班牙在 1826 年、日本在 1885 年相继制定和颁布了本国的专利法,专利制度开始在世界范围内确立与推广。与此同时,专利权的国际保护也在众多工业强国之间达成共识。1883 年,英国、法国、意大利、荷兰、西班牙和葡萄牙等 14 个国家在法国巴黎正式签订了《保护工业产权巴黎公约》,开启了专利制度的国际化进程。

第二次世界大战后,专利制度的国际化进程进一步加快。1967 年,《成立世界知识产权组织公约》于瑞典斯德尔摩正式签订。该公约规定了正式合并保护工业产权巴黎同盟的国际局与保护文学艺术作品伯尔尼同盟的国际局的内容,大大加强了各知识产权同盟间的行政合作。1970 年,《专利合作条约》于美国华盛顿正式签订。该条约统一了专利权授予前的受理和审查标准,建立了相对完整的国际申请体系,为各国专利制度的进一步合作奠定了坚实的基础。

2. 我国专利制度的发展

我国的古代科技十分发达,出现了众多出色的发明创造,如造纸术、火药、指南针、活字印刷术等,并在封建社会早期就采用了盐铁专卖制度。但是,我国的盐、铁、茶、丝等的专卖制度却始终被官府牢牢控制,没有摆脱其封建属性而发展为具有法律意义的专利制度。

1898 年,清朝光绪皇帝颁布了《振兴工艺给奖章程》,该章程规定了"对新方法授权专利"的具体内容。但随着"戊戌变法"的失败,该法也未曾得到实施。1912 年,民国政府颁布了《奖励工艺品暂行章程》,随后进行了多次修订。1944 年,国民政府颁布《专利法》,该法将专利保护的对象区分为发明、实用新型和新式样专利,并规定了专利申请的条件和程序,成为我国历史上第一部正式的专利法。

新中国成立之初,中央人民政府颁布了一系列暂行条例,用单一的发明奖励制度暂时取代专利制度,批准了一系列获奖发明。

1984 年,第六届全国人民代表大会第四次会议审议通过了《中华人民共和国专利法》。该法的颁布与实施,对我国专利制度的建立与发展具有里程碑式的意义,标志着我国专利制度与发明奖励制度并存的法律保护体系正式形成。

1992 年,第七届全国人民代表大会常务委员会第二十七次会议通过了《关于修改(中华人民共和国专利法)的决定》,将专利保护范围扩大至食品、调味品、药品及其他用化学方法获得的物质,并将发明专利的保护期限延长至 20 年,进一步完善了专利权审批程序。

2000 年,为了顺应加入世界贸易组织和遵守 TRIPS 协议的需要,第九届全国人民代表大会常务委员会第十七次会议通过了《中华人民共和国专利法》第二次修正案,完善了专利权司法和行政执法保护,优化了纠纷处理程序,增强了国内专利法与国际公约的协调性。

2008 年,为了适应提高自主创新能力、建设创新型国家的战略目标,我国对《中华人民共和国专利法》进行第三次修正,提高了发明、实用新型和外观设计的授权标准,明确了专利间接侵权的判断标准,进一步简化了专利申请和审批手续。

2015 年底,《专利法修订草案》向社会公开征求意见。与现行法律相比,此次修订草案强化了对侵权行为的处罚力度,加大了侵权人的违法成本,给予权利人更多的经济赔偿。

(三)专利权的客体和主体

1. 专利权的客体

专利权客体,是指专利权人的权利和义务所指向的对象,即依法取得专利权并受专利法保护的发明创造。我国《专利法》第 2 条第 1 款明确规定:"本法所称的发明创造是指发明、实用新型和外观设计。"也就是说,我国《专利法》保护的客体有三种:发明、实用新型和外观设计。

1)发明

世界各国对专利法意义上的发明尚无统一定义。世界知识产权组织 1979 年发布的《发展中国家发明示范法》认为:"发明是发明人的一种构思,是利用自然规律解决实践中各种问题的技术方案。"目前,各国在专利立法中对发明定义的解释也存在不同的立法例,有采用列举的方法指出哪些属于《专利法》所保护的发明,例如,意大利《专利法》规定,任何能在工业上采用的新发明,均可构成专利的主题。诸如:工业制造方法或工艺;机器;仪器;工具或机械装置;制品或工业成果;科学原理的技术应用,但以这种应用产生直接工业成果者为限。在最后一种情况下,专利应限于发明人指明的成果。也有采用排除式定义的方法指出哪些不属于《专利法》所保护的发明,例如德国《专利法》规定,专利权应授予可在工业上应用的,新颖的并含有创造性步骤的任何发明。接着又规定,下列各项尤其不应认为是上述意义上的发明:发现、科学理论和数学方法;美学创作;实施智力行为、进行比赛或经营业务的方案、规则和方法以及计算机的程序;情报介绍。我国《专利法》第 2 条第 2 款明确规定:"发明,是指对产品、方法或者其改进所提出的新的技术方案。"

通说认为,专利法上所说的发明是指发明人利用自然规律为解决某一技术领域内存在的问题而提出的具有创造性水平的技术方案。

根据上述定义,可以看出,发明具有以下基本特征:

发明是一种技术方案,而不是技术本身。这种技术方案是发明创造人利用自然规律的结果,是发明人将自然规律在特定技术领域的结合与应用。发明不是自然规律本身,也不是单纯地揭示自然规律的发现。

发明是一种新的技术方案,而不是原方案的简单重复。发明的过程,是一个"从无到有"的过程。发明所具有的创造性和先进性必须达到一定的高度,在原理、结构、功能效益上都必须优于已有技术。无论是独立的开创性发明,或是在现有技术基础上的改进发明,与现有技术比较,必须有实质性的进步。

发明是一种具体的新的技术方案,而不是单纯的技术构思或设想。发明应能解决特定的技术难题,具有一定的实用性。专利法虽不要求发明必须是已经完全实施或已转化为客观存在的产品,但技术方案必须是科学的、行之有效的。

发明是一种符合法律要求的具体的新的技术方案。专利法所保护的发明应具备一定的法律属性,且不违反社会公德、妨害公共利益。发明作为一种技术方案,必须能直接应用于工农业生产,具备创造性、新颖性和实用性,其实质内容必须符合专利法的规定。

我们可以根据不同的划分标准,对发明进行各种分类,发明的多角度分类有助于我们了解和使用这一概念。根据主要内容,发明可以分为产品发明、方法发明和改进发明。产品发明能够以有形形式表现成各种制成品;方法发明表现为改变物质具体状态的程序或手段;改进发明能够实现原有发明的实质性革新,实现产品或方法的创造性改善。根据权利归属,发明可以分为职务发明和非职务发明。职务发明是指执行本单位的任务,或者主要是利用本单位的物质条件所完成的发明。职务发明的专利申请权归属发明人或者设计人的工作单位。非职务发明是指职务发明以外的所有发明。非职务发明的专利申请权归发明人或者设计人所有。根据参加人数,发明可以分为独立发明和共同发明。对于独立发明而言,单个发明人独立完成了发明的创造性环节,因而拥有发明的完整支配权。对于共同发明而言,所有合作者共享发明的处分权:在申请专利时,应当遵循一致同意原则,若有一方不同意申请,其他各方均不得擅自申请;当一方转让其份额时,其他合作者在同等条件下拥有优先购买权。共有一方声明放弃其专利申请权的,其他共有各方可共同申请,但在发明被授予专利后,放弃申请权的一方可以免费实施该项专利。

2)实用新型

实用新型是指对产品的形状、构造或其结合所提出的适于实用的新的技术方案。实用新型本质上是技术方案,且必须具有创造性和先进性;同时,适用的产品对象具有立体外形和构造:其次,必须具有相应的技术性能和实用价值。

实用新型与发明的区别。实用新型与发明本质上都属于技术方案,都是专利法保护的独立对象,且保护方式基本相同。但是,两者也存在以下四个方面的差异:

(1)实用新型的创造性低于发明。依据我国专利法的规定,申请发明专利的技术方案与已有技术相比,必须有突出的实质性特点和显著进步;而申请实用新型专利的技术方案与已有技术相比,只需有实质性特点和进步,创造性要求相对更低。

(2)实用新型所保护的范围小于发明。发明的保护范围包括产品、方法本身或其改进所提出的新的技术方案,所以,发明可以是产品发明,也可以是方法发明,还可以是改进发明。仅在产品发明中,可以是定形产品发明或不定形产品发明。而且,除专利法有特别规定以外,任何发明都可以依法获得专利权。实用新型的对象范围仅限于产品的形状、构成或其组合,不包括无固定形状的产品和制造方法。

(3)实用新型专利的保护期短于发明。我国《专利法》明文规定,实用新型专利的保护期为 10 年,而发明专利的保护期为 20 年。通常情况下,相比于发明而言,实用新型的创造过程相对简单,有效周期也更短,因此,专利保护期也要短得多。

(4)实用新型专利的审批过程比发明专利简单。依照我国《专利法》的规定,国家专利行政部门收到实用新型专利的申请后,只需经过初步审查,没有发现驳回理由的,无需再进行实质审查,即可公告,并授予实用新型专利证书。而对发明专利,则必须经过实质审查,审查的时间、手续和费用都要复杂得多。

3) 外观设计

外观设计,又称为工业产品外观设计,是指对产品的形状、图案或其结合以及色彩与形状、图案相结合所作出的富有美感并适于工业上应用的新设计。从定义中可知,外观设计应当符合以下要求:必须是对产品的外表而不是对产品的内在结构或属性所作的设计,这里的产品是指人工制造出的一切物品;是形状、图案、色彩或其结合的新设计,能够带来一定的美感;必须是适于工业上的应用,能够进行批量复制生产。

外观设计与实用新型的区别。外观设计与实用新型在专利取得的程序、方式、保护期限等方面均有类似之处,但也存在以下区别:

外观设计与实用新型的保护对象不同。外观设计保护的是工业产品的外观设计造型、图案,不保护工业产品的功能;实用新型不仅保护产品的外部结构,也保护产品的内部结构。

外观设计与实用新型的保护目的不同。外观设计的目的在于使工业产品的外表富有美感,而不考虑技术效果;实用新型的目的在于改变产品的技术性能,实现一定的技术效果。

外观设计与实用新型和产品的关系不同。外观设计产品可以是立体的,也可以是平面的,并且仅对产品的的外观进行设计;实用新型产品必须以固定的立体形态存在,其创造性方案与产品本身融为一体。

4) 专利法不予保护的对象

我国《专利法》第 5 条规定:"对违反法律、社会公德或者妨害公共利益的发明创造,不授予专利权。对违反法律、行政法规的规定获取或者利用遗传资源,并依赖该遗传资源完成的发明创造,不授予专利权。"如吸毒工具、赌博机器、杀人凶器、假币制造设备等属于违法的发明创造,不能取得专利的法律保护。依照《生物多样性公约》的规定,遗传资源的利用应当遵循国家主权、知情同意、惠益分享的原则,专利制度应有助于实现保护遗传资源的目标。作为遗传资源大国,为防止非法窃取我国遗传资源进行技术开发并申请专利,我国《专利法》第 26 条第 5 款进一步规定:"依赖遗传资源完成的发明创造,申请人应当在专利申请文件中说明该遗传资源的直接来源和原始来源;申请人无法说明原始来源的,应当陈述理由。"

除了以上违反法律、损害社会公德或妨害公共利益的发明创造属于专利权的排除领域外,《专利法》第 25 条明确规定以下创造性智力成果也不能被授予专利权:

科学发现。科学发现是对自然界现象或规律的原理性认识,对具体发明具有直接的指导作用,但本身不是改造现实世界的具体的技术方案,不满足专利的实用性要求。

智力活动的规则和方法。智力活动的规则和方法是人们推理、分析和判断的有效手段,是人的思维活动作用于具体物质的工具和媒介,但本身具有抽象性,不能直接制造出某种有用物质,也未能直接解决技术问题和产生技术效果,具备创造性和新颖性,不符合实用性标准。

疾病的诊断和治疗方法。疾病的诊断和治疗方法不同于诊断治疗设备,授予专利,却可能严重限制其有效推广与应用,从而违背人道主义和社会伦理,妨害社会公共利益。

动物和植物品种。我国对动植物新品种采用专利以外的保护措施,但对动植物品种的生产方法,可以授予专利。

用原子核变换方法获得的物质。原子核裂变或聚变,会产生巨大能量,其不当使用可能对人们的生命财产安全造成重大威胁。且原子物质通常用于军事目的,需要进行严格保密,不适宜公开,因而,不满足专利的公开性要求。

对平面印刷品的图案、色彩或者二者的结合作出的主要起标识作用的设计。这类设计的创造性相对较低,通常属于商标权的内容,授予其专利权,可能引起权利客体的交叉和重叠,进而导致权利冲突。

2. 专利权的主体

专利权的主体,即专利权人,是指依法享有专利权并承担相应义务的人。依据我国《专利法》的规定,发明人、专利申请人与专利权人是相对独立的身份,不具有完全的依附性,相互之间可以实现有效分离。发明人可以授意或委托他人就其发明创造向国家专利部门提出专利申请,从而出让专利申请人身份;专利申请人也可以通过专利的合同转让、赠与或继承而出让专利权主体身份。由此可见,专利权人不必是专利申请人。

专利权的主体具体来说,主要有以下几种:

1)发明人或设计人

发明人和设计人,统称发明创造人,是指对发明或设计的实质性特点作出了创造性贡献的自然人。我国专利法规定发明人或设计人必须满足下列条件:

发明人或设计人必须是自然人,不包括法人或其他组织。法人或其他组织可以成为专利申请人或专利权人,但不能作为发明人或设计人。发明人或设计人必须是直接参加发明或设计、并进行了创造性劳动的人。在发明创造的完成过程中,仅仅负责组织工作、为物质技术条件的利用提供方便或从事其他辅助性工作的人,如试验员、描图员、打字员等,均不是发明人或设计人。

2)共同发明人或共同设计人

共同发明人或共同设计人,是指两个或两个以上的对同一不可分割的发明或设计分别作出创造性贡献的人。判断共同发明人或共同设计人的标准:①发明人或设计人对发明创造是否作出了创造性的贡献;②贡献之间是否存在依存关系,是否仅是整个发明或设计的一部分,即成员的贡献能否分离出来,本身就成为一项独立的发明或设计。

专利的申请应由共同发明人或共同设计人一起提出,获得专利的权利也由他们共同所有。共同发明人或共同设计人的排名前后没有实质区别,权利和义务相等。

共同发明人或设计人共有专利权的内容主要包括:①共同享有专利权的实施。共有人均可自己自由地使用该专利技术,无需征得其他共有人的同意,也不受其他成员的制约和限制。但在使用过程中进行的再次创新,仅归属于改进创新人所有。②共同享有专利权的许可。未经其他成员的一致同意,共有各方不得独自许可他人使用该专利技术;共同许可他人使用所获得的收益由所有成员共享。③共同享有专利权的转让。某共有人转让其专利权部分,必须征得其他成员的一致同意。在同等条件下,其他成员享有优先受让的权利。④共同享有专利权的放弃。共有人可以放弃其专利权。共有人放弃专利权的,应有书面声明,并经专利管理部门登记公告后生效;全体共有人放弃专利权的,应由全体共有人签字同意。

在实践中,共同发明人或共同设计人申请专利时,通常由其中一人作为全部成员的代表。

3）发明人或设计人的工作单位

随着科技的发展和社会化分工程度的提高,发明创造逐渐从原来单纯的技术方案演变成集技术创新、产品开发、市场推广于一体的系统工程。单个人往往既难以具备发明所需的知识、资金和设备,也无法充分实现发明创造的产权化和商品化,挖掘出发明的潜在经济价值和社会价值。企业、科研机构、国家机关通过工作人员在职务期间的分工协作,实现了发明成本与收益的合理匹配,增强了发明的方向性和实用性,并逐渐取代个人,成为发明的主要承担主体。基于此,合理界定职务发明及其权利归属,具有重大的现实意义。

职务发明,是指企业、事业单位、社会团体、国家机关的工作人员执行本单位的任务或利用本单位的物质条件所完成的职务发明创造。从定义中可知,职务发明通常包含以下几层含义:①职务发明的主体必须是企业、社会团体、国家机关的工作人员,不包括自由职业者。②执行本单位任务所完成的发明创造属于职务发明。③主要利用单位的物质条件所完成的发明创造属于职务发明。判断"主要利用"的标准,一看利用的数量,即发明过程中是否全部或大部分利用了单位的物质条件;二看利用的效果,即该物质条件对发明创造的产生是否具有决定性作用。

当然,判断职务发明的标准不取决于发明是在工作时间还是业余时间完成,而在于是否与发明人或设计人的本职工作密切相关。

职务发明的权利归属。依据我国《专利法》的规定,职务发明的权利归属具有以下主要内容:①职务发明申请专利的权利属于该单位;申请被批准后,专利权人为发明创造人所在的单位,而不是职务发明人。②完成职务发明的发明人和设计人虽不享有专利权,但依然享有署名权和取得相应的物质奖励的权利。③单位与发明人订有合同,双方对申请专利的权利和专利权的归属事先作了约定的,依照约定执行。④以国家财政资助完成的发明创造,涉及国家安全或公共利益的,其专利权归属由国家相关法律决定;不涉及国家安全和公众利益的,申请专利的权利通常归属于其承担单位。

4）专利权的合法继受人

专利权的合法继受人,是指通过转让、受赠或继承等方式而依法取得专利权的人。依照我国《专利法》的规定,专利申请权和专利权的财产权可以转让、赠与和继承,其合法转让通常应满足以下几个条件:受让者身份必须符合受让资格,一般情况下,受让方包括外国的个人、企业或其他组织;转让主体和受让主体之间必须就转让事宜订立书面合同;转让必须向国家专利部门进行登记,并由国家专利部门进行公告;转让的法律效力是基于专利部门的登记,而不是转让主体和受让主体之间的书面合同,转让自登记之日起生效。

依据《专利法》的规定,在我国专利权的转让属于要式法律行为,专利申请权或专利权转让后,受让人依法获得专利申请权或专利权主体资格。

根据我国《继承法》第3条的规定,公民的著作权、专利权中的财产权可以作为遗产继承,发明人或设计人的合法继承人通过继承方式可以成为专利权的合法继受人。需要注意的是,专利权的合法继受人通过转让、受赠或继承等方式而依法取得专利权,并不影响专利权原始主体的发明人、设计人的身份权。

5）外国人

依照我国《专利法》的规定,外国人有权依法在我国申请专利。这里的外国人,既包括外国自然人,也包括外国法人或其他组织。根据《巴黎公约》的国民待遇原则,在我国有经常居所或真实营业所的外国人,享有和我国公民或单位同等的专利申请权和专利权。同时,我国《专利法》第18条规定:"在中国没有经常居所或者营业所的外国人、外国企业或者外国其他组织在中国申请专利的,依照其所属国同中国签订的协议或者共同参加的国际条约,或者依照互惠原则,根据本法办理。"

二、专利权的取得

专利权具有授权性特点,不能自动取得。发明创造人要想获得对其发明创造的专利保护,必须满足专利授权的条件,并依专利法向专利行政部门提出专利申请,经专利行政部门审查合格的,方可授予专利。发明创造要取得专利权,必须满足实质条件和形式条件,即申请专利的发明创造必须既满足新颖性、创造性和实用性的属性要求,又符合申请文件和程序等方面的要求。

(一) 授予专利权的条件

1. 发明或实用新型专利的授权条件

1) 新颖性

新颖性是指在申请日以前没有同样的发明或者实用新型在国内外出版物上公开发表过、在国内公开使用过或者以其他方式为公众所知,也没有同样的发明或者实用新型由他人向专利局提出过申请并且记载在申请日以后公布的专利申请文件中。也就是说申请专利的发明或者实用新型满足新颖性的标准,必须不同于现有技术,同时还不得出现抵触申请。

判断新颖性是以已经公开的现有技术为标准。具体来说,在认定新颖性的过程中,可从三个标准进行考虑,即公开标准、时间标准和地域标准。

公开标准。公开仅要求该技术脱离秘密状态,并不必然要求客观上每个人都知道。判断一项技术是否公开,是否为公众所知晓,主要从以下方面进行考察:

(1) 出版物公开,即发明创造的内容是否通过出版物在国内外公开披露技术信息。公开的程度,以所属技术领域一般技术人员能够了解该发明创造的技术特征并能实施为标准。这里的"出版物",是指记载有技术或设计内容的独立存在的有形传播载体。所谓"公开披露技术信息",是指技术内容向不负有保密义务的不特定相关公众公开,如果该出版物是秘密出版,限定了阅读对象或仅提供给特定的人,则不属于公开。

(2) 使用公开,即是否通过公开使用或实施的方式公开技术内容,使公众了解和掌握该发明创造,如新产品的使用和销售,新方法的操作和展示等。其中,判断使用是否达到足以导致发明创造丧失新颖性,可以参考以下两个方面:一方面,使用或实施是否在公共场所进行。这里的"公开场所"是指任何公众都可以到达的场所,而不论事实上是否有足够多的公众。另一方面,通过使用或实施,是否使公众真正了解该发明创造的实质内容。

(3) 其他方式的公开,即是否以出版物和使用以外的方式公开,如口头交谈、讲课、作报告、讨论发言、在广播电台或电视台播放等,使公众知晓发明创造的具体内容。

公开作为影响新颖性的条件,可以以上述一种方式出现,也可以以三种方式一起出现,既可以由发明创造人本人公开,也可以由他人公开。总之,只要发明创造脱离了秘密状态,为公众所知晓,并能为同行业一般技术水平的人所了解和实施,就可以认定其丧失了新颖性。当然,我国法律也规定了不丧失新颖性的公开情形。我国《专利法》第 24 条规定,申请专利的发明创造在申请日以前 6 个月内,有下列情形之一的,不丧失新颖性:在中国政府主办或者承认的国际展览会上首次展出的;在规定的学术会议或者技术会议上首次发表的;他人未经申请人同意而泄露其内容的。

时间标准。我国《专利法》第 22 条第 5 款规定:"本法所称现有技术,是指申请日以前在国内外为公众所知的技术。"也就是说,我国专利法采用申请日标准作为判断发明创造新颖性的时间标准。依照该标准,凡是发明创造的实质内容在申请日以前未被公众知晓或使用,就认定其具备新颖性。使用申请日标准时,申请日当天不包括在内。

地域标准。是指发明创造在一定空间范围内未被公众知晓和使用。我国《专利法》采用国际地域标准,即要求发明创造必须在世界范围内没有以任何方式披露过。

2)创造性

创造性,是指申请专利的发明或实用新型,在技术方案的构成上有实质性要求,必须是创造性思维活动的结果,而不是现有技术的简单归纳和综合。创造性的判断以所属领域普通技术人员的知识和判断能力为准。

创造性,又称非显而易见性。专利的非显而易见性是专利制度的核心,从许多方面来说,也是专利申请人面临的最重要的障碍。非显而易见性的判断作为一项发明可获得专利的最重要的"守门员",在一个国家的专利政策中具有重要地位。与专利新颖性的"单独对比"原则相比,判断非显而易见性时,应将一份或多份现有技术中的不同技术内容组合在一起对要求保护的发明进行评价。我国通常以下列标准来进行判断:

(1)开拓性。即该发明是首创的,在国内外前所未有。例如,蒸汽机、火车的发明,电子计算机的问世。这种发明同现有技术相比,具有本质性的区别和飞跃性的进步,因而应认定为具有创造性。

(2)克难性。即该发明为人们长期希望解决但始终未能解决的技术难题提供了解决方案,克服了现实困难,为科技的发展铺平了道路,因而应认定为具有创造性。

(3)跨越性。即该发明与已有技术相比,增加了新的技术功能,产生了超出人们预期的技术效果,因而应认定具有创造性。

(4)纠偏性。即该发明纠正了现实中普遍存在的技术偏见。技术偏见在客观上极大地阻碍了技术的发展和进步,纠正技术偏见与发明新的技术对社会进步具有同等意义的推动作用,因而应为具有创造性。

3)实用性

实用性,又称工业实用性或产业实用性,是指该发明或实用新型能够直接应用于工农业生产,并产生积极效果。具体而言,它有两层含义:一方面,该技术能够在产业中制造或使用。这里的产业包括了工业、农业、林业、水产业、畜牧业、交通运输业以及服务业等行业。另一方面,必须能够产生积极效果,即同现有的技术相比,申请专利的发明或实用新型能够产生更好的经济效益或社会效益,如提高产品数量、改善产品质量、增加产品功能、节约能源或资源、防治环境污染等。判断发明或实用新型是否具有实用性,一般可以从以下几个方面进行判断:

(1)可实施性。可实施性是指该发明创造或实用新型可以在产业中直接应用,其所属技术领域的一般技术人员能够实施。这就必然要求:该发明创造必须是一项完整成熟

124

的技术方案。只提出任务设想，而没有提出所属具体实施技术手段；实施后果难以预测，不能达到预期目标的；技术方案缺乏赖以实现的实验证据等情形，都是不具备可实施性的表现。该发明创造不得违背自然规律。违背自然规律的发明创造不具有实施的客观基础，不具有实用性。例如，永动机违背了能量守恒定律，根本无法制造出来，因而不能获得专利。

（2）可再现性。可再现性是指发明或实用新型所属领域的技术人员，根据公开的技术内容，能够重复实施专利申请中的技术方案。这种重复，不受次数的影响，不受随机因素的影响，其实施结果是相同的。对于无再现性的发明和实用新型，完全没有必要授予专利。如南京长江大桥是利用特定的自然环境创造的，不可移动、不可复制，即不可再现，因而不能授予专利。

（3）有益性。有益性是指发明或实用新型的实施能够产生积极良好的技术、经济和社会效果。其主要表现为：有利于提高设备性能，改良工艺，提高产品质量和生产效率；有利于节约资源、能源和劳动力，降低产品成本；有利于提高社会整体科技水平，满足社会发展的需要。

2. 外观设计专利的授权条件

新颖性。《专利法》第 23 条指出："授予专利权的外观设计，应当不属于现有设计；也没有任何单位或者个人就同样的外观设计在申请日以前向国务院专利行政部门提出过申请，并记载在申请日以后公告的专利文件中"，"授予专利权的外观设计与现有设计或者现有设计特征的组合相比，应当具有明显区别"。也就是说，授予专利权的外观设计，应当同申请日以前在国内外出版物上公开发表过或者国内公开使用过的外观设计不相同和不相近。

外观设计必须依附于特定的产品，因而"不相同"不仅指形状、图案、色彩或其组合外观设计本身不相同，也包括采用设计方案的产品也不相同。

"不相近"要求申请专利的外观设计不能是对现有外观设计的形状、图案、色彩或其组合的简单模仿或微小改动。外观设计是否相近的判断应当以一般消费者的主观感受为标准，即对于消费者来说，外观设计之间的差别对于产品的整体视觉效果是否存在显著影响，若不存在显著影响，则认为相对比的两个外观设计是相近的。相近的外观设计主要包括以下几种情形：形状、图案、色彩近似，产品相同；形状、图案、色彩相同，产品近似；形状、图案、色彩近似，产品也近似。

实用性。授予专利权的外观设计必须适于工业应用。这要求外观设计本身以及作为载体的产品能够以工业的方法重复再现，即能够在工业上进行批量生产，且批量生产的成本相对较低。

富有美感。外观设计是为了美化产品的外观而从事的设计，必须富有美感，从视觉感知上能够给消费者带来愉悦感受。富有美感的外观设计，可能不能改善产品的内在属性和功能，但在扩大产品销路方面却具有重要作用。

不得与他人在先权利相冲突。"在先取得"是指在先权利人的权利取得之日是在外观设计的申请日或优先权日之前。其中，需要注册登记产生的权利，注册登记之日即为权利取得之日。

《专利法》第 23 条第 3 款规定："授予专利权的外观设计不得与他人在申请日以前已

经取得的合法权利相冲突。"这里的在先权利,包括了商标权、著作权、企业名称权、肖像权、知名商品特有包装装潢使用权等。

冲突的表现形式通常表现为不同权利的彼此重复、交叉,多个权利人可以就相同内容的权利客体主张自己的权利。

(二)专利的申请

1. 专利申请的原则

专利申请的原则,是指专利申请人及国家专利主管部门在专利申请阶段应该共同遵守的基本准则。我国《专利法》规定了以下三个原则:

(1)形式法定原则。是指在进行专利申请时,应该采用我国《专利法》所规定的形式提交专利申请文件和相关资料。目前,我国的专利申请一般采用书面形式。所谓书面申请,是指专利申请人在专利申请中的各种申请文件及法定手续均应以书面文字形式办理。采用书面申请,便于国家专利主管部门的受理和审查,便于申请文件的长期保存,也便于建立准确、全面、科学的专利文献体系。

(2)单一性原则。是指一件专利申请只能限于一项发明创造,又称为一发明一专利原则。如果一件专利申请案中包含了来自不同技术领域的多个发明创造,将会给专利审查带来难以克服的困难,使申请案的分类、检索、实质性审查等工作无法顺利进行。因此,世界上实行专利制度的国家普遍采用单一性原则,我国也不例外。

我国《专利法》第31条规定:"一件发明或者实用新型专利申请应当限于一项发明或者实用新型。属于一个总的发明构思的两项以上的发明或者实用新型,可以作为一件申请提出。一件外观设计专利申请应当限于一项外观设计。同一产品两项以上的相似外观设计,或者用于同一类别并且成套出售或者使用的产品的两项以上外观设计,可以作为一件申请提出。"

这包含了两层含义:一方面,原则上一件专利申请只能限于一项发明创造、一项实用新型、一项外观设计,即必须进行单案申请。另一方面,属于一个总的发明构思的两项以上的发明或实用新型,可以作为一件申请提出;用于同一类别并且成套出售或使用的产品的两项以上的外观设计,也可以作为一件申请提出,即进行合案申请。

(3)先申请原则。又称优先权原则,是指两个或两个以上的申请人分别就同样的发明创造申请专利的,专利权授给先申请的人。

关于优先权,我国《专利法》第29条规定:"申请人自发明或者实用新型在外国第一次提出专利申请之日起12个月内,或者自外观设计在外国第一次提出专利申请之日起6月内,又在中国就相同主题提出专利申请的,依照该外国同中国签订的协议或者共同参加的国际条约,或者依照相互承认优先权的原则,可以享有优先权。申请人自发明或者实用新型在中国第一次提出专利申请之日起12个月内,又向国务院专利行政部门就相同主题提出专利申请的,可以享有优先权。"

由此可见,优先权分为国外优先权和国内优先权。发明、实用新型、外观设计均可以享有国外优先权,而国内优先权,外观设计则不能享有。优先权的设立有利于提高专利申请人的申请效率,进一步维持专利申请的申请秩序。

申请人要求享有国外或国内优先权的,应当在申请时提出书面声明,并在3个月内提交第一次在国外或国内提出的专利申请文件的副本。未提出书面声明或逾期未提交专利申请文件副本的,视为没有主张优先权。申请人主张优先权的,优先权日即视为申请日。

2. 专利申请文件

专利申请文件,是指发明创造的权利人在申请专利时需要向专利主管部门提交的书面文件的总称。发明、实用新型和外观设计对申请文件具有不同的要求。

1)申请发明或实用新型专利应提交的文件

申请发明或者实用新型专利的,应当提交请求书、说明书及其摘要和权利要求书等文件。

请求书,是申请人向专利行政部门表达请求授予专利权的愿望的申请文件。请求书应当写明发明或实用新型的名称,发明人或设计人的姓名,申请人姓名或名称、地址,以及其他事项。一般情况下,只要填写了国家知识产权局印制的《发明专利请求书》或《实用新型专利请求书》表格,即可认定已经表达了请求授予专利的愿望。

说明书及其摘要。说明书是国家专利主管部门进行实质审查的基础。《专利法》第26 条第 3 款规定:"说明书应当对发明或者实用新型作出清楚、完整的说明,以所属技术领域的技术人员能够实现为准;必要的时候,应当有附图……"说明书要求用词规范、语句清楚,并不得有商业性的宣传用语。说明书摘要是说明书公开内容的概要,应当简要说明发明或实用新型的技术要点,以便于公众进行专利检索。《专利法实施细则》第 23 条第 1 款规定:"说明书摘要应当写明发明或者实用新型专利申请所公开内容的概要,即写明发明或者实用新型的名称和所属技术领域,并清楚地反映所要解决的技术问题、解决该问题的技术方案的要点以及主要用途。"说明书摘要可以包含最能说明发明的化学式、反应式或数学式,可以附图,但不得使用商业性宣传用语。

权利要求书,是申请人请求给予专利保护的范围的书面表达。申请人取得专利后,权利要求书就成为判断他人行为是否构成专利侵权的依据。《专利法》第 26 条第 4 款规定:"权利要求书应当以说明书为依据,清楚、简要地限定要求专利保护的范围。"权利要求书的主要内容是说明发明或实用新型的技术特征,以此来表达请求保护的范围。权利要求书所记载的技术特征必须在说明书中找到根据,该权利要求才被视为有效。说明书中记载的技术内容只有通过权利要求书明确表达出来,才能得到法律的保护。

2)申请外观设计专利提交的文件

申请外观设计专利的,应当提交请求书以及该外观设计的图片或照片等文件,并且应当写明使用该外观设计的产品及其所属类别。

请求书。申请外观设计专利的请求书,应按照专利主管部门公布的外观设计产品分类表,写明使用外观设计的产品及其所属类别。

图片或照片。图片或照片能够清楚直观地表达外观设计申请人的要求和申请专利的外观设计的特征。因此,申请人应提交该外观设计的不同角度、不同状态的图片或照片,以准确、完整地显示请求保护的外观设计。请求保护色彩的外观设计专利申请,还应当提交彩色和黑白的图片或照片各一份,并在黑白图片或照片上注明请求保护的色彩。

简要说明。外观设计的简要说明应当写明外观设计产品的名称、用途、设计要点,并指定一幅最能表明设计要点的图片或照片。省略视图或请求保护色彩的,应当在简要说明中写明,以利于对外观设计进行解释。简要说明不得使用商业性宣传用语,也不能用来说明产品性能。

使用外观设计的产品样品或模型。专利主管部门认为必要时,可以要求外观设计专利申请人提交使用外观设计的产品样品或模型。样品或模型的体积不得超过 30 厘米 × 30 厘米 × 30 厘米,重量不得超过 15 千克。易腐、易损或危险品不得作为样品或模型提交。

3)专利申请日

专利申请日既是专利审批程序中对专利申请进行公开、实质审查的时间依据,也是专利保护期限的起算日。因此,依法确定的专利申请日具有重要的法律意义。

确定申请日是专利局在专利申请受理中的一项重要工作。一般而言,专利主管部门收到专利申请文件之日即为申请日。如果申请文件是邮寄的,以寄出的邮戳日为申请日。申请人享有优先权的,优先权日被视为申请日。

(三)专利申请的审查

专利是国家经过法定程序授予的权利,必须经过审查批准才能取得。实行专利审查制度,有利于统一专利标准,提高专利质量,维持良好的申请秩序。对于发明专利、实用新型和外观设计专利,我国《专利法》分别规定了不同的审查制度。

1. 发明专利的审查

我国对发明专利实行审查制,同时进行形式审查和实质审查。只有同时符合形式条件和实质条件的专利申请,才能够获得专利权。对于发明专利的具体审查过程,主要分为以下几个阶段:

(1)初步审查。初步审查主要是审查申请人是否具有申请资格,申请的主题是否属于保护对象,专利申请文件是否齐备,格式和撰写内容是否符合要求,是否明显是专利法意义上的发明,以及申请人是否已缴纳申请费等。

对于形式上的缺陷,申请人可以补正或陈述意见,经过补正或陈述意见后仍然不能达到要求的,申请予以驳回。

(2)早期公开。我国对发明专利申请实行的是"早期公开,延迟审查"制度。《专利法》第 34 条规定,"国务院专利行政部门收到发明专利申请后,经初步审查认为符合本法要求的,自申请日起满 18 个月,即行公布。国务院专利行政部门可以根据申请人的请求早日公布其申请"。早期公开的目的是使公众可以及早阅读和索取有关文献,有利于公众对专利申请进行监督和协助,也有利于最新技术的传播和利用。

发明专利申请文件一旦公布,任何人都可以通过阅读说明书了解其记载的技术内容并加以实施。由于此时专利申请还未经过实质审查获得授权,因此他人未经许可实施该发明的行为并不构成侵权,对此,申请人只有等专利获得授权以后,才能要求其支付适当的使用费。

(3)实质审查。实质审查是对申请专利的发明是否具有专利性所进行的审查。《专利法》第 35 条规定,"发明专利申请自申请日起 3 年内,国务院专利行政部门可以根据申请人随时提出的请求,对其申请进行实质审查;申请人无正当理由逾期不请求实质审查的,该申请即被视为撤回。国务院专利行政部门认为必要的时候,可以自行对发明专利申请进行实质审查"。

实质审查的核心内容是发明是否具有专利性条件,即新颖性、创造性和实用性。对不符合专利性的申请,国务院专利行政部门可以要求申请人在指定期限内修改或陈述意见,无正当理由逾期不予答复的,视为撤回专利申请。修改或陈述意见后仍不符合要求的,申请予以驳回。

(4)授权登记公告。依照我国《专利法》第39条的规定,发明专利申请经实质审查没有发现驳回理由的,由国务院专利主管部门作出授予发明专利权的决定,发给发明专利证书,同时予以登记和公告。发明专利权自公告之日起生效。

国务院专利行政部门发出授予专利权的通知后,申请人应当自收到通知之日起2个月内办理登记手续。申请人按期办理登记手续的,专利主管部门应当授予专利权,颁发专利证书,并予以公告。期满未办理登记手续的,视为自动放弃专利权的取得。

2. 实用新型和外观设计专利的审查

实用新型和外观设计对国民经济和技术进步的作用远较发明小,所以多数国家对实用新型和外观设计申请并不进行实质审查。我国对实用新型和外观设计专利申请的审查采用登记制,即只进行形式审查,只对申请文件是否完备,文件书写格式是否符合规定、代理人的手续是否合法以及是否已经缴纳了申请费等进行审查。

实用新型和外观设计专利申请经初步审查符合形式条件,没有发现驳回理由的,由专利主管部门作出授予实用新型专利权或外观设计专利权的决定,发给相应的专利证书,同时予以登记和公告。实用新型专利权和外观设计专利权自公告之日起生效。

(四)专利的复审

专利的复审,是指由专利复审委员会对当事人不服国家专利主管部门有关处理决定的请求进行的审查。国家知识产权局设立专利复审委员会,其成员由国家专利主管部门指定的有经验的技术专家和法律专家组成。

专利申请人对专利局驳回申请的决定不服的,可以自收到通知之日起3个月内,向专利复审委员会请求复审。申请人请求复审的,应当向专利复审委员会提交复审请求书,说明理由并附具有关证明文件。复审请求书不符合规定的,复审请求人应在专利复审委员会指定的期限内补正。逾期不补正的,复审请求视为未提出。

专利复审委员会对复审请求应及时进行审查,复审后作出处理决定,并以书面形式通知复审请求人。复审请求人对专利复审委员会的复审决定仍不服的,可以自收到通知之日起3个月内向人民法院起诉。

(五)专利的无效宣告

一项专利申请,只有符合专利法所规定的各项条件时才能被授予专利权。但在专利审查过程中,往往也会出现错误和遗漏。事实上,专利权被授予后,仍然存在被宣布无效的可能。

1. 宣告专利无效的申请的提出

我国《专利法》第45条规定,"自国务院专利行政部门公告授予专利权之日起,任何单位或者个人认为该专利权的授予不符合本法有关规定的,可以请求专利复审委员会宣告该专利权无效"。请求宣告专利无效,必须依法向专利复审委员会提交申请书和相应文件,并说明理由。

专利复审委员会对宣告专利权无效的请求应当及时审查和作出决定,并通知请求人和专利权人。专利复审委员会认为请求书符合法律规定的,应依法定程序作出宣告专利权无效或维持专利权的明确决定。

对专利复审委员会宣告专利权无效或维持专利权的决定不服的,可以自收到通知之日起3个月内向人民法院起诉。人民法院应当通知无效宣告请求程序的当事人作为第三人参加诉讼。

2. 专利被宣告无效的法律后果

专利权被宣告无效后,专利权视为自始不存在。

宣告专利权无效的决定,对在宣告专利权无效前人民法院作出并已执行的专利侵权的判决、裁定,已经履行或强制执行的专利侵权纠纷处理决定,以及已经履行的专利实施许可合同和专利权转让合同等,都不具有追溯力。但是因专利权人的主观过错给他人造成的损失,应当给予适当赔偿。

依照上述规定,若专利权被宣布无效,专利权人或专利权转让人应该向被许可实施专利人或专利权受让人返还专利使用费或专利权转让费。

三、专利权的行使

(一)专利权的转让与许可

1. 专利权的转让

专利权的转让是指专利申请权人和专利权人将其享有的专利申请权或专利权依法转让给他人的行为。专利的转让与一般的财产转让不同,这种转让不是由双方当事人无限制地进行,而是必须严格按照法律规定的条件和程序进行。我国《专利法》第10条规定:"专利申请权和专利权可以转让。中国单位或者个人向外国人、外国企业或者外国其他组织转让专利申请权或者专利权的,应当依照有关法律、行政法规的规定办理手续。转让专利申请权或者专利权的,当事人应当订立书面合同,并向国务院专利行政部门登记,由国务院专利行政部门予以公告。专利申请权或者专利权的转让自登记之日起生效。"显然,现行《专利法》"依照法律、行政法规规定办理手续"的规定相比于原《专利法》更为科学合理:国内主体向国外主体转让专利申请权或专利权时,经常会涉及国家利益,原法仅仅要求由专利主管部门直接进行批准,新法的规定则要求"依法办理手续",更强调了程序制约。

依照《专利法》第10条第1款的规定,专利申请权和专利权都可以进行转让。

(1)职务发明创造,申请专利的权利属于发明人或者设计人任职的单位;非职务发明创造,申请专利的权利属于发明人或者设计人。拥有申请专利的权利的单位或个人可以将其专利申请权转让给他人。转让后,受让人成为新的专利申请权人,继受取得原专利申请权人的全部权利和义务。

(2)专利权是依法取得的财产权利。专利权人可以按照自己的意愿依法自由处分其专利权,既可以有偿转让,也可以无偿赠与。专利权转让或赠与后,主体发生变更,受让人成为新的专利权人,享有专利产品独占权的同时承担相应义务,如缴纳专利年费等。

依照《专利法》第10条第2款、第3款的规定,转让专利申请权和专利权,须遵守以下规定:

(1)中国单位或者个人向外国人、外国企业或者外国其他组织转让专利申请权或者专利权的,应当依照有关法律、行政法规的规定办理手续。这里的"中国单位",包括依法取得中国法人资格的各类法人和其他组织;这里的"中国个人",是指具有我国国籍的公民。现行专利法将原专利法中的向国外主体转让需审批的规定，修改为依照有关法律、行政法规的规定办理手续。这一修改使专利申请权和专利权的对外转让更加便捷。

（2）转让专利申请权或者专利权的，让与人与受让人应当订立合同。该合同为要式合同，即必须以书面形式订立。对转让专利申请权或专利权的合同，除本法或有关行政法规另有规定的以外，应适用《合同法》的有关规定。

（3）专利申请权或者专利权的让与人与受让人订立转让合同后，应当向国务院专利行政部门办理登记。专利申请权或者专利权的转让自登记之日起生效。需要指出的是，当事人办理登记，是专利申请权或专利权转移生效的要件，而不是转让合同生效的要件。依照合同法的规定，依法成立的转让专利申请权或转让专利权的合同，自成立时即生效，当事人一方不得以未经登记为由主张合同无效。合同成立后，因未向专利主管部门办理登记手续而使转让不生效的，当事人应当依法补办登记手续。可见，专利的转让与一般的财产转让不同，这种转让不是由双方当事人无限制地直接进行，而是必须严格按照法律规定的条件和程序进行。

（4）按照国务院发布的《国防专利条例》的规定，国防专利申请权和国防专利权只能向国内的中国单位或者中国公民转让，禁止向国外的单位或者个人转让。转让国防专利申请权或者国防专利权的，应当确保国家秘密不被泄露，保证国防和军队建设不受影响，并向国防专利机构提出书面申请，按规定审批。专利主管部门对已经登记的专利申请权或专利权的转让，应当予以公告，使公众可以知晓专利申请权或专利权主体的变更情况。

2. 专利实施许可

专利实施，是指专利权人自己或许可他人制造、使用、销售、进口其专利产品，或使用其专利方法的合法行为。专利实施许可，又称专利许可证贸易，是指专利权人或经专利权人授权的人作为许可方，通过订立专利实施合同的方式，许可被许可方在约定范围内实施专利技术并收取相应的使用费。专利实施许可与专利转让不同，专利实施许可合同生效后专利权归属于许可方，不发生专利权主体的变更，被许可方仅仅享有合同约定范围内的实施权。

根据不同的分类标准，将专利实施许可分为以下种类：

根据被许可人享有的实施权的排他程度，可以将专利实施许可分为独占实施许可、排他实施许可和普通实施许可。独占实施许可，又称完全独占性许可，是指在独占实施许可的有效期间，在合同约定的范围内，被许可人是唯一的合法使用者，被许可人以外的任何人，包括专利权人本人，都不得使用该专利的许可方式。在独占实施许可有效期间和合同约定的范围内，专利权人暂时丧失专利使用权，当独占实施许可合同届满时，专利权人才可恢复对该部分专利的使用权。因此，被许可方一般需要支付许可方较高的报酬。排他实施许可，又称独家实施许可，是指在实施许可的有效期间和合同约定的范围内，专利权人将许可他人实施专利的权利仅授予某一位被许可人，专利权人不得允许任何第三人实施该项专利，但专利权人本人仍然保留专利实施权的许可方式。排他实施许可与独占实施许可的根本区别在于，实施许可人本人仍然保留有专利实施权。普通实施许可，又称一般实施许可，是指许可人允许被许可人在合同约定的条件和范围内实施该专利，但是许可人保留许可被许可人以外的任何第三人实施该项专利权利的许可方式。可见，普通实施许可的许可人在同一地域内，可以同时允许多个被许可人使用该项专利技术并收取多份报酬。

根据颁发专利实施许可的人是否为专利权人,可以将专利实施许可分为主实施许可、分实施许可。主实施许可,是指专利权人自己颁发的专利实施许可。分实施许可,是指经专利权人许可的被许可人再向他人颁发的专利实施许可。被许可人进行分实施许可时必须以主实施许可合同的授权条款为基本前提。

3. 强制许可

强制许可,是指在法律规定的特殊条件下,未经专利权人同意,他人可以在履行法定手续后取得实施专利的许可,但仍应向专利权人缴纳专利实施许可费的一种专利实施许可方式。

我国《专利法》第48条规定:"有下列情形之一的,国务院专利行政部门根据具备实施条件的单位或者个人的申请,可以给予实施发明专利或者实用新型专利的强制许可:专利权人自专利权被授予之日满3年,且自提出专利申请之日起满4年,无正当理由未实施或者未充分实施其专利的;专利权人行使专利权的行为被依法认定为垄断行为,为消除或者减少该行为对竞争产生的不利影响的。"专利权是排他效力最强的知识产权,为了防止权利的滥用,法律设置了该类强制许可。与旧法第48条规定相比,新法规定将强制许可的条件进一步细化:

从强制许可的时间来看,除了要求专利权人自专利权被授予之日起满3年外,还增加了要求自提出专利申请之日起满4年的条件。

增加了要求专利权人无正当理由未实施或未充分实施其专利的条件。

除了专利权人不实施的情形外,法律还增加规定了另一种情形,即专利权人滥用专利权构成非法垄断的情形。

我国《专利法》第52条规定:"强制许可涉及的发明创造为半导体技术的,其实施限于公共利益的目的和本法第48条第2项规定的情形。"该规定是对强制许可的限制条件,即强调对于涉及半导体技术的强制许可,法律要求必须限于公共利益的目的,或以防止利用半导体技术进行非法垄断行为为目的。

由于在WTO多哈回合谈判中对公共健康与知识产权的关系达成了协议,2008年,我国修订《专利法》时增加了第50条,即增加了为了公共健康目的,对取得专利权的药品,国家专利主管部门可以给予制造并将其出口到符合条件的国家或地区的强制许可。当然,该规定中的"取得专利权的药品",是指解决公共健康问题所需的医药领域中的任何专利产品或依照专利方法直接获得的产品,包括取得专利权中制造该产品所需的活性成分以及使用该产品所需的诊断用品。2012年5月1日起施行的《专利实施强制许可办法》第7条规定,为了公共健康目的,具备实施条件的单位可以根据专利法第50条的规定,请求给予制造取得专利权的药品并将其出口到下列国家或者地区的强制许可:最不发达国家或者地区;依照有关国际条约通知世界贸易组织表明希望作为进口方的该组织的发达成员或者发展中成员。

此外,我国专利法还允许政府出于对国家利益或公共利益的考虑,进行政府征用许可。《专利法》第14条规定:"国有企业事业单位的发明专利,对国家利益或者公共利益具有重大意义的,国务院有关主管部门和省、自治区、直辖市人民政府报经国务院批准,可以决定在批准的范围内推广应用,允许指定的单位实施,由实施单位按照国家规定向专利权人支付使用费。"

（二）专利权的限制

为了平衡专利权人、专利使用人与社会公众之间的利益,各国专利法对专利权人的权利作出了不同程度的限制性规定,主要表现在以下几个方面:

1. 专利的保护期

专利的保护期,是指专利权人享有的专利权从生效到正常终止的法定期间。专利的保护期届满后,专利权自动失效,专利技术进入公共领域,任何单位和个人均可无偿使用。国际上,发明专利的保护期一般为 15~20 年,实用新型、外观设计专利权的保护期一般在 10 年以内。关于专利保护期限起算的时间,各国专利法和相关国际公约有不同的规定,主要有自申请日起算、自申请次日起算、自审查后公告之日起算、自早期公开日起算、自专利批准日起算、自提交申请之日起算等。例如,英国、法国、德国、意大利等国专利法规定发明专利的保护期为自申请日起 20 年;智利专利法规定发明专利的保护期为自授权之日起 15 年（不可续展）,对于国外已经授权的发明专利,在其专利有效期届满之前可以授权,但不论何种情况都不能超过 15 年,实用新型的保护期为自申请之日起 10 年。

我国现行《专利法》第 42 条规定:"发明专利权的期限为 20 年,实用新型专利权和外观设计专利权的期限为 10 年,均自申请日起计算。"

2. 首次销售原则

首次销售原则,又称权利用尽原则,是指专利权人本人制造的或许可他人制造的专利产品进行首次销售后,专利权人对这些特定产品就不再享有任何意义上的支配权,即商品购买者对所购买的产品使用或再转让都与专利权人无关。

我国《专利法》第 69 条第 1 项规定,专利产品或者依照专利方法直接获得的产品,由专利权人或者经其许可的单位、个人售出后,使用、许诺销售、销售、进口该产品的,不视为侵犯专利权。需要注意的是,该规定同时也确认了进口权在首次销售中用尽。换言之,其允许平行进口行为不经专利权人的许可,即承认平行进口行为在我国是合法的。这种做法有利于在国际贸易中消除价格歧视,从而维持良好的进出口秩序。

3. 善意侵权

善意侵权,是指在不知情状态下销售或使用专利侵权产品,而侵犯了他人专利权的,不承担赔偿责任。我国《专利法》第 70 条规定:"为生产经营目的使用、许诺销售或者销售不知道是未经专利权人许可而制造并售出的专利侵权产品,能证明该产品合法来源的,不承担赔偿责任。"该规定明确了这种行为针对的对象是专利侵权产品,并且行为的范围限于使用、销售以及许诺销售。

4. 先行实施

先行实施,也称在先使用,是指在专利申请日前已经实施专利或已经作好实施的必要准备的其他人,有权在原有范围内继续实施其独立完成的相同的发明创造。

我国《专利法》第 69 条第 2 项规定,在专利申请日前已经制造相同产品、使用相同方法或者已经作好制造、使用的必要准备,并且仅在原有范围内继续制造、使用的,不视为侵犯专利权。这里强调的先行实施,仅指在申请日之前尚处于秘密状态的先行实施。若申请日前已经公开实施,那么该专利技术就丧失了新颖性,也就不存在专利的先行实施问题。

5. 临时过境

临时过境,是指一国的船舶、飞机或车辆等运输工具暂时地或偶然地经过他国的领陆、领水、领空的行为。因临时过境的需要而使用有关专利的,不视为专利的侵权行为。《巴黎公约》中确立的对船舶、飞机以及陆上车辆等交通工具偶然地经过他国的领陆、领水、领空使用有关专利不被认为侵权的规定,是各国发展国际运输业的现实需要,有利于保证国际运输的自由与安全。

我国《专利法》第69条第3项规定,临时通过中国领陆、领水、领空的外国运输工具,依照其所属国同中国签订的协议或者共同参加的国际条约,或者依照互惠原则,为运输工具自身需要而在其装置和设备中使用有关专利的,不视为侵犯专利权。这一规定既符合国际惯例,也是我国立法上的必然选择。

6. 非营利实施

专利权的范围集中于专利技术在产业实施中的垄断而非技术的垄断,因而依据该权利所主张的对他人行为的禁止一般也仅限于为生产经营目的而实施专利,而不能限制为促进科学技术发展的正当的、非营利性的实施使用。例如为了科学研究和实验使用某项专利技术,以及为课堂教学进行的专利技术演示行为不属于侵犯专利权的行为。事实上,实践中类似的非营利实施专利权的行为与专利权人之间不存在竞争关系,那么对专利权人的市场利益并不会构成侵害,这是非营利实施在各国专利法中不作侵权行为处理的主要原因。

我国《专利法》第69条第4项规定,专为科学研究和实验而使用有关专利的,不视为侵犯专利权。事实上,专利的非营利实施与专利权的使用之间不存在竞争关系,不会对专利权人的经济利益造成重大损害。相反,可以有效推动科学技术的进步,合理限制专利权人的独占权,防止专利权人利用专利权进行不正当竞争,从而更好地保障公众利益。

7. 为行政审批而实施

我国《专利法》第69条第5项规定,为提供行政审批所需要的信息,制造、使用、进口专利药品或者专利医疗器械的,以及专门为其制造、进口专利药品或者专利医疗器械的,不视为侵犯专利权。

世界各国对药品和医疗器械的生产都需要进行严格的行政审批,依据专利法的规定,为了获得行政主管部门的生产许可而实施有关药品或者医疗器械的专利技术行为,不视为侵犯专利权的侵权行为,即所谓的"药品和医疗器械实验例外"规则。

（三）专利的期限和终止

1. 专利权的期限

各国的专利法对专利权都规定了一定的权利有效期,这就是知识产权的"法定时间性"。我国《专利法》第42条规定:"发明专利权的期限为20年,实用新型专利权和外观设计专利权的期限为10年,均自申请日起计算。"专利权的保护期在所有知识产权法定期限中是最短的。这个保护期是由什么决定的呢?笼统地说,有效期应该是鼓励发明并以此促进产业发展所需的时间,期限太短,发明投资的回报难以收回;期限太长,会妨碍技术进步,产业活动受阻,不符合公共利益的要求。多数国家将有效期规定为14年~20年,与其说是按上述理论标准确定的,不如说是历史的原因。1624年英国垄断法规定了14年的期限,是当时一个学徒期限的2倍。据说在这样长的时间内足以使一个外行掌握本领域普通技术。一项新技术经过14年的公开使用也就成为了本领域的通用技术,没有继续保护的必要了。后各国沿用此例。

专利权期限自申请日起算,但自申请日起,发明处于不同的法律状态,申请人、专利权人所享有的权利是不完全相同的。自申请日起的三个阶段分别为:

(1)从申请日到申请公布为第一个阶段。此阶段,专利申请尚未公开,发明仍处于秘密状态,因此他人以正当手段取得或掌握发明内容的,申请人无权禁止其实施或者传播发明,也不能要求其支付使用费。

(2)自申请内容公布到专利批准之前为第二个阶段。在此期间,发明专利申请已被专利局公布,公布的结果使得任何人,特别是申请人的竞争者,可以了解申请保护的发明,从说明书中得到技术指导,并且能够实际利用此项发明。由于这个阶段需要延续较长时间,因此申请人在这个阶段里享有“临时性保护”。申请人可以要求实施其发明的单位或者个人支付适当的费用。支付报酬的请求被拒绝的,申请人无法向有关机关请求处理或者提出诉讼,因为该发明尚未被授予专利权。待到被授予专利权后,专利权人可以就使用费支付向专利管理机关请求处理或向法院提起诉讼。

(3)专利授权公告之日起到权利终止为第三阶段。在此期间,专利权人享有专利法赋予的独占实施权。

2. 专利权的终止

专利权的终止包括保护期届满而自然终止和因法定事由的出现提前终止。我国《专利法》第44条对专利权在期限届满前终止的法定事由作了如下规定:

(1)没有按照规定缴纳年费。按期缴纳年费是专利权人的义务。年费一般是每年缴一次,过期不缴年费,可以有一个宽限期,但过了宽限期仍不缴年费的,专利权终止。

(2)声明放弃专利权。专利权人以书面申请放弃其权利可导致专利权提前终止。放弃专利权可能是由于其专利技术已被自己或别人的新技术取代,继续保持该专利权已无必要;或者由于专利权人察觉到竞争对手要请求宣告其专利权无效,而不愿卷入麻烦的诉讼活动等。放弃专利权时,应按照专利权法实施细则的规定提交请求书。如果专利权人已经许可他人实施其专利发明创造的,放弃专利权时应当征得被许可人的同意。被许可人不同意放弃专利权的,可以专利权人的名义缴纳专利年费,继续维持专利权的效力。共有的专利权,应取得所有共有人的同意。

专利权终止后,该发明创造就成为公共财富,任何人都可以自由利用。

四、专利权的保护

(一)专利权的保护范围

1. 概述

专利权的保护范围,是指专利权的法律效力所及的范围。一般认为,权利要求书是确定专利权的保护范围的重要依据。但是各国对权利要求书的理解和解释方法不同,主要存在以下三种:

(1)周边限定原则。这种原则认为,权利要求书是专利保护的范围,应严格依照权利要求书文字内容进行解释,即权利要求书记载的范围是专利保护的最大限度,任何扩大解释都是不允许的。美国、英国、巴西等国家在立法上都采用周边限定原则。这种做法的优点是通过权利要求书可以相对清晰地了解该专利权的保护范围;缺点是对于专利申请人或专利代理人提出了较高的要求,权利要求书的撰写必须再三推敲、斟酌,否则专利权人则可能因为权利要求撰写方面的缺陷,导致其技术不能得到充分的保护。

(2)中心限定原则。这种原则认为,权利要求书是专利保护的范围,但在理解和解释权利要求时,完全不应拘泥于权利要求书的文字记载,而应该以权利要求书为中心,向外作适当的扩大解释,并全面考虑发明的目的、性质以及说明书和图纸,将中心四周一定范围内的技术也包括在专利保护范围内。德国采用此原则。此原则的优点是可以有效地防止有人利用权利要求书撰写方面的缺陷,侵犯专利权,从而达到更充分地保护专利权人利益的目的;缺点是无法对专利权的权利保护范围进行准确判断,可能损害公众利益。

(3)折衷原则。这种原则认为,专利的保护范围应根据权利要求的内容来确定,说明书和附图应当用来解释权利要求。欧洲专利公约及参加该公约的各国都采用此原则。这种规则吸取了周边限定原则和中心限定原则的优势,同时弥补了两者的不足,因而获得了广泛的应用。实际上,目前世界上简单、绝对地采用某一种做法的国家并不多见。即使是采用"中心限定"的典型代表德国,如今在其司法实践中也已经开始注重权利要求的文字表述,而不是笼统地完全以权利要求为中心结合发明目的、效果等向外作扩大解释。而采用"周边限定"的国家,如美国等,都通过其他办法加以补救,这种做法实际上已是对周边限定原则的一种折衷或修正。

2. 我国专利权的保护范围

1)发明、实用新型专利权的保护范围

《专利法》第 59 条第 1 款规定:"发明或者实用新型专利权的保护范围以其权利要求的内容为准,说明书及附图可以用于解释权利要求的内容。"《专利法》第 26 条第 4 款规定:"权利要求书应当以说明书为依据,清楚、简要地限定要求专利保护的范围。"将原来的"说明要求专利保护的范围"改为"清楚、简要地限定要求专利保护的范围"就更明确地指出对发明或者实用新型专利权进行保护既要考虑发明或者实用新型专利权利要求书的字面意思,又要参考说明书及附图对该权利要求所作的适当延伸。可见,在立法上我国对发明、实用新型专利权的保护范围的理解采取的是与欧洲专利公约相同的折衷原则。

新修订的《中华人民共和国专利法实施细则》第 17 条第 1 款规定:发明或者实用新型专利申请的说明书应当写明发明或者实用新型的名称,该名称应当与请求书中的名称一致。说明书应当包括下列内容:技术领域。写明要求保护的技术方案所属的技术领域。背景技术。写明对发明或者实用新型的理解、检索、审查有用的背景技术;有可能的,并引证反映这些背景技术的文件。发明内容。写明发明或者实用新型所要解决的技术问题以及解决其技术问题采用的技术方案,并对照现有技术写明发明或者实用新型的有益效果。附图说明。说明书有附图的,对各幅附图作简略说明。

综上,确定发明和实用新型的保护范围应从以下几个方面理解:

确定发明或实用新型的保护范围应以发明或实用新型的专利权授予时确定的权利要求为最根本的依据。需要注意的是,权利要求书的内容没有记载的,不属于专利保护的范围。

确定发明或实用新型的保护范围应当准确理解权利要求书的实质内容,并参考说明书及附图,了解发明或实用新型的目的、作用及技术效果,以便在实践中遇到相似发明和实用新型时,能更好地进行分析和比较,从而准确判断是否构成侵权。

在发明或者实用新型的说明书中,可以通过写明发明或者实用新型拟解决的技术问题以及解决其技术问题所采用的技术方案,并对照现有技术写明发明或实用新型的有益效果,区别于最接近的现有技术的技术特征等限定发明或实用新型要求保护的范围。

2)外观设计专利权的保护范围

修订前的《专利法》认为外观设计专利权的保护范围只能根据外观设计的图片或者照片确定。现行《专利法》第59条第2款规定:"外观设计专利权的保护范围以表示在图片或者照片中的该产品的外观设计为准,简要说明可以用于解释图片或者照片所表示的该产品的外观设计。"现行《专利法》增加了对产品外观设计进行简要说明的部分,对专利保护范围的规定也更为合理、准确和完整。

(二)专利侵权行为

1. 专利侵权行为的概念

专利侵权行为,是指在专利权有效期内,行为人未经专利权人许可,擅自实施他人专利以牟取利益的非法行为。具体来说,专利侵权行为应同时满足以下要件:

(1)行为侵害了有效专利。若行为所实施专利的专利权有效期已满、被专利权人放弃或被宣告无效等,则该行为不属于侵权行为。

(2)行为未经专利权人许可。凡是经过专利权人同意的实施行为,如签订了专利权转让合同、专利实施许可合同等,均属于合法的权利行使,不构成侵权。

(3)以牟取利益为目的,对专利权人的利益造成重大损害。为科学研究和实验而使用有关专利的情形不视为侵权行为。

(4)行为人有主观过错。行为人故意或因疏忽而在不知情的状态下实施了他人专利。

2. 专利侵权行为的法律责任

1)侵犯专利权的民事责任

对于侵犯专利权人独占实施权的行为,行为人通常需要承担相应的民事责任。依照我国《民法通则》和《专利法》,专利侵权的民事责任主要表现为停止侵权和赔偿损失。

停止侵权,是实施法律救济中首先适用的措施,可以有效防止侵害行为危害的进一步扩大,避免侵权行为给专利权人造成更大损失。

损害赔偿应当贯彻公正原则,使专利权人因侵权行为受到的实际损失能够得到合理赔偿。《专利法》第65条规定:"侵犯专利权的赔偿数额按照权利人因被侵权所受到的实际损失确定;实际损失难以确定的,可以按照侵权人因侵权所获得的利益确定。权利人的损失或者侵权人获得的利益难以确定的,参照该专利许可使用费的倍数合理确定。赔偿数额还应当包括权利人为制止侵权行为所支付的合理开支。权利人的损失、侵权人获得的利益和专利许可使用费均难以确定的,人民法院可以根据专利权的类型、侵权行为的性质和情节等因素,确定给予1万元以上100万元以下的赔偿。"该规定明确了侵犯专利权的赔偿应当包括权利人维权的成本,加大了对违法行为的处罚力度。权利人要请求赔偿其为制止侵权行为所支付的合理开支,应当证明以下三点:①该项开支已经发生;②该项开支是制止侵权行为所支付的;③该项开支是合理的。关于损害赔偿额的计算,遵照的逻辑顺序是:专利权人因侵权行为遭受的实际损失,侵权人因侵权行为所获得的利益,该专利许可使用费的倍数,法定赔偿额。为了进一步保护专利权人的合法权益,将法定赔偿额的最高额提高至100万元。

2）侵犯专利权的行政责任

《专利法》第63条规定:"假冒专利的,除依法承担民事责任外,由管理专利工作的部门责令改正并予公告,没收违法所得,可以并处违法所得4倍以下的罚款;没有违法所得的,可以处20万元以下的罚款;构成犯罪的,依法追究刑事责任。"

《专利法实施细则》第84条规定:"下列行为属于专利法第63条规定的假冒专利的行为:在未被授予专利权的产品或者其包装上标注专利标识,专利权被宣告无效后或者终止后继续在产品或者其包装上标注专利标识,或者未经许可在产品或者产品包装上标注他人的专利号;销售前项所述产品;在产品说明书等材料中将未被授予专利权的技术或者设计称为专利技术或者专利设计,将专利申请称为专利,或者未经许可使用他人的专利号,使公众将所涉及的技术或者设计误认为是专利技术或者专利设计;伪造或者变造专利证书、专利文件或者专利申请文件;其他使公众混淆,将未被授予专利权的技术或者设计误认为是专利技术或者专利设计的行为。"新法将假冒他人专利和冒充专利统称为假冒专利,并加强了处罚力度。

当然,以下两种情形属于例外,可以免除相应的行政责任:一方面,专利权终止前依法在专利产品、依照专利方法直接获得的产品或其包装上标注专利标识,在专利权终止后许诺销售、销售该产品的,不属于假冒专利行为。另一方面,销售不知道是假冒专利的产品,并且能够证明该产品合法来源的,由专利主管部门责令停止销售,但免除给予其罚款的处罚。

3）侵犯专利权的刑事责任

根据《专利法》第63条及《中华人民共和国刑法》第216条的规定,假冒他人专利,情节严重的,构成假冒专利罪,处3年以下有期徒刑或者拘役,并处或者单处罚金。

根据《最高人民法院、最高人民检察院关于办理侵犯知识产权刑事案件具体应用法律若干问题的解释》,假冒他人专利,具有下列情形之一的,属于刑法第216条规定的"情节严重"的情形:"非法经营数额在20万元以上或者违法所得数额在10万元以上的;给专利权人造成直接经济损失50万元以上的;假冒2项以上他人专利,非法经营数额在10万元以上或者违法所得数额在5万元以上的;其他情节严重的情形。"

第十专题　商标法基本问题

一、商标及商标权

（一）商标

日常生活中,商标可谓司空见惯。一个普通的消费者大都可以脱口报出一批自己喜欢或常用的商品的商标,更有一些名牌的崇拜者非名牌商品不买。这种现象从一个侧面反映出商标在人们生活中的作用越来越重要。商标的价值也正是在引导消费者认牌购货的过程中才得以体现的[①]。

"商标"一词为外来语,英文为 trademark 或 brand。我国称商标为牌子,称驰名商标为名牌。商标是商品或服务的标志,是生产者或经营者在其生产、经营的商品或提供的服务上使用的,由文字、图形、字母、数字、三维标志和其他颜色组合,以及上述要素组合构成的,用以区别于其他生产者或经营者的具有显著特征的标志。商标的这一概念包括以下三个层次的内涵:

（1）商标必须具有显性著特征。商标的显著性是相对于商品的区别能力而言的。区别能力强,则显著性强;区别能力弱,则显著性差;完全没有区别能力,则不具备显著性。商标的显著性,应当是突出醒目,一目了然;易认易记,便于识别;能给人以强烈的印象。

（2）商标的标志对象不仅指商品,而且包括服务。如果某物品或产品不用于交换,仅供经营者自己使用,则该物品或产品上使用的标志不能作为商标。这里所指的服务指的是商业化的社会服务,组织内部纯福利性质的服务应予排除,组织内部的非对外营业的俱乐部、娱乐部等所用标志不能称作商标。

（3）商标是区别商品或服务的标志。谁的商品上用谁的商标,消费者凭商标选购商品,生产经营者凭商标树立信誉,争夺买主,占领市场。在经济活动中,有些企业的"产品",不是作为有形的商品提供给买主,而是作为某种商业性质的服务项目提供给顾客。例如,旅游服务、银行服务、保险服务、咨询服务等。不同企业提供这类"产品"或者同一类企业提供相同种类的服务,需要不同标记来加以区别。

在现代商业社会中,商标已成为生产者和消费者之间相互沟通的重要媒介,也是生产者创立商誉和开拓市场的重要工具。商标是商品经济的产物,它的作用随着商品经济的发展而发展。具体来说,商标的作用主要包括以下几个方面。

（1）表明商品或服务的来源。使用商标不仅可以将某商品或服务与其他商品或服务区别开来,也可以将同一商品的不同生产销售者或同一种类商品的不同提供者区别开来。例如,经国家批准的卷烟、雪茄烟生产厂家,全国有数百家,其使用的商标逾千种,诸如"红塔山""牡丹""中华""凤凰"。这些卷烟商标,只能由各注册厂家专门使用,其他厂

---

① 郭禾.知识产权法选论.北京:人民交通出版社,2001.

家未经允许不得擅自采用。这样,商标总是同特定的生产经营者联系在一起,起着区别商品来源的作用。

(2)标明商品的质量。商标标志着商品的名声,有了商标,可以促进生产者讲究商标信誉,提高商品质量。商品质量和商标信誉总是紧密相连的,商品质量是商标信誉的保证和基础。一个企业为了使自己的产品扩大销路,具有一定的竞争实力,必然要努力去提高商品质量,维持商标在顾客心目中的信誉。同时,国家主管部门也可通过商标管理,对优质名牌商品进行表彰,对劣质商品督促改进。

(3)广告宣传。商标本身就是一种广告。利用商标自身别具一格的文字、图形或其结合给消费者深刻的印象,进而提高商品的知名度,给消费者以无形却是有效的购物引导。发挥商标的广告作用有两个途径:①通过消费者使用带商标的商品,使他们对商品的特点留下良好的印象,并将这一良好印象作为信息传递给其他消费者;②对于没有使用过这种商品的消费者,通过广告宣传,使他们对这种牌子感兴趣,激起他们的购买欲望。宣传商标是商品生产者提高其商品知名度的最佳途径。

(4)指导商品选购。有了商标,能够帮助消费者认牌购货,维护消费者的利益。消费者选购商品,无论是慕名而来,还是使用上的习惯,或者是对某种商品的新尝试,首先看到的是商标标志。商品利用商标点缀以吸引顾客,引导和刺激消费。一般来说,在同类商品中,谁的商标影响力大,消费者就会竞相购买谁的商品。北京的传统名牌产品,诸如"王麻子"的剪刀、"内联升"的布鞋、"同仁堂"的虎骨酒、"盛锡福"的帽子、"六必居"的酱菜,这些产品的牌子,人们熟悉,愿意购买。商标除了帮助认牌购货外,还能维护消费者的利益,使消费者能选购到称心如意、货真价实的商品。如果商品质次价高,消费者可依据商标,寻找生产者和经营者,要求退赔或调换。信誉良好的商标,其竞争力就强,竞争的结果必然是拥有良好信誉的商标的商品生产者或者经营者生意兴隆、财源茂盛;信誉差的商标,其竞争力就弱,竞争的结果必然是这种信誉差的商标所有者生意萧条、江河日下。为了增强商品信誉,商品生产者或者经营者必然要展开激烈的市场竞争,争相提高商品质量,力创名牌,增加自己商品所占的市场份额。

(二)商标权

商标权是指商标所有人对法律确认并给予保护的商标所享有的权利。它主要是指商标所有人对其注册商标所享用的专用权,也包括与此相联系的商标续展权、商标转让权、商标许可权等①。但商标专用权是商标权的核心,没有商标专用权,商标权也就失去了存在的意义。我国《商标法》第3条明确规定:"经商标局核准注册的商标为注册商标,包括商品商标、服务商标、集体商标、证明商标;商标注册人享有商标专用权,受法律保护。"由此可见,在我国商标权实际上是指注册商标专用权。一般而言,商标权包括以下内容:

(1)使用权,是指商标注册人按照法律的规定,在核准的商品上使用注册商标的权利。此种权利具有专用性和稳定性。所谓专用性,即未经商标注册人的许可,他人不得使用;所谓稳定性,即商标注册人在法律规定的范围内,对其商标可以安全地、稳定地使用,受法律保护,其他人不能非法干预。对其他人的非法干预行为,商标权人有权请求主管部门和人民法院排除妨害,赔偿损失。使用权是商标注册人最基本的权利,是商标权的核心

---

① 刘春田. 知识产权法. 北京:中国人民大学出版社,2000.

内容。商标的使用包括产品的生产者或销售者在产品或者产品的包装上直接使用,还包括服务的提供者在服务场所的使用。不仅如此,在广告中宣传自己的商标也是一种使用方式。只有商标权人可以以这些方式使用商标。

(2)转让权。商标权人可依照商标法规定的程序将注册商标所有权转让给他人。商标权转让后,原商标权人的一切权利和义务均转移给新的商标权人。转让注册商标是商标权人对其商标权的处分行为。

(3)禁止权,又称排他权,是指商标权人禁止他人未经其许可擅自使用其注册商标的权利。禁止权具体表现为禁止他人非法使用、印制注册商标及其他侵权行为。与使用权相比较,禁止权有更宽的效力范围。注册人对他人未经许可在同一种商品或类似商品上使用与其注册商标相同或近似的商标,均享有禁止权。这就是说,禁止权的效力涉及以下四种情形:①在同一种商品上使用相同的商标;②在同一种商品上使用近似商标;③在类似商品上使用相同商标;④在类似商品上使用近似商标。当注册商标具有一定的知名度时,尤其是驰名商标时,则禁止权的范围还将进一步扩大到非法的商品或服务上。如果某一服务与具有一定知名度的商标指定使用的商品相关联,且关联程度足以造成消费者的混淆和误认,如酒类与餐饮服务、汽车与汽车修理等,那么,该知名商标的所有人可以行使禁止权。

(4)许可使用权。商标权人有权许可他人使用其注册商标。商标权人可以保留自己的使用权,也可以放弃使用权,由被许可方独占使用或多家使用。但商标权人仍享有商标所有权。

对于商标权,我们除需要理解上述权利内容外,还应了解商标权的期限、续展和终止。

(1)商标权的期限,是指注册商标具有法律效力的期限,也称为注册商标的有效期。各国商标法对注册商标的期限都有规定,但期限的长短不同,有的国家规定长些,有的国家规定短些。多则20年,如美国、瑞士、意大利等;少则7年,大多数国家为10年,如日本、法国等。我国《商标法》规定,注册商标的有效期为10年,自核准注册之日起计算。

(2)商标权的续展。简单地说,就是延长商标权的有效期限。具体来说,是指商标权人在商标权有效期届满前向商标注册机关办理注册手续,经商标注册机关核准注册,继续维持该注册商标的法律效力。我国现行《商标法》规定,商标续展注册应当在注册商标有效期届满前6个月内提出申请;在此期间如果未能提出续展申请,法律还规定了补救措施,即在保护期届满后还给予6个月的宽展期。

(3)商标权的终止,是指注册商标权人由于法定原因导致商标权的丧失,不再受法律的保护。商标权的终止分为期限届满终止与提前终止两大类,或者说商标所有人主要基于注销和撤销两种原因而丧失其商标权。

二、商标注册

(一)商标注册申请

在商标注册申请的过程中需要掌握以下要素:

第一,商标注册的申请人

中国境内的自然人、法人或者其他组织对其生产、制造、加工拣选、经销的商品,或者对其提供的服务,需要取得商标专用权的,都可以成为商标注册的申请人。国内商标注册

申请人可通过以下两个途径办理商标注册申请手续:

（1）商标注册申请人可委托商标代理机构办理商标注册申请事宜,由商标代理机构代其向商标局提出商标注册申请;也可直接到商标局办理商标注册申请手续。

（2）外国人和外国企业需要在中国取得商标专用权的,可以按其所属国和我国签订的协议或共同参加的国际条约办理,或按对等原则办理。在中国办理商标注册申请和办理其他有关商标事宜,应当委托国家认可的商标代理机构代理。

第二,商标注册申请日

申请日是指商标局明确记录的申请人提出注册商标申请的具体日期。申请日的确定对注册商标的申请人来说具有重要意义,它不仅是判断申请先后的直接依据,而且还是申请人提交国际注册申请时计算优先权的依据。根据我国《商标法实施条例》第18条的规定,商标注册的申请日期,以商标局收到申请文件的日期为准。对于当事人直接向商标局提交申请文件的,其实际提交申请文件的日期就是商标局收到申请文件的日期,就是申请日;而对于向商标局邮寄申请文件的,其申请日仍然以商标局实际收到申请文件之日为准,而不能将申请人寄交申请文件之日作为申请日。《商标法实施条例》第10条虽然规定"当事人向商标局或者商标评审委员会提交文件或者材料的日期,直接递交的,以递交日为准;邮寄的,以寄出的邮戳日为准;邮戳日不清晰或者没有邮戳的,以商标局或者商标评审委员会实际收到日为准,但是当事人能够提出实际邮戳日证据的除外,"但该条的规定不适用于该条"另有规定的"情形。即当事人向商标局提交的商标注册申请的文件是不包括在《商标法实施条例》第10条规定的"文件或者材料"内的。对于申请手续齐备并按照规定填写申请文件的,商标局应予以受理,确定申请日并书面通知申请人;申请手续不齐备或者未按照规定填写申请文件的,商标局不予受理,书面通知申请人并说明理由。如果申请手续基本齐备或者申请文件基本符合规定,但是需要补正的,商标局通知申请人予以补正,限其自收到通知之日起30日内,按照指定内容补正并交回商标局。在规定期限内补正并交回商标局的,保留申请日期;期满未补正的,视为放弃申请,商标局应当书面通知申请人。

第三,商标注册申请的必要申请文件

申请商标注册的,申请人应当向商标局提交能够证明其身份的有效证件的复印件。申请人是个人的,提交其有效身份证的复印件;申请人是法人或者其他组织的,应当提交该法人或者其他组织的营业执照或其他能够表明申请人身份的有效证件,同时还应提交法人的法定代表人或者其他组织的负责人身份证复印件及其在该法人或其他组织担任职务的证明文件。申请人委托他人代理其申请注册商标的,还必须提供代理申请的授权委托书及代理人的有效身份证明文件。申请注册集体商标、证明商标的,应当在申请书中予以声明,并提交主体资格证明文件和使用管理规则。商标注册申请人的名义应当与所提交的证件一致。如果是数人共同申请注册同一商标的,应当在申请书中指定一个代表人;没有指定代表人的,则以申请书中顺序排列的第一人为代表人。每一件商标注册申请应当向商标局提交《商标注册申请书》1份、商标图样5份;指定颜色的,并应当提交着色图样5份、黑白稿1份。《商标注册申请书》中商品名称或者服务项目应当按照商品和服务分类表填写;商品名称或者服务项目未列入商品和服务分类表的,应当附送对该产品或者服务的说明。商标图样必须清晰、便于粘贴,用光洁耐用的纸张印制或者用照片代替,长或者宽应当不大于10厘米,不小于5厘米。如果以三维标志申请注册商标的,应当在申请书中予以声明,并提交能够确定三维形状的图样。以颜色组合申请注册商标的,应当在申请书中予以声明,并提交文字说明。商标为外文或者包含外文的,应当说明含义。商标注册申请等有关文件,应当是打印稿,一般不得使用手写稿。为申请商标注册所申报的事项和所提供的材料应当真实、准确、完整。

第四,申请费用

申请商标注册、转让注册、续展注册、变更、补证、评审及办理其他商标事宜,应当缴纳费用。缴纳费用的项目和标准,由国务院工商行政管理部门会同国务院价格主管部门规定并公布。

（二）商标注册的审查

商标注册中的审查,包括形式审查和实质审查。形式审查是指对申请人资格的审查、对当事人申请文件的格式、份数以及申请人是否交纳有关费用等形式要件进行的审查。对当事人申请资格的形式审查,即审查申请人是否具有申请注册商标的资格,如果申请人是外国人,审查其是否委托了商标局指定的商标代理机构代理其办理注册申请。我国《商标法》规定,外国人欲在我国申请商标注册的,必须委托我国核准的具有商标代理资格的机构代理。外国申请人如果没有委托代理机构,或者委托的不是经过核准的代理机构,则依法不能在我国办理注册商标事宜。对当事人申请文件的形式审查,主要包括:①对代理委托书及与其有关的证明文件的形式审查。当事人委托商标代理组织申请商标注册的,应当向商标局提交代理委托书。代理委托书应当载明代理内容及权限,外国人或者外国企业的代理委托书还应当载明委托人的国籍。外国人或者外国企业的代理委托书及与其有关的证明文件的公证、认证手续,按照对等原则办理。商标局应对公证、认证进行形式审查。②对当事人填写的申请文件是否规范进行审查。商标注册申请必须坚持单一性原则,一次申请只能在同一种商品上申请注册,申请人必须按规定填写好申请文件,必须按规定提交各种申请文件,对这些文件的形式审查包括审查当事人是否填写了这些申请文件,以及其填写的申请文件是否符合注册申请的形式要求。

形式审查合格的商标注册申请将进入实质审查程序,实质审查主要是对该商标是否具有显著性、识别性,是否违反了商标法规定的禁用或者禁止注册条款进行审查,以及对该商标是否与他人申请在先的商标权利发生冲突,是否是以欺骗或者其他不正当手段申请注册进行审查。实质审查是商标注册申请能否被核准的关键环节。

经过实质审查将产生两种后果:一种是对符合规定的或者在部分指定商品上使用商标的注册申请符合规定的,予以初步审定,并予以公告。另一种是对不符合规定或者在部分指定商品上使用商标的注册申请不符合规定的,予以驳回或者驳回在部分指定商品上使用商标的注册申请,书面通知申请人并说明理由。可见,驳回决定包括全部驳回和部分驳回。部分驳回决定实际上意味着商标局对在部分指定商品上使用商标的注册申请予以初步审定,申请人可以在异议期满之日前,申请放弃在部分指定商品上使用商标的注册申请;申请人放弃在部分指定商品上使用商标的注册申请的,商标局应当撤回原初步审定,终止审查程序,并重新公告。商标注册申请人不服的,可以自收到通知之日起15日内向商标评审委员会申请复审,由商标评审委员会做出决定,并书面通知申请人。当事人对商标评审委员会的决定不服的,可以自收到通知之日起30日内向人民法院起诉。经过实质审查的商标注册申请,由商标局初步审定并予以公告,自公告之日起 3 个月内,任何人均可以提出异议。异议人应当向商标局提交商标异议书一式两份。商标异议书应当写明被异议商标刊登在《商标公告》的期号及初步审定号。商标异议书应当有明确的请求和事实依据,并附带有关证据材料。商标局应当将商标异议书副本及时送交被异议人,限其自收到商标异议书副本之日起 30 日内答辩。被异议人不答辩的,不影响商标局的异议裁定。当事人需要在提出异议申请或者答辩后补充有关证据材料的,应当在申请书或者答辩书中声明,并自提交申请书或者答辩书之日起 3 个月内提交;期满未提交的,视为当事人放弃补充有关证据材料。对初步审定、予以公告的商标提出异定,当事人不服的,可以自收到通知之日起 15 日内向商标评审委员会申请复审,由商标评审委员会作出裁定,并书面通知异议人和被异议人。当事人对商标评审委员会的裁定不服的,可以自收到通知之日起 30 日内向人民法院起诉。人民法院应当通知商标复审程序的对方当事人作为第三人参加诉讼。

经初步审定并公告的商标,公告期满无异议或者异议不成立,就可以核准注册,发给《商标注册证》,并予公告。经裁定异议不能成立而核准注册的,商标注册申请人取得商标专用权的时间自初审公告 3 个月期满之日起计算。被异议商标在异议裁定生效前已经刊发注册公告的,撤销原注册公告,经异议裁定核准注册的商标重新公告。经裁定异议成立的,不予核准注册。这里的异议成立,包括在部分指定商品上成立。异议在部分指定商品上成立的,在该部分指定商品上的商标注册申请不予核准。

(三)注册商标争议的裁定和注册不当商标的裁定

1. 注册商标争议的裁定

注册商标争议是指两个注册商标所有人之间因商标相同或者近似所产生的商标权的争执。根据《商标法》及《商标法实施条例》的规定,对注册商标提出争议应当符合以下条件:

申请争议的人必须是注册商标所有人。所谓注册商标所有人,包括根据商标法规定的程序申请商标注册而获准注册,取得商标专用权的自然人、法人或者其他组织以及外国人、外国企业和注册商标专用权的继承人。

申请人的注册商标的核准注册日必须先于被争议人之注册商标的核准注册日。商标局对于合乎商标法规定的商标注册申请经初步审定,异议期间无异议,或者经裁定异议不成立的,在商标注册簿上予以登记,刊登公告并发给商标注册证,称为核准注册。申请人的注册商标核准日必须先于被争议人的注册商标核准注册日,商标评审委员会才予以受理。

申请争议的时间为自被争议的商标核准注册之日起 5 年内,超过此时间提出的争议不予受理。商标法将申请争议裁定的时间定为 5 年,兼顾了申请人和新注册商标所有人的利益。如果期限过短,申请人难以及时获得信息,不利于申请人行使其权利;如果期限过长,又会使注册商标所有人的商标专用权长期处于不稳定状态,损害其利益。另外,这也有利于督促争议裁定申请人及时行使权利,同时还有利于使经核准注册的商标权相对稳定。

被争议商标的构成要素必须与争议商标的构成要素相同或近似,而且两者被核定使用的商品为同一种商品或类似商品。

争议所依据的事实和理由,不属于商标注册不当的补正事由(《商标法》第 41 条第 1

款所规定的理由),也不得与核准注册前已经提出异议并经裁定的事实和理由相同。

从程序方面来看,注册商标争议裁定一般按以下程序进行:

申请人依《商标法》和《商标法实施条例》的规定,向商标评审委员会提出注册商标争议裁定申请书一式两份,提出争议理由,同时附送有关材料或证据。

商标评审委员会将注册商标争议裁定申请书副本交给被争议人,并限期答辩。答辩以书面文件进行。必要时,请争议当事人双方公开答辩。

商标评审委员会充分听取当事人双方的理由和事实,依据事实和法律规定,作出裁定。争议理由成立,裁定撤销被争议的商标;争议理由不成立,裁定维护被争议的商标。

商标评审委员会的终局决定,以书面形式送达争议双方和商标局。撤销商标的,被争议人限期交回商标注册证,由商标局办理手续,并予以公告。

2. 注册不当商标的裁定

所谓注册不当商标,是指已经核准注册的商标具有违反商标法规定的禁用文字、图形,或者是以欺骗手段或者其他不正当手段取得注册的商标。我国《商标法》第41条第1款和第2款分别规定了两种不同的商标注册不当。

第一种商标注册不当是"违反本法第10条、第11条、第12条规定的,或者是以欺骗手段或者其他不正当手段"取得的注册。由此可见,根据第41条第1款规定撤销的注册商标有两种不同情况:①构成商标的标志违反了《商标法》第10条(商标禁用标记)、第11条(不得注册的标记)和第12条(不得注册的三维标志);②商标注册是以欺骗手段或者其他不正当手段取得的。

第二种商标注册不当是指"违反本法第13条、第15条、第16条、第31条规定"而获得的注册。《商标法》第13条的规定是对驰名商标的特别保护,第15条的规定是对代理人或者代表人未经授权以自己的名义将被代理人或者被代表人的商标进行注册的禁止,第16条的规定是在商品并非来源于地理标志所标示的地区的情况下对地理标志的禁用,第31条的规定则是对在先权利和他人已使用并有一定影响的商标的保护。

上述两种商标注册不当的区别在于,第一种注册不当通常不涉及第三人利益,而第二种注册不当则涉及第三方的利益,且在许多情况下构成对第三人合法权利的侵害。对第一种注册不当的商标,商标局可依职权撤销,第三人也可请求商标评审委员会撤销;对第二种注册不当的商标,只能由商标所有人或者利害关系人请求商标评审委员会裁定撤销;但是经异议裁定或异议复审裁定的,不得再以同一事实和理由申请撤销。

从程序方面来看,注册不当商标裁定的一般按以下程序进行:

申请人向商标评审委员会送交撤销注册不当商标申请书一式两份,并附必要的证据和其他材料。

商标评审委员会作出终局裁定,书面通知有关当事人,并移交商标局办理。

被撤销的注册不当商标由商标局予以公告,原商标注册人应当在收到决定或者裁定通知之日起15日内,将商标注册证交回商标局。申请撤销理由不成立的,该注册商标继续有效。

三、商标权的行使

商标权的行使,主要包括注册商标的转让与许可使用两种方式。

（一）注册商标的转让

注册商标的转让，是指商标权人依法将其所有的注册商标转让给他人所有。通过转让，转让人失去商标权，受让人获得商标权，成为商标权人。在转让关系中，商标权人为转让人，另一方为受让人。注册商标的转让，其实质是商标专用权主体的变更，即受让人取代转让人，成为新的商标权人，原商标权人所享有的商标专用权因转让而终结。转让注册商标是商标权的一项重要内容，它是注册商标所有人处分权的具体表现。缺乏这一权利，商标权就不是完整意义上的知识产权。同时，由于转让权是基于商标专用权产生的，因此，它又是一项附带的、衍生的、从属的权利，其行使与否完全由注册商标所有人自行决定。

注册商标的转让有两种类型：一种是合同转让；另一种是继承转让。所谓合同转让，就是企业与企业之间、企业与个人之间、个人与个人之间，通过签订合同而进行的转让。简而言之，合同转让是指主体之间通过合同形式所进行的商标权转让。这种转让可以是有偿的，也可以是无偿的，不过一般都是有偿的。所谓继承转让，又称继受转让，是指自然人通过继承、遗赠方式取得注册商标专用权的转让。

转让注册商标，不管是按照"合同转让"原则转让，还是按照"继承转让"原则转让，都必须办理法定的手续，其转让行为才能产生法律效力。

转让注册商标，首先，应由商标权人与受让人就转让事项达成协议，签订转让注册商标合同。然后，转让人和受让人应共同向商标局交送符合法定格式和内容的转让注册商标申请书1份，并交纳申请费、注册费。具体的申请手续由受让人办理。如果转让使用于人用药品、烟草制品等国家规定必须使用注册商标的商品上的商标，受让人还应当提供卫生行政部门、烟草主管部门或者有关主管部门颁发的相关证明文件。同时，受让人必须具备商标法规定的主体资格，即受让人必须是依法设立的组织。

商标局对转让注册商标的申请，应审查的项目包括：申请手续是否完备，转让人转让的商标和使用的商品是否与原核准、核定的一致，受让人使用的商品质量是否与转让人使用的商品质量一致等。商标局通过商标转让的形式审查和实质审查之后，认为符合商标法规定的，予以核准，发给受让人相应证明，并予以公告；对不符合商标法规定的则予以驳回，并告知其理由。申请人对商标局驳回其商标转让注册申请不服的，可在收到驳回通知之日起15日内，向商标评审委员会申请复审，由商标评审委员会作出终局裁决。

注册商标所有人虽可以依自己的意愿决定其注册商标的转让，但由于注册商标的转让牵涉多方利益主体的利益，故商标法在为其转让设定自由的同时，也为其转让划定了自由的界线，其目的是保障各利益主体的合法权益，使社会经济处于一种有序的状态中。具体而言，注册商标转让的限制性规定主要体现为：

类似商品使用同一注册商标的不得分割转让。注册商标在类似商品上使用的，其专用权应全部转让而不能分开转让。如果注册商标所有人仅转让一部分商品上的注册商标专用权，则会形成两个以上的主体对类似商品上使用的同一商标享有专用权的局面，因而会导致消费者的误认，引起市场混乱。商标局可以根据《商标法实施条例》第25条第3款的规定，对这种可能产生误认或混淆或其他不良影响的转让注册申请不予核准。因此，《商标法实施条例》第25条第2款明确规定："转让注册商标的商标注册人对其在同一种或者类似商品上注册的相同或者近似的商标，应当一并转让。"

已经许可他人使用的商标不得随意转让。已经许可他人使用的商标关系到被许可人的利益,若允许原注册商标所有人随意转让,则可能引起被许可人与受让人之间的矛盾,损害被许可人的利益。因此,只有在获得被许可人同意的情况下才能把注册商标转让给他人。受让人取得被转让的注册商标之后,还可以与原被许可人订立注册商标的许可合同。

联合商标不得分开转让。我国商标法没有明确规定可以注册联合商标,但实践中注册过此类商标。例如,我国生产"老虎"牌清凉油的企业为了防止他人假冒,将豹、猫、熊、狗、牛等十几种动物都作为该产品的商标申请注册。如果允许联合商标分别转让,则会导致两个以上的注册商标所有人的注册商标使用在同种或类似商品上且彼此近似的后果,发生权利冲突,因此,联合商标不得分开转让。

共同所有的商标,任何一个共有人或部分共有人不得私自转让。英国《商标法》第63条规定:"两个或两个以上的人如果对同一商标享有权利,其相互关系是其中任何一人无权独自使用该商标,除非:①该人是代表两个或更多的人使用商标,或者:②在贸易过程中,使用商标有关的商品与两个或更多的人全体都存在联系。"所以,共有商标之任何一个人或部分人不得私自转让。在我国,尽管商标法及有关法规未规定对共同所有的商标之转让的限制,但根据《民法通则》及有关司法解释可知,共同所有的商标为共同财产,共有人对其享有共同的权利,承担共同的义务。在共有关系存续期间,部分共有人擅自处分共有财产的,一般认定无效。所以,共有商标所有人擅自转让其注册商标的行为无效。

关于注册商标的转让形式,多数国家的商标法要求转让人和受让人之间通过签订合同转让,并应公告。例如,日本《商标法》第24条第3款规定:"受让商标权时,应按通商产业省命令的规定,在日报上公布其事实。"

我国商标法考虑到注册商标转让的特殊性,要求注册商标所有人和受让人按法律规定办理注册商标转让手续。我国《商标法》第39条规定,转让注册商标的,转让人和受让人应当签订转让协议,并共同向商标局提出申请。同时,《商标法实施条例》第25条定:"转让注册商标的,转让人和受让人应当向商标局提交转让注册商标申请书。"此外,"对可能产生误认、混淆或其他不良影响的转让注册商标申请,商标局不予核准,书面通知申请人并说明理由。"

应注意的是,注册商标的转让不同于注册商标的移转。尽管两者均发生注册商标所有人的变更,但注册商标的转让是转让人和受让人双方的法律行为;而注册商标的移转是在一定客观情况下发生的,如原注册商标所有人死亡、倒闭、破产、合并、解散、终止等,均发生注册商标的移转。注册商标尽管可以转让,但转让必须符合法律规定的条件:①使用注册商标的商品必须是受让人合法生产、经营的商品。②受让人只能是我国《商标法》第4条所规定的"自然人、法人或者其他组织"。

(二)注册商标的使用许可

注册商标的使用许可,是指商标注册人通过签订使用许可合同,允许他人在一定期限内使用该注册商标的行为。在使用许可关系中,商标注册人为许可人,另一方为被许可人。通过建立使用许可关系,被许可人得到的只是注册商标的使用权,而不是注册商标的所有权。该注册商标的所有权仍然属于许可人,即商标注册人。换言之,注册商标使用许可的实质是,在不改变注册商标所有权关系的前提下,注册商标使用权的拓展和延伸。

注册商标使用许可制度是商标管理工作中的重大进步,它对商标之物尽其用、效益最大化的价值实现具有重要的意义。它不仅对许可人、被许可人是有利的,而且对国家也是有利的。因为,通过注册商标的许可使用,许可人可以进一步发挥其注册商标的作用,亦可取得报酬;被许可人可以借助享有一定信誉的商标拓展销路,扩大生产,比自创商标收益快。同时,在条件具备的情形下,许可人和被许可人的合作,可以提供更多的适销商品,调剂市场,发展对外经济技术合作。总而言之,注册商标使用许可制度,对于对内搞活、对外开放,扩大商品出口的经济政策的贯彻具有十分重要的意义。

注册商标使用许可的形式主要有三种:①独占使用许可;②排他使用许可;③普通使用许可。

独占使用许可,是指许可人许可被许可人在约定的时间、地域及指定的商品或者服务上独家使用其注册商标。意即许可方不仅不得在该区域内把同一商标授予任何第三人,而且许可方本人也不得在该区域内使用同一注册商标。这种独占使用权具有所有权的属性,处于"类商标权"的地位。

排他使用许可,亦称排除第三人使用许可,是指被许可方对许可方授权使用的注册商标,在约定期限、区域内享有排除第三人使用的权利。意即许可人不得把同一许可再授予任何第三人,此处,被许可人的排他权只能对抗第三人,而不能对抗许可方,即许可方保留在指定地区内使用同一注册商标的权利。

普通使用许可,亦称作非独占使用许可或一般使用许可,即许可人允许不同的人在同一范围内同时使用其注册商标的使用许可。享有普通使用权的被许可人,不享有禁止其他被许可人使用该注册商标的权利,如果非被许可人对该注册商标实施了侵权行为,被许可人可以协助许可人查明事实,由许可人向商标管理机关申请查处或直接向司法机关控告。

上述三种形式的使用许可中,独占许可中的被许可人获得的商标使用权最大,排他使用许可次之,普通使用许可最小。相应地,其向许可人支付的费用也由高到低依次递减。当然,该费用的高低还受供求关系及当事人意愿的影响。

商标使用许可合同属于双务合同,即当事人的权利义务关系是对向性的,一方当事人的权利即是另一方的义务,反之亦然。它与一般合同当事人的义务不同之处在于:一般合同当事人的权利义务只由双方在合同中自行约定,而商标使用许可合同中当事人的权利义务,除了双方自行约定的以外,还有法律特别规定的义务。其自行约定的权利义务关系中,许可人最主要的权利是获取许可使用费,主要的义务是允许被许可人使用注册商标;被许可人的权利义务与之相对,即享有使用许可人的注册商标的权利,履行向许可人支付使用费的义务。同时,商标法还特别规定双方当事人的法定义务。如我国《商标法》规定,许可人必须监督被许可人使用其注册商标的商品的质量,必须在规定的期限内,向所在地县级工商行政管理机关提交许可合同副本存查,并报工商局备案。被许可人必须保证使用许可人的注册商标的商品的质量,使用许可使用的注册商标必须在商品上标明自己的名称和商品产地;必须在规定的期限内向所在地县级工商行政管理机关提交许可合同副本以备存查等。值得指出的是,此处所讲应将商标使用许可合同副本报送商标局或工商行政管理机关备案,其目的在于防范商标使用许可的滥施,加强、规范对商标使用许可的管理。对未报送备案的,可以令其改正,拒不改正的,予以处罚。但只要其合同内容本身并没有违法,即使没有备案,也应视为有效合同。因为商标使用许可合同本质上仍是民事合同,应自双方签订之日起就发生法律效力。

四、商标权的保护

商标权的保护是指国家运用法律手段制止、制裁一切商标侵权行为,以保护商标注册人对其注册商标享有的专用权。商标权的保护是商标法的核心。然而,要保护商标权首先务必明确认定商标权的保护范围。为此,有必要对商标专用权的效力范围与商标专用权的保护范围这两个概念进行区分。根据商标法的规定,商标专用权的效力范围仅以核准注册的商标和核定使用的商品或服务为限,而商标专用权的保护范围则扩大到了近似商标及类似商品或服务上。由此可见,商标权的法律范围要大于商标权的效力范围。这一做法,已为世界上大多数国家所采用。我国商标法关于商标权保护范围的规定也是这种做法的体现。

注册商标所有人享有使用注册商标的专用权,这种权利是绝对权。保护商标专用权,以法律手段制裁商标侵权行为,这不仅有利于保护商标权人的专有权,而且还可以帮助消费者正确识别、区别不同的商品或服务的来源,规范市场竞争秩序。同时,随着高新技术产业的形成与发展,保护注册商标的专用权,有利于规范高新技术市场竞争秩序,促进高新技术产业的健康发展,促进高新技术领域创立民族品牌。

(一) 商标侵权行为的构成要件

商标侵权行为是指违反商标法的规定,在相同或者类似的商品或服务上擅自使用注册商标或与其相近似的标识,损害商标所有人合法利益的行为。

商标侵权行为属于民事侵权行为的范畴,其在构成上具有一般民事侵权行为的共性,即商标侵权行为的构成必须具备以下四个要件:行为人有过错;侵害行为的违法性;存在损害后果;损害后果与侵害行为之间具有因果关系。同时,由于商标专用权是一种特殊的民事侵权行为,从而使得商标侵权行为具有不同于一般民事侵权行为的个性,表现出不同的法律特征。

1. 侵权行为的过错性

侵权行为的过错性,是指商标侵权人明知自己的行为违反商标法的规定,会发生损害商标权人利益的危害结果,而希望或放任这种危害结果发生的心理态度;或者商标侵权人应该知道或者已经知道自己的行为可能会违反商标法的有关规定,造成商标权人合法权益的损害结果,因为疏忽大意或过于自信而致使商标侵权危害结果发生的心理态度。由此可见,商标侵权行为主观上的过错,包括故意和过失两种形式。有观点认为,商标侵权行为未必以主观上的过错为必要要件。我们认为这种观点是值得商榷的。因为商标侵权行为,从其本质上讲,它是违反商标法的规定侵害他人商标权的积极的行为,即从行为方式上讲,它表现为一种作为,这种作为的行为方式,本身已渗透、包含了积极追求某种危害结果的心理态度因素,只不过随机表现为故意或过失的形式罢了。

2. 侵权行为的违法性

侵权行为的违法性是指行为人违反商标法的有关规定,实施侵害商标权人的不法行为。这种违法性主要表现为行为人违反了商标法所规定的不得擅自使用他人注册商标、妨碍或干涉商标权人商标专用权的法定义务。商标侵权行为的违法性表明,行为人只对自己侵害法律保护范围内的商标专用权的行为承担法律责任。换言之,行为人实施商标法禁止实施的行为是侵权行为,而实施商标禁止之外的行为则是合法行为,即法不禁止皆自由。因此,要求行为人承担商标侵权责任,必须以行为人的行为具有违法性为前提。故我国商标法以专门条款列出侵权行为的表现形式,以便于依法有据。

3. 存在损害后果

所谓损害后果,是指行为人的商标侵权行为给特定商标权人的物质经济利益、商品声誉、企业形象等造成了损害。这种损害,既包括物质性的损害,如造成商标权人经济利益的损失;也包括非物质性的损害,如致使商标权人的商品声誉、企业形象被损毁、贬低等损害。一般而言,物质损害是直观、具体、有形的,取证轻易;而非物质损害,它于权利人而言是一种精神损害,是一种无形的抽象存在,举证较难。因此,为维护商标权人的合法权益,只要侵权行为是违法实施,即视为有损害事实存在,而无须被侵权人提出证据,证明非物质损害的发生、存在。

4. 损害事实与违法行为的因果性

损害事实与违法行为的因果性,是指损害事实与违法行为之间要有因果关系,而且是一种必然的因果关系。具体而言,商标侵权行为与商标权人的利益受损事实之间要有因果关系,即商标侵权行为是商标权人利益受损的直接原因,商标权人利益受损的事实是商标侵权行为导致的必然结果,两者之间具有引起与被引起的必然因果关系。

综上所述,一行为只要具备上述四个要件,该行为便属商标侵权行为,行为人要对其商标侵权行为承担责任。当然,现实中商标侵权行为的表现形式多种多样,对此,法律有具体的规定。

(二)商标侵权行为的表现形式

根据我国《商标法》第52条和《商标法实施条例》第50条的规定,商标侵权行为主要包括如下几种类型:

(1)未经商标注册人的许可,在同一或者类似的商品或服务上使用与注册商标相同或近似商标的行为。这类商标侵权行为直接侵犯了商标权人的禁止权,也是司法实践中最常见的一类商标侵权行为。商标法强调使用他人注册商标必须经过权利人的许可,并且这种许可必须签订书面使用许可合同。因此,一切未经商标注册人的许可即使用其注册商标的行为,均构成商标侵权行为。我国商标法关于这一侵权行为的规定,实际上存在着四种不同的表现形式:①在同一种商品或者服务上使用与他人注册商标相同的商标;②在同一种商品或者服务上使用与他人注册商标近似的商标;③在类似的商品或服务上使用与他人注册商标相同的商标;④在类似的商品或者服务上使用与注册商标近似的商标。综上所述,判断一行为是否构成商标侵权,要坚持两个商标与两个商品或服务相同或类似原则,即只有在两个商标相同或近似,而且使用两个商标的商品或服务也相同或近似时才构成此类商标侵权行为,否则为正常的商标使用行为。

(2)伪造、擅自制造注册商标标识或者销售伪造、擅自制造受法律保护的商标标识的行为。商标标识是商标的一种载体,其材料可以是金属,也可以是纸质或者塑料等其他材料。只要能够印刷商标图案或者塑造商标造型的材料都可能用来制作商标标识。严格地讲,制造商标标识的行为并未在该商标所核准的商品范围内使用商标,但如果制造商标标识的目的是为下一步冒充他人商品作准备,则这种行为应当为法律所禁止。这种伪造的商标标识流传于世,为冒牌商品的存在提供了方便。从维护商标权人利益的角度看,这种行为理所当然地应当禁止。在我国,伪造或者擅自制造注册商标标识,以及销售伪造、擅自制造受法律保护的商标标识的行为均为侵犯商标权的行为。另外,根据国家的有关规定,印刷或者制造商标标识必须经过工商行政管理部门批准。只有具备相应条件的单位才能承担商标印刷和制作。根据《商标印制管理办法》的规定,从事印刷、印染、制版、刻字、植字、晒蚀、印铁、铸模、冲压、烫印、贴花等项业务的企业和个体工商户,需要承接商标印刷业务的,应当申请印制商标单位证书。印制商标单位证书由国家工商行政管理局统一印制,地(市)级工商行政管理局核发。可见,伪造、擅自制造商标标识的行为不仅侵犯了作为民事权利的商标权,而且还违反了国家有关行政管理的规定。

(3) 销售侵犯商标权的商品的行为。生产冒牌商品的目的通常是为了牟取暴利,而冒牌商品的销售则是实现这种非法利益的手段。如果在法律上不对销售冒牌商品的行为予以禁止,要充分保护商标权是不可能的。造就良好的商标权保护环境应当综合运用各种法律手段,堵塞冒牌商品的销售渠道则是最为有效的手段之一。前面已经谈到,商标权的效力及于在同种或类似商品上使用相同或者近似商标。销售者在其销售的商品上使用了相同或者相似的商标,如果该商品与商标权人使用的商品属于同种或者类似,则销售者的行为理所当然地属于侵权行为。因为其销售的是侵权产品,其销售行为直接利用了他人受法律保护的商标。当然,从侵权法理论的角度上看,根据过错责任原则,并非所有的销售冒牌商品的行为都应承担赔偿责任。对于那些在不知情的情况下销售冒牌货的销售者,可以不承担赔偿责任。这属于侵权法上的善意侵权。但是,如果由于当事人的过错而导致当事人不知其销售的商品为侵权商品,则当事人仍需承担责任。需要特别说明的是,当一个商家确因不知情购进一批冒牌商品,销售过程中商标权人告知其销售的商品为冒牌商品仍继续销售的,则不可以不知情作为其继续销售冒牌商品的侵权行为的抗辩理由。

(4) 未经商标注册人同意,更换其注册商标并将该更换商标的商品又投入市场的行为。这是2001年修改《商标法》时新增加的一项内容。根据这项规定,未经商标注册人同意,行为人将该注册商标撕掉或去除,换上自己的或他人的商标,再将更换商标后的商品投入市场,即构成对商标专用权的侵犯。这就是所谓的商标"反向假冒"。在这种情况下,使消费者以为该商品来源于更换后的商标的所有人。这种行为无疑是对消费者的欺骗,法律应予以禁止。但是,由于它不会使消费者将该商品与被更换的商标的所有人联系起来,通常也不会对被更换商标的所有人的相同或类似商品的销售造成不利影响,因此,这种行为能否构成商标侵权,在我国知识产权理论界曾经有过争论。

(5) 给他人的注册商标专用权造成其他损害的行为,商标法在列举侵犯注册商标专用权的行为时,不可能包罗万象,因此作了一条弹性规定。对此,《商标法实施条例》第50条作了如下解释:在同一种商品或者类似商品上,将与他人注册商标相同或者近似的文字、图形作为商品名称或者装潢使用,误导公众的。这种做法一方面会逐步冲淡商标的显著特征,甚至使它转化为商品的通用名称,从而丧失商标的功能;另一方面则会使消费者误认为不正当使用者的商品与注册商标所有人的商品系同一人的商品,从而损害注册商标的信誉。因此,这种行为也构成侵犯注册商标专用权的行为。

(三)侵犯商标权的法律责任

对于侵犯注册商标专用权的侵权人,必须依法追究其相应的法律责任。只有这样,才能维护商标管理秩序,保护被侵权人的商标权益,维护消费者的利益。侵权人应承担的法律责任有民事责任、行政责任,侵权行为严重、构成犯罪的还应承担刑事责任。

1. 民事责任

民事责任是作为民事权利之一的商标权在受到侵犯时,侵权人所应当承担的最起码的责任,同时也是最基本的法律责任。根据商标法和其他民事法律的规定,侵犯商标权至少应当承担停止侵害、赔偿损失等责任。停止侵害主要是针对那些正在发生的侵权行为。比如,停止侵权商品的销售、制造,停止假冒商标标识的销售和制造等。赔偿损失则是就侵权行为造成的后果而言的。通常,侵权行为给商标人造成了多大损失就应当予以多大的赔偿。现实中损失额的确定往往比较困难,司法实践中还可采用以侵权期间侵权人所获利润作为赔偿额度。我国《商标法》第 56 条规定:"侵犯商标专用权的赔偿数额,为侵权人在侵权期间因侵权所获得的利益,或者被侵权人在被侵权期间因被侵权所受到的损失,包括被侵权人为制止侵权行为所支付的合理开支。"这里将制止侵权行为所支付的合理开支纳入赔偿范围,从现实情况看是完全合理的。因为有关侵犯知识产权的案件原告由于举证方面的困难在诉讼中可能处于被动局面。这种规定有利于鼓励权利人捍卫自己的权利。另外,在许多案件中侵权人因侵权所得利益或者被侵权人因被侵权所受损失往往难以准确地确定或计算,在这种情况下,人民法院可以根据侵权行为的情节,酌情判决侵权人给予 50 万元以下的赔偿。

2. 行政责任

行政责任是国家行政部门为了维护正常的市场秩序,对侵犯商标权的行为给予的法律制裁。在我国,侵犯商标权的行政法律责任的主要表现形式有罚款、收缴或销毁侵权物品(包括侵权商品、工具和伪造的商标标识)、责令停止侵权(包括停止销售侵权物品、消除商品上的侵权商标等)。所有这些责任形式都是公法上的处罚,其目的在于维护正常的市场经济秩序,而不是私法上对权利人的补偿。商标侵权行为是一种特殊的民事侵权行为,行为人必须对其侵权行为承担民事责任。商标侵权行为承担民事责任的方式主要有停止侵害、消除影响、赔偿损失。

3. 刑事责任

商标侵权行为在侵权程度上有轻重之分,对于一般情形的商标侵权行为,应承担商标侵权的民事责任或商标侵权的行政责任,对于情节严重、构成犯罪的商标侵权行为,则应依法追究刑事责任。对此,我国现行《刑法》第 213 条、第 214 条和第 215 条规定了三种侵犯商标权的犯罪行为。

假冒注册商标罪,是指行为人违反《商标法》规定,未经注册商标所有人许可,在同一商品上使用与其注册商标相同的商标,情节严重的行为。认定本罪必须同时考虑两个方面的因素:①必须是在同一种商品上使用与注册商标相同的商标的行为;②必须是该种行为达到了情节严重的程度。如果仅是在同一种商品上使用与注册商标相近似的商标或者在类似的商品上使用与注册商标相同的商标;或者虽有在同一种商品上使用与注册商标相同的商标的行为,但未达到情节严重的程度,均不能认定为假冒注册商标犯罪,而是一般的商标侵权行为。刑法规定,对于假冒注册商标构成犯罪的,处 3 年以下有期徒刑或者拘役,并处或者单处罚金;情节特别严重的,处 3 年以上 7 年以下有期徒刑,并处罚金。

销售假冒注册商标商品罪。该种犯罪行为是指行为人明知是假冒注册商标的商品而非法销售,销售金额较大的行为。此举是在流通环节设刑法利剑,斩犯罪邪恶,旨在全面遏止、防范犯罪行为。犯本罪,处 3 年以下有期徒刑或者拘役,并处或者单处罚金;销售金额数额巨大的,处 3 年以上 7 年以下有期徒刑,并处罚金。

非法制造、销售非法制造的注册商标标识罪。该罪是指行为人违反商标管理法规,伪造、擅自制造他人注册商标标识或者销售伪造、擅自制造的注册商标标识,情节严重的行为。依刑法规定,犯本罪的,处 3 年以下有期徒刑或者拘役,并处或单处罚金;情节特别严重的,处 3 年以上 7 年以下有期徒刑,并处罚金。

单位犯以上各罪的,对单位判处罚金,并对其直接负责的主管人员和直接责任人员,依上述规定进行定罪量刑。

(四) 驰名商标保护中的特殊问题

驰名商标一词源远流长,其最早出现在 1925 年修订的《保护工业产权巴黎公约》中,该公约所指的驰名商标,是指在广大公众中享有较高声誉、有较高知名度的商标。《知识产权协定》对此也作了认可。由于巴黎公约并未对驰名商标进行定义,因而世界各个国家和地区对此有不同的称谓和理解。例如,大陆法系的法国和德国等国家,将"驰名商标"理解为声誉和知名度比"著名商标"略低的商标,而英美法系的美国,则规定"著名商标"是指州一级的知名度较高的商标,"驰名商标"的认定要比"著名商标"更严格、更高一些。在我国,虽然在有关法律中找不到"著名商标"这个词,但它在现实生活中却是人们非常熟悉的。现实生活中,人们可以在许多商品上看到"某某省著名商标"的字样。这些被各级政府部门或者其他机构、团体"评选"出来的"著名商标"与商标法中的"驰名商标"是完全不同的概念。我国《反不正当竞争法》第 5 条第 2 项有"知名商品特有的名称、包装、装潢"一说,知名品牌可以理解为知名的商标,因为"品牌"在法律上对应的就是"商标"。但是,知名品牌及任何类似的称谓所指的品牌或商标,都不是商标法上的"驰名商标"。

对驰名商标的保护,在国际上并不是新问题,《巴黎公约》1967 年文本第 6 条第 2 项、《关贸总协定》的 TRIPs 协议第 16 条对此均有涉及。《巴黎公约》第 6 条第 2 项规定了公约成员国保护驰名商标所应当达到的最低标准。《巴黎公约》规定的关于驰名商标的内容主要有三个方面:①商标主管机关可以应有关当事人的请求,依法拒绝或取消与驰名商标图案相同或者相似商标注册申请或注册,并禁止其使用。②至少在商标注册之日起 5 年内允许有关当事人就与驰名商标图案相同或者相似商标注册提出撤销的请求,提出禁止使用请求的期限可由各国自行决定。③对于以不诚实手段取得注册并使用的商标提出取消注册或者禁止使用的请求不应受时间限制。从《巴黎公约》的规定至少可以得出这样的结论,驰名商标无论其是否注册,均受法律保护,即使是在须经注册才产生商标权的巴黎公约成员国亦是如此;驰名商标在一定程度上不受注册在先原则的约束,在一定期限内可以请求撤销那些与驰名商标相同或者相似的商标注册,并可提出禁止使用的请求。对于恶意抢先注册他人驰名商标的行为,驰名商标的权利人可以在任何时候请求撤销其商标注册。我国是巴黎公约的成员国,理所当然应履行巴黎公约的有关规定。1994 年通过的《与贸易有关的知识产权协议》对驰名商标的保护给予了特别关注。该协议第 16 条第 3 款规定,《巴黎公约》关于驰名商标的规定也应当适用于当商标使用的商品属于不同门类或者不相近似的情况,只要这种使用方式可能致使消费者误以为两种商品的生产者间存在联系即可。该规定相对于《巴黎公约》而言,大大提高了对驰名商标的保护水平,反映出当今世界上发达国家对于驰名商标保护的需求。我国2001年《商标法》针对这一规定专门作了修订,完全达到了世界贸易组织中TRIPs协议的规定。

2001年修改后的《商标法》第13条第1款规定:"就相同或者类似商品申请注册的商标是复制、摹仿或者翻译他人未在中国注册的驰名商标,容易导致混淆的,不予注册并禁止使用。"该条第2款规定:"就不相同或者不相类似商品申请注册的商标是复制、摹仿或者翻译他人已经在中国注册的驰名商标,误导公众,致使该驰名商标注册人的利益可能受到损害的,不予注册并禁止使用。"

另外,根据《商标法》第41条第2款的规定,已注册的商标,违反上述第13条规定的,自商标注册之日起5年内,商标所有人或者利害关系人可以请求商标评审委员会裁定撤销该注册商标。对恶意注册的,驰名商标所有人不受5年的时间限制。

2001年修改后的《商标法》还增加了缺乏显著特征的标志经过使用取得显著特征并便于识别的,可以作为商标注册的规定。

第十一专题　技术秘密权基本问题

一、技术秘密

（一）技术秘密的界定

技术秘密,即指未公开的技术信息,是与产品产生和制造有关的技术诀窍、生产方案、工艺流程、设计图纸、化学配方、技术情报等专有知识。[①] 技术秘密属于商业秘密范畴。我国法律是通过对商业秘密的规定来对技术秘密进行界定、权利规定和保护的。《反不正当竞争法》第10条对商业秘密作了界定:商业秘密是指不为公众所知悉、能为权利人带来利益、具有实用性并经权利人采取保密措施的技术信息与经营信息。

（二）技术秘密的特点

1. 实用性。实用性是指技术秘密的客观有用性,即技术秘密从客观上讲适于在商业活动中实施。我国《反不正当竞争法》第10条明确要求技术秘密"具有实用性"。国家工商行政管理局1995年11月23日公布实施并于1998年12月3日修订的《关于禁止侵犯商业秘密行为的若干规定》第2条第3款将"具有实用性"定义为"该信息具有确定的可实用性"。实用性具体表现在客观性、具体性和确定性三个方面。客观性是指技术秘密在客观上确实对其权利人有价值,即技术秘密是权利人获得经济利益或竞争优势不可缺少的因素,并且这一必备因素是客观存在的。倘若某人仅主观臆想某信息对其有价值,而客观上实际并无此功用,或者该信息本身就属于虚无飘渺、只可意会之物,那么这一信息不构成技术秘密。具体性是指技术秘密应该是具体可行的信息而不是抽象的构思、原理和单纯的概念,在内容上具有可交易性。这是技术秘密区别于一般理论成果的基本标志。因为,对于具体可行的信息而言,人们可以据此直接在生产经营中实施和应用,并进而转化为经济价值或竞争优势;而对于抽象的构思、原理和单纯的概念,即使他们可能对生产经营具有一定的指导意义,但由于不能直接付诸实施,则不具备上述功用,也无法律保护的必要。确定性是指技术秘密权利人应能说明技术秘密的详细内容和划定其外延边界。比如,能够说明技术秘密是由哪些信息组成,各组成部分具体内容及其相互关系,与其他信息之间的区别,怎样付诸实施等。否则,不确定的信息处于模糊状态,权利对象不能明确,法律自然也就无从加以保护。

2. 经济性。经济性,也称为价值性,是指技术秘密的实施可以使权利人比不知道或不使用该技术秘密的同行竞争者拥有更多的经济利益,或更有利的竞争优势。经济性仅仅指技术秘密具有经济价值或商业价值,与此无关的信息,即使具有诸如精神价值、社会价值等其他方面的价值也不构成技术秘密。经济性是法律保护技术秘密的根本性的经济动因。技术秘密经济性包括经济利益和竞争中的优势地位两方面。

[①] 参见吴汉东主编《知识产权法学》第347-348页,北京大学出版社2011年第五版。

3. 秘密性。秘密性是指技术秘密不为该信息本行业的人普遍知悉。我国《反不正当竞争法》第10条将此规定为"不为公众所知悉"。《关于禁止侵犯商业秘密行为的若干规定》第2条第2款将"不为公众所知悉"规定为"该信息不能从公开渠道直接获取"等。秘密性主要体现在主观秘密性和客观秘密性两个方面,只有同时具备上述两性,信息才可能构成技术秘密。主观秘密性是指信息的拥有者具有对该信息予以保密的主观愿望。这种主观愿望,通常都是以信息的拥有者是否对其采取了合理、有效的保密措施来进行判断。客观秘密性是指信息在客观上不为本行业的人普遍知悉。在主观秘密性和客观秘密性这两方面之中,客观秘密性更为重要。因为,如果技术秘密拥有者没有对该信息予以保密的主观愿望信息,在客观上必然为普遍知悉;如果信息在客观上已为人普遍知悉,即使拥有者采取严密的保密措施,也不可能构成技术秘密。认定客观秘密性的标准是:(1)该信息被公开所造成的实际效果。即使本行业的人普遍知悉,则该信息不再具有客观秘密性;反之,则具有客观秘密性。(2)该信息获取的难易程度。作为技术秘密的信息,一旦他人意欲获取,便可通过合法途径轻易获得,将容易导致其丧失秘密性。

4. 管理性。管理性是指技术秘密权利人为拥有技术秘密而对其采取了合理的保密措施。保密措施是指技术秘密权利人为保守其技术秘密而采取的各种制度性的处理办法。我国《反不正当竞争法》第10条规定技术秘密必须"经权利人采取保密措施"。《关于禁止侵犯商业秘密行为的若干规定》第2条第4款规定"权利人采取保密措施,包括订立保密协议,建立保密制度及采取其他合理的保密措施"。

（三）技术秘密的范围

技术秘密有明确的范围。我国《反不正当竞争法》第10条将商业秘密限定为技术信息和经营信息两大类。技术秘密即是其中的技术信息,是非专利技术中的一部分,包括但不限于符合商业秘密构成要件的设计、工艺、数据、配方、程序、图纸等形式。经营秘密,是指技术秘密以外的能够构成商业秘密的其他信息。管理诀窍、客户名单、货源情报、产销决策、招标投标中的标底及标书内容均属于典型和常见的经营秘密。与经营者的金融、投资、采购、销售、财务、分配有关的信息,如企业投资方向、投资计划、市场预测、产品成本和定价、新产品的研发计划、招投标的标底、进货及销售渠道、特定职员的薪金等都属于经营秘密的范围。

二、技术秘密权的财产权属性及权利归属

（一）技术秘密权的界定

技术秘密是一种无形财产,在世界各国,基本承认技术秘密包含有财产利益,目前最主要的是给予他以类似物权的产权法律保护,认为技术秘密权属于知识产权范畴。

早在20世纪60年代,国际商会（ICC）就将技术秘密视为知识产权。90年代,《知识产权协定》专门规定了"未公开信息",明确其属于知识产权的范围。英美法系国家一般将技术秘密视为知识产权或无形财产权,如英国1981年《保护商业秘密权利法草案》、美国1978年《统一商业秘密法》就是这样规定的。大陆法系国家也逐渐从过去依据合同法或侵权法理论保护技术秘密,修改为承认技术秘密的产权性质,承认技术秘密包含有财产权益,给予其类似物权的法律保护,如日本依照民法物权救济方法,给予技术秘密的合法控制人以排除妨害的请求权。

（二）技术秘密权的财产属性

我国在《反不正当竞争法》中确认了技术秘密的财产属性,并规定侵权人负有赔偿责任。也就是说,我国同其他市场经济国家一样,认定技术秘密权是一种财产权,即技术秘密权的合法控制人采取一定的保密措施,使之不为其他人所知悉,依法对其技术秘密享有专有权。

与其他知识产权形态相同,技术秘密权与有形财产权不一样,他的对象是无形的技术信息,不占据一定的空间,不发生有形的损耗,其权利是一种无形财产权。当然,其权利内容与有形财产权一样,其所有人依法享有占有、使用、收益、处分的权利。通过上述权能的实现,技术秘密权利人可以防止他人采取不正当手段获取与使用技术秘密;依法使用自己的技术秘密,不受他人干涉;有权通过自己使用或许可他人使用技术秘密而获得相应的经济利益;有权处分自己的技术秘密,包括放弃占有、无偿赠与或转让等。

作为一项知识产权,技术秘密权应包含人身权和财产权两方面的内容。

技术秘密人身权是指技术秘密权利人依法享有的、与其人身不可分离、没有直接的财产内容的民事权利,包括身份权和保密权。所谓身份权是指权利人在使用技术秘密或使用因技术秘密而制造的产品时,有权注明开发者的身份。其主要内容包括:权利人在自己制造的或者许可他人以自己的商业秘密制造的产品及其包装上,享有标记权;权利人在技术秘密文件上享有署名权;权利人对于假冒其技术秘密的行为享有制止权和控诉权。保密权是指权利人有权对技术秘密进行保密,任何第三人不得干预。其主要内容包括:权利人有权秘密占有、控制和管理自己的技术秘密,他人无权干涉;权利人有权要求使用该技术秘密的雇员和合作单位对其技术秘密予以保密。

技术秘密财产权是指权利人对其技术秘密的占有、使用、收益和处分权,他可依法转让或许可他人使用该技术秘密,并因此而获得利益。其中,占有权是技术秘密权利人对技术秘密的管理权、控制权,未经权利人许可,他人不得非法获取、披露、使用或许可他人使用权利人的技术秘密。使用权是权利人可以将自己的技术秘密用于生产经营活动,只要不违反法律,不损害社会公共利益,他人均无权干涉其使用。收益权是技术秘密权利人有权通过占有、使用、处分该技术秘密而获取经济利益,该经济利益应是使用权的对价,是使用并收益的具体体现。处分权是技术秘密权利人有权自由处置其技术秘密,他可以买卖、赠与等方式将技术秘密整体转让给他人;也可以在保留所有权的前提下,允许他人使用其技术秘密;还可以将技术秘密公诸于世,使之进入公有领域。但在技术秘密已许可使用的前提下,这种公开要受到一定的限制。

（三）技术秘密权的权利归属

技术秘密权的归属即技术秘密的人身权、财产权由谁享有,也即技术秘密的权利人应当是谁。对此,我国法律尚无明确规定。但参照我国专利法、商标法、著作权法以及合同法的有关规定,可以合理确定技术秘密的权利归属。鉴于技术秘密的特殊性,其人身权只能属于技术秘密的开发者,以确认技术秘密开发者的身份及开发者所享有的保密权,它不能转让和继承。技术秘密的财产权则可以转让和继承,其权利归属应当根据技术秘密研究、开发的三种具体情况确定。

1. 职务性技术秘密与非职务性技术秘密的权利归属。职务性技术秘密是单位职工在执行职务期间开发的技术秘密,以单位投入的大量的人力、物力、财力为依托,凝聚着单位的科学决策、集体智慧、长期的经验积累等。单位对这类技术秘密理所应当地享有财产权和人身权,有权在含有技术秘密的文件和产品上标明该单位是开发者,有权制止他人非法泄漏该技术秘密,有权对其占有、使用、收益和处分。目前,国内外大部分企业、事业单位、科研院所拥有的技术秘密,均属于此类,它们是职工个人创造与单位人、财、物投入的共同结晶。

非职务性技术秘密权属于开发者个人。该类技术秘密的产生有两类情况:一类是单位职工在本职工作之外,利用自己的专业知识、物质条件、业余时间开发的技术秘密,既没有利用单位的人、财、物资源,也与本职工作无关,这类技术秘密应当属于个人所有。二类是目前国内的个体户、私营企业主,在生产经营过程中,独立研发出的技术秘密,由于个体户、私营企业财产的私有性质,其研发出的技术秘密自然应当归开发者个人所有。这两类技术秘密与单位、职务、本职工作均没有必然联系,其权利归属于技术秘密开发者个人是公正的,有利于调动其积极性。

职工利用本单位的条件或经验,在本职工作之外开发的技术秘密,其权利原则上应归职工个人所有。这类技术秘密介于职务性技术秘密与非职务性技术秘密之间,其权属的确定应当依据公平原则。至于开发过程中利用的单位的某些条件或经验,可按债务关系处理,由职工支付一定的使用费作为对价。也可由单位支付合理报酬后,享有优先使用该技术秘密的权利,但人身权和财产权利仍然属于职工。当然,如果单位与职工在平等、自愿基础上就技术秘密权利归属另有约定,应当按照约定执行。

2. 共同合作开发的技术秘密的权利归属。共同开发的技术秘密,其权利属于开发人共有。该类技术秘密本质上属于共有财产,参与开发的各方均享有该技术秘密的财产权和身份权。就财产权而言,它不同于一般的共有财产,它难以分割,共有人对其难以按份共有,只适宜共同共有。因此,为保证各方的合法权益,参与开发的各方应当约定收益分配办法。事前有明确约定的,按照约定使用、收益;事前没有约定,或者约定不明,事后又难以达成协议的,任何一方均有权使用该技术秘密,收益归使用方所有。但是,任何一方均无权单独处分该技术秘密。如果处分该技术秘密,必须经共有人一致同意,所得收益由共有人分享。就人身权而言,由共同开发人共同拥有。不管财产权如何约定和行使,参与开发的各方都享有标记权、署名权、保密权等人身权利。

3. 委托开发的技术秘密的权利归属。委托开发的技术秘密的权利归属,依双方签订的协议而定;协议没有约定的,技术秘密权属于受委托方。该类技术秘密依据委托开发协议而产生,委托方把需要解决的技术问题或经营问题交给受委托方进行开发,并支付相应的费用。它本质上是一个合同问题,有关权属约定的合同应当优先适用,双方既可以约定技术秘密权归属于委托方,也可以约定归属于受委托方。没有权属约定或者约定不明的,技术秘密应当归技术秘密开发者,即受委托方所有。由于委托方已经支付了相关费用,故有权使用该技术秘密。不管技术秘密权归属于哪一方,技术秘密的开发者始终享有标记权,以确认自己的开发者身份。

三、侵犯技术秘密行为

根据我国《反不正当竞争法》、《国家工商行政管理局关于禁止侵犯商业秘密行为的若干规定》,侵犯技术秘密的表现形式多样,主要有以下几种:

158

一是以非法手段获取权利人技术秘密的行为。表现为：以秘密窃取的方式获取；以利益引诱的手段获取；以威胁、逼迫的手段使掌握技术秘密的人向其提供技术秘密；以其他不正当手段获取，常见的有"业务洽谈"、"技术合作开发"、"参与技术鉴定会"等方法套取权利人的技术秘密。

二是以非法手段处置用上述各种方法获取的权利人的技术秘密的行为。表现为：向他人或社会披露权利人的技术秘密；非法获取权利人技术秘密后，自己使用而从中获利；允许他人使用权利人的技术秘密，包括有偿使用和无偿使用。

三是违反约定或者违反权利人有关保守技术秘密的要求，实施了披露、使用或者允许他人使用其所掌握的技术秘密的行为。表现为：合法掌握技术秘密的人或技术秘密权利人单位的职员违反了权利人守密约定或违反了公司、企业的保密章程或违反劳动合同中的保密条款，而向外界泄露、自己使用或允许他人使用本单位的技术秘密。如果权利人对自己的技术秘密没有采取合理的保密措施，行为人即不构成侵犯技术秘密的行为。

四是第三人明知或者应知上述所列侵犯技术秘密的行为是违法行为，仍然获取、使用或者披露他人的商业秘密，视为侵犯技术秘密的行为。而对善意第三人受让取得技术秘密的，可以继续使用，但应当向权利人支付合理的使用费并承担保密义务。

四、技术秘密的法律保护

（一）技术秘密的国际保护

技术秘密作为商业秘密的内容，在国际上受到法律的严格保护。在国外，技术秘密作为一种重要的知识产权，因其巨大的商业价值而被企业高度重视，但同时也容易遭受他人侵权。为了维护权利人利益，技术秘密作为一种重要的财产权利而较早得到了国际社会的普遍承认与保护。

技术秘密的国际立法保护最早可以追溯到1883年的《保护工业产权巴黎公约》。虽然该公约没有单独提及技术秘密的概念，但《巴黎公约》1967年文本却成为以后几个国际公约关于商业秘密保护的基准性法案。1961年国际商会制定了《有关保护 Know-how 的标准条款》，联合国也于1974年制定了《联合国国际技术转让行动守则草案》，这些公约都对技术秘密的保护有所涉及，但直到《TRIPs协定》的出现才真正开启了技术秘密国际保护的先河。《TRIPs协定》将技术秘密保护纳入到知识产权保护协议中，确立了技术秘密的知识产权属性，规定具有商业价值的信息只要经合法控制人采取相关措施，保持其一定程度的秘密性，该信息都可以作为技术秘密加以保护。随着《TRIPs协定》的生效，世界知识产权组织国际局也在《反不正当竞争示范法》中规定了商业秘密的保护。因而形成了以《TRIPs协定》为核心的商业秘密国际法律保护体系。

在以英国和美国为代表的英美法系国家，技术秘密很早就受到了法律的保护，技术秘密在这些国家主要通过判例法的形式来予以保护，到20世纪，这些国家开始通过制定成文法的方式来加强对商业秘密的保护。如美国先后制定了《侵权行为法第一次重述》、《统一商业秘密法》、《美国经济间谍法》构建了技术秘密的法律保护制度体系。受美国影响，英国和加拿大相继于1982年和1987年提出了《保护秘密权利法草案》和《加拿大统一商业秘密法草案》。相对于英美法系国家，大陆法系国家的技术秘密法律保护制度起步较晚，且相对滞后。大陆法系国家在借鉴英美法系国家有关商业秘密保护法律制度的基础上,基于维护市场竞争秩序的目的,经过长时间的发展,形成了以反不正当竞法为核心的保护技术秘密的法律制度体系。如德国主要通过以《反不正当竞争法》为中心,以民法、合同法、刑法等相关法律为辅助的法律体系来保护技术秘密。日本主要依据《不正当竞争防止法》、《刑法》来构建技术秘密的法律保护制度体系。韩国也将技术秘密纳入不正当竞争法的轨道予以保护。但也有些大陆法系国家和地区开始突破以《反不正当竞争法》为主的法律保护模式,采取商业秘密单行法模式进行保护。例如,我国台湾地区对商业秘密主要采取"营业秘密法"进行专门保护。

(二) 技术秘密的国内保护

目前,技术秘密在我国也引起了有关方面的足够重视,现已基本上形成了较为完整的法律保护体系。《反不正当竞争法》是保护技术秘密的核心法律,它对包含技术秘密在内的商业秘密的保护做出了直接的规定。该法除了第 10 条对技术秘密进行了明确的界定外,还有其他条款对技术秘密的构成要件、侵权种类以及相应的行政处罚方式等进行了明文规定。为了进一步实施《反不正当竞争法》,加强对技术秘密的保护,1995 年由国家工商总局制定了《关于禁止侵犯商业秘密行为的若干规定》,该规定使商业秘密的侵权范围得到了进一步扩大,有关商业秘密侵权的认定依据和处罚程序也有了更加详细的规定。

除《反不正当竞争法》外,《劳动法》、《合同法》、《民法通则》等相关法律也从不同角度不同层面对技术秘密的保护做了规定。

1. 劳动法对技术秘密的保护。当前,职工跳槽已成为企业流失技术秘密的主渠道。《劳动法》第 22 条、《劳动合同法》第 23 条、24 条规定了劳动者对用人单位的技术秘密负有保密义务,同时规定了用人单位对员工享有竞业禁止的权利。另外,对侵犯技术秘密的救济措施也进行了具体规定,包括支付违约金、停止侵害、继续履行、赔偿损失和解除合同等。这些规定进一步扩大了技术秘密的保护领域,提高了技术秘密保护的可操作性。我国《劳动法》第 22 条规定"劳动合同当事人可以在劳动合同中约定保守用人单位技术秘密的有关事项"。据此,对负有保守用人单位技术秘密义务的劳动者,劳动合同当事人可以在劳动合同或者保密协议中约定竞业限制条款,并约定在终止或者解除劳动合同后,给予劳动者经济补偿。以防止企业职工、企业高级管理人员、研究开发人员、技术人员泄露或者使用企业的技术秘密。这也是国外企业保护技术秘密的通常做法。

上述规定称为竞业限制。我国仅在《劳动法》中作出原则性竞业禁止规定。竞业限制是企业对雇员采取的以保护商业秘密为目的法律措施。是指单位在劳动合同、知识产权权利归属协议或技术保密协议中,与对本单位技术权益和经济利益有重要影响的有关行政管理人员、科技人员和其他相关人员协商,约定竞业限制条款,即有关人员在离开单位后一定期限内不得在生产同类产品或经营同类业务且有竞争关系的或者其他利害关系的其他单位内任职,或者自己生产、经营与原单位有竞争关系的同类产品或业务。凡有这种约定的,单位应向离职的受竞业限制的有关人员支付一定数额的补偿费。竞业限制的期限最长不得超过 3 年。

竞业禁止主要有以下法律特征:一是权利义务双方有着民事法律上的具体联系;二是竞业禁止既可由法律明文规定,也可由当事人约定产生;三是竞业禁止所要限制的行为,从广义上说是一种不正当竞争行为;四是竞业禁止一般在空间上有一定的地域范围,时间上有一定的期间范围,在营业上有一定的种类范围。

竞业限制按其法律效力的来源可以分为法定竞业限制与约定竞业限制。法定竞业限制，主要是指直接源于法律规定而产生的竞业限制，我国《公司法》、《合伙企业法》、《个人独资企业法》、《劳动合同法》等法律都作了相关规定，规定了现行法定竞业禁止的义务主体是有限公司和股份公司的董事、高级管理人员；国有独资公司的董事长、副董事长、董事、高级管理人员；商业银行的工作人员；合伙企业的合伙人；个人独资企业委托或者聘用的管理人；中外合资经营企业的总经理或副总经理。

约定竞业禁止，根据私法自治、契约自由的原则，商业秘密权利人可与工作人员订立竞业禁止协议，即约定竞业限制，是指用人单位与劳动者通过劳动合同或签订竞业限制协议的形式，禁止劳动者在其离职后的一段时间内到与原用人单位生产或者经营同类产品、从事同类业务的有竞争关系得其他用人单位兼职或任职，或自己开业生产或者经营同类产品，从事同类业务的职业限制，这种限制义务直接来源于劳动者与用人单位的约定。目前关于约定竞业禁止的规定大多为一些部门规章、地方法规和规范性文件。如原国家科委《关于加强科技人员流动中技术秘密管理的若干意见》是国内首部确认和授权单位可与工作人员订立竞业禁止协议的部门规章，该《意见》第七条规定："单位可以在劳动聘用合同、知识产权权利归属协议或者技术保密协议中，与对本单位技术权益和经济利益有重要影响的有关行政管理人员、科技人员和其他相关人员协商，约定竞业限制条款，约定有关人员在离开单位后一定期限内，不得在生产同类产品或经营同类业务且有竞争关系或者其他利害关系的其他单位内任职，或者自己生产、经营与原单位有竞争关系的同类产品或业务。"从地方法规来看，深圳和珠海是国内最先以地方法规形式承认和规范约定竞业禁止的，之后上海市也作了有关约定竞业禁止的规定。

竞业限制在国外已经成为一种保护技术秘密的"惯例"，世界大多数知名公司都制定了严格的关于职业道德和商业行为的规章制度。为了规范人才的流动和有效的管理，防止发生技术秘密的泄露和纠纷，一些跨国公司都有严格的管理约束措施：在招聘面试时，要求应聘人员保证在其新的岗位上，不得利用其先前雇主的技术秘密；雇员在受聘后，与雇主签订保密协议，对于从事企业技术部门研制开发工作的人员尤其重视，在保密协议中还规定，雇员在解聘一段时间内不得受聘到企业竞争对手的公司工作；要求雇员在提出辞职时，不得泄露公司的技术秘密。窃取企业的技术秘密属于违法行为，要罚款、判刑或两者并处。同时，雇主往往通过与雇员签订不披露协议或不竞争协议来保护技术秘密，当雇员违反他承担的义务泄露技术秘密时，雇主可以根据违约行为对雇员起诉，要求法律救济，不竞争协议由于可以直接禁止雇员以任何形式受雇于雇主的竞争企业，它对雇主的保护较不披露协议更充分。

2. 民法对技术秘密的保护。第一，《合同法》对技术秘密的保护。我国1999年颁布的《合同法》总则规定了当事人在订立、履行合同过程中保守技术秘密的义务以及应当承担的法律责任。合同法分则对承揽合同、技术开发合同、技术转让合同所涉及的保密义务亦做了相应的规定，对违反合同规定的保密义务的，合同法规定应当承担违约责任或侵权责任。《合同法》第43条规定："当事人在订立合同过程中知悉的商业秘密，无论合同是否成立，不得泄露或者不正当地使用。泄露或者不正当地使用该商业秘密给对方造成损失的，应当承担损害赔偿责任。"合同法第347、348、350、351、352条对技术转让合同中有关技术秘密的问题做了规定。防止技术秘密在经济合作中受到侵害的有效方法，就是在开始合作洽谈时订立"保密和不使用"的合同。主要内容应包括：双方参与洽谈的人员负有保密义务；在谈判失败的情形下对方应承担保密义务，自己不使用且不允许他人使用；在双方进行合作期间，应明确技术秘密及其后续改进的归属，各方应诚信地负有保守技术秘密的义务，未经对方许可不得以任何形式向第三人披露。

第二，《民法通则》对技术秘密的保护。《民法通则》虽然没有明确的有关技术秘密保护的相关规定，但在第118条中规定：公民、法人的著作权（版权）、专利权、商标专用权、发现权、发明权和其他科技成果权受到剽窃、篡改、假冒等侵害的，有权要求停止侵害，消除影响，赔偿损失，技术秘密应当包含在"其他科技成果"之中。按照民法理论，技术秘密属于知识产权的范畴，知识产权属于民法保护的客体，技术秘密的保护理应适用民法的相关规定。在司法实践中，法院也确实运用了民法通则中的有关规定和原理，来认定技术秘密的侵权行为与责任形式。技术秘密作为企业的一项重要无形资产，在遭到他人侵害时，企业可以向人民法院提起侵权诉讼，寻求法律保护。一般来说，凡是适用于著作权、专利权、商标权的保护方式均可适用于技术秘密权的保护，有权要求停止侵害，消除影响、赔偿损失。

3. 刑法对技术秘密的保护。《刑法》在"侵犯知识产权罪"一节第219条中规定了侵犯商业秘密罪。该法条明确规定，侵犯他人商业秘密给权利人造成重大损失，构成犯罪的，处3年以下有期徒刑或者拘役，并处或者单处罚金；造成特别严重后果的，处3年以上7年以下有期徒刑，并处罚金。单位犯侵犯商业秘密罪的，对单位判处罚金，并对其直接负责的主管人员和其他直接责任人员，追究刑事责任。

4. 行政法规对技术秘密的保护。《国务院关于促进科技人员合理流动的通知》（1986年发布）以及国家科委《关于科技人业余兼职人员若干问题的意见》（1988年发布）都规定科技人员不得私自带走或者擅自公开、利用原单位的技术成果、技术资料，侵犯原单位的合法权利。《保守国家秘密法》规定"国民经济和社会发展中的秘密事项、科学技术中的秘密事项，属于国家机密的组成部分，受该法保护。"2010年3月国务院国有资产管理委员会发布了《中央企业商业秘密保护暂行规定》，该规定对中央企业技术秘密的保护提出了有针对性的保护措施和奖励措施，有力完善了我国技术秘密的保护。

5. 程序法对技术秘密的保护。程序法有关技术秘密的保护主要体现在民事诉讼法及其司法解释、仲裁法中。《民事诉讼法》规定，人民法院审理民事案件，涉及技术秘密的案件，当事人申请不公开审理的，可以不公开审理；技术秘密作为证据应当保密，需要开庭出示的，不得在公开开庭时出示等。这些规定从诉讼法的角度建立了技术秘密在诉讼过程中的保全制度。

除了上述技术秘密得到法律明确保护外，还有不受法律保护的技术秘密。

根据法律规定，技术秘密必须合法取得，对于用非法手段取得的技术秘密，危及公共利益的技术秘密（如某种生产方法严重污染环境，某种产品设计上的缺陷危及生命健康等）法律均不予保护，反而要给予一定的制裁。当然，他人出于公共利益目的披露权利人的技术秘密，无论是向政府主管部门或向新闻媒介甚至直接向公众披露，只要客观上存在必要性和急迫性，均是合法的（如日本计算器公司工会用传单披露公害消息事件案）。企业在保护技术秘密，争取竞争优势时，不应忘记自己的社会责任。由上可见，对技术秘密的保护已成为各国法律保护的一项重要内容。我国也已建立了自己的技术秘密保护法律体系,但仍有许多不完善的地方,有待进一步制定专门法律,明确界定技术秘密的性质、地位、范围,采取商事、民事、经济、刑事相结合的方式进行保护。同时还要加强职业道德教育,注意企业自我保护和国家法律保护相结合,在职保护和职后保护相结合,行业保护与部门保护相结合,以建立健全救济制度。

第十二专题 工业发达国家国防知识产权法律制度

一、军事贸易中知识产权保护制度

国防知识产权保护是国家外交和国防政策的重要组成部分,它对于国防科技工业建设和国民经济的发展都具有重大意义。世界工业发达国家对国防知识产权保护都给予了高度的重视,并制定了系统配套的法规体系推动其向前发展。

(一)立法的发展及现状

世界国防知识产权的立法是随着世界军品贸易的不断发展而逐步建立和完善的。19世纪末20世纪初,随着私人军火交易的不断扩大,一些国际性组织开始制定规范军品销售的法规。例如,1890年颁布了关于禁止向一些非洲国家出售军品的《布鲁塞尔法》,1907年海牙会议制定了有关中立国军品出口的规定。第一次世界大战之后,一些国家的政府开始通过国际协定来限制主要由私人军火商把持的军品交易,主要有1919年国际法庭制定的《圣日尔曼公约》和1925年的《日内瓦武器贸易公约》。但是,由于这些国际性公约对于大多数从事军品贸易的私人企业的约束力并不很强,这些私人企业对有关规定采取置若罔闻、我行我素的态度,因而这些法规或公约并未达到预期的效果。

从20世纪30年代到第二次世界大战期间,有关国家争相购置武器,军火贸易迅速扩大。为限制失控的军品交易并防止战略物资流向敌对国,一些国家开始实行出口管制,制定了控制军品出口的法规,知识产权的立法逐步转向有关国家。1931年,英国制定了《军品出口控制法》,1939年又颁布了《进出口与海关制度(国防)法》。1933年,比利时也进行了军贸立法。1935年,美国、瑞典和荷兰也制定了军贸法规。1939年,法国、奥地利也出台了军品出口法规。这些军贸法规很不完善,法律效力也十分有限,因而给违法分子以可乘之机。

第二次世界大战结束至20世纪80年代中期,世界进入美苏两极对抗的冷战时期,国际形势依然动荡不安,地区冲突持续不断。在这种形势下,世界军品贸易进一步发展,出口国不断增多,军品贸易迅速增长,从20世纪70年代初至80年代中期,军贸额增长了两倍。随着军品贸易的发展,又有一些国家制定了军贸法规,有的国家对已制定的法规进行修订和充实,但都将军品贸易立法纳入国家立法体系,在规范军贸活动和限制非法军火交易方面发挥了积极作用。例如,在20世纪50年代,加拿大颁布了产品对外贸易的《进出口许可法》,以色列颁布了《产品服务法》,其中对军品贸易作了特殊规定。20世纪60年代以来,为限制日益增多的军火走私和非法军火交易,一些国家出台了控制性军贸立法。例如,1961年,德国和挪威分别颁布了《战争武器控制法》和《轻武器与弹药法》;1963年,荷兰颁布了《战争物资出口法令》;1972年,瑞士颁布了《联邦战争物资法》;1976年,美国国会颁布了《军品出口控制法》;1977年,奥地利颁布了《联邦战争物资进出口和转让

164

法》等。

20世纪80年代后期,随着国际形势的变化,尤其是苏联解体、冷战结束等一系列因素的影响,军品贸易额大幅度下降。在新的国际形势下,世界军贸立法有了新的发展,一些国家不断颁布新的军贸法规,有的国家则修订和补充原有法规,解除有关限制,以推动军品出口的发展。例如,1987年挪威颁布《战争物资、服务和技术出口控制法》;1988年,瑞典颁布《关于限制军用设备出口及有关事项的法律》;1990年,芬兰颁布《国防物资出口与转让法》等。20世纪90年代以来,德国、瑞典和捷克分别对原有限制性规定进行了修订,颁布新的鼓励出口的军贸法规。

经过几十年的发展,世界国防知识产权立法在不断修订、补充的基础上逐步完善。目前,主要军品出口国都制定了与国家立法体系相协调的军品出口法规,有些国家(如美国)已建立起比较完善的国防知识产权法规体系,在规范军品出口方面发挥了重要作用。同时,一些国际性的国防知识产权条约和法规也在不断地建立和完善。主要表现在以下方面:

(1)各国国防知识产权立法逐步健全。近年来,随着世界军品贸易的发展,许多军品出口国为了加强对国防知识产权的管理和控制,不断制定、补充和修订知识产权法规,逐步健全与国家立法体系相适应的知识产权立法,将政府和私人的军贸活动逐步纳入法制化轨道。这些国家国防知识产权法规的建立,一方面使军品出口有法可依,限制了敏感国防技术知识的扩散;另一方面也增强了军品接受国对该军品出口国的信任,提高了出口产品的国际信誉。在各国国防知识产权的立法中,有些国家的军贸立法较为完善,已基本形成由国家权力机构制定的法律、国家行政部门制定的法规、规章及实施规定组成的配套完整的法规体系,其中最典型的是美国。作为世界头号武器出口大国,美国建立了以国会的《军品出口控制法》为主要立法依据,以总统有关军品出口的行政指令和国务院、国防部、商务部、财政部等不同行政部门制定的行政法规、规章和规定为主体的层次分明、相互协调、相互制约、互为补充的庞大的国防知识产权法规体系。其中国务院的《国际军品贸易条例》,从政府的对外政策和国家安全角度对军品出口作了规范,包括军品出口的方针政策、规划计划、组织管理、审批程序、许可证签发、司法监督及违法惩处等内容;国防部的《安全援助管理规定》对国防部系统的军援和军售工作进行了规范;商务部的《出口管理法》则对军民两用产品及技术的出口作了专门的规范。这种立法体系,明确了各部门、各层次之间的业务分工和职责范围,避免了因职责不清而导致的相互掣肘和互相拆台的现象,使军品出口在国家法律的统一指导和规范下有序地进行。

(2)根据市场变化,逐步放宽国防知识产权法规的限制。冷战结束后,国际形势发生了重大变化,各国逐步由军事对抗转向以经济、科技为主的综合国力竞争,国际军贸市场的竞争更加激烈。在这种形势下,各主要军品出口国更多地从经济利益出发制定军品出口政策,不断修订国防知识产权立法,放宽对军品出口的限制,鼓励本国的武器出口。美国通过修订《军品出口控制法》《国际军品贸易条例》等有关国防知识产权法规,对鼓励军火商出口武器作出新的规定。意大利议会通过新的《军品出口管理法》,解除原出口法的大量限制性规定,简化出口程序,缩短出口审批时间。新法通过后,意大利军工企业的出口额大幅度增加。德国也改变对军品出口实行严格限制的做法,对《战争武器控制法》和《对外贸易法》作了修订。

（3）国际防扩散机制进一步发展，强权政治抬头。冷战结束后，大规模杀伤性武器扩散日益成为人们关注的焦点。在以美国为首的西方国家操纵下，签署了一系列以防止大规模杀伤性武器扩散为宗旨的国际国防知识产权公约或协定，其中包括1970年《不扩散核武器条约》、1991年《削减和限制进攻性战略武器条约》。此外，一些国家建立了集团性的管理机制，确定了一系列防扩散行为的准则，以控制成员国在化学物品、核技术、导弹技术等国防知识领域的出口。这些管理机制包括：控制化学物品出口的澳大利亚集团，核供应国集团，导弹技术控制制度等。这些集团性防扩散机制或多或少带有歧视性色彩，它们在维护世界和平的口号下进行出口管制，以达到制约进口国经济发展的目的。例如，1987年，美国及其他西方国家制定的《导弹技术控制制度》就带有很浓的强权政治色彩，成为美国推行霸权主义的工具。它实行双重标准，将主要矛头指向发展中国家，而对西方大国之间的国防知识产权转让则未作任何限制性规定。

（二）立法特点

工业发达国家军事贸易中知识产权保护立法具有如下几个特点：

第一，既符合国家法制统一原则，又具有相对的独立性。知识产权是一种特殊的商品，既具有一般商品的属性，又具有自身的特点。因此作为规范国防知识产权的立法就具有普遍性和特殊性相互统一的特点，即：既同国家有关立法（如对外贸易立法和军品生产立法）相互协调，又具有相对的独立性。目前，大多数国家的国防知识产权立法都体现出这一特点，例如，美国的《国际军品贸易条例》《军品出口控制法》和《安全援助管理规定》是国家整个立法系统的有机组成部分，在涉及与其他国家立法（如《国家安全法》《原子能法》《出口管理法》等）的内容交叉重复部分，均作了协调，明确了职责分工（例如规定两用技术及产品的出口由商务部按《出口管理法》有关规定执行），同时它们又按军品贸易自身的特殊性制定了独立的规则。芬兰的《国防物资出口法》既同国家其他外贸立法相互协调，又按照自身规律独立运作，由芬兰国防部制定的《国防物资出口法》规范的军品出口按照不同于由内政部制定的《轻武器法》规范的手枪、运动用枪或猎枪等轻武器的出口的方式运作。

第二，立法层次高。知识产权具有很强的政策性，涉及国家政治、外交、经济、军事、贸易的方方面面，因此国外对国防知识产权的立法工作给予高度的重视，许多国家的立法机构制定了规范知识产权活动的国家法律（例如美国国会颁布的《国防知识产权法》等）。有些国家甚至在国家根本大法——宪法中就对国防知识产权活动作了明确规定。例如，瑞士宪法规定："武器、弹药和其他作战物资的生产、采购和贸易需经政府许可，只有获得联邦政府许可，方可允许这些防御性设备的进出口。"德国宪法规定："'拟用于战争的武器'只有经联邦政府同意，才能进行生产、运输和贸易。"

第三，立法规定了国会具有国防知识产权决策审批权。国外国防知识产权法的另一个特点是：一些国家的立法机构程度不同地参与到军品出口的决策和审批工作中。例如，美国国会直接参与了对重大军品出口计划的审批，美国《军品出口控制法》规定，国防部和国务院必须将5000万美元以上的国防产品及服务计划、2亿美元以上的设计与建筑计划，以及1400万美元以上的"主要国防装备计划"报国会审批。众议院对外事务委员会和参议院对外关系委员会在规定期限（30天内）对出口计划进行综合审查，提出预算方案，供预算委员会和拨款委员会进一步审查，以确定计划采纳与否。如果国会不同意武器出口,则可以否决该出口计划。

第四,立法明确了各政府部门的职责和分工协作原则。国防知识产权活动涉及面广,需要许多部门的直接参与。例如,意大利参与军品出口决策、管理和监督的政府部门多达8个。美国参与军品出口决策、管理和监督的政府部局有国务院、国防部、商务部、财政部、参联会、军备控制与裁军署、中央情报局、国家安全委员会、国际开发署、行政管理与预算局等10余个。为此,各国通过国防知识产权法规,严格规范各部门的立法权限和职责范围,以确保国防知识产权活动在各部门分工协作下有条不紊地进行。美国军品贸易立法明确规定:国务院和商务部拥有军品出口立法职能,国务院是军品出口的审批机构和许可证管理机构,国防部是军品出口的主要执法机构,商务部则是军民两用产品与技术的出口管理机构。澳大利亚《关税法》规定,在军品出口职责分工方面:"国防部负责制定和运用军品出口政策;部门间协商限于否决出口许可证或特别敏感的项目。"

第五,根据形势变化,及时修订补充。考虑到军品出口立法的权威性和稳定性,国外不轻易废除业已实施的国防知识产权法规,而是采取根据形势变化,及时修订补充的做法。例如,德国1961年颁布《战争武器控制法》之后,于1982年对1971年制定的《联邦政府关于输出作战武器和其他军备物资的政策原则》作了部分修改,取消了"不向局势紧张地区输出作战武器和其他军备物资"的规定,而代之以下述条款:"提供作战武器和其他军备物资不得加剧现有紧张局势。因此,对面临爆发武装冲突危险的国家原则上不提供作战武器和其他军备物资。"这实际上放宽了向局势紧张的地区出口军品的限制。同时,德国政府根据形势变化,先后对《战争武器控制法》作了4次修订,对与之配套的《对外贸易法》作了14次修订。加拿大在1954年颁布《进出口许可法》后,分别于1974年、1980年、1981年、1983年、1987年作过修订。丹麦1985年颁布《武器法》后,于1987、1990年作了两次修改。通过这种不断修订补充的做法,既维护了法律的严肃性,又能适应国际形势的发展和变化。

第六,对军品出口控制实行区别对待,分类管理的原则。各国国防知识产权的立法注意掌握出口控制的灵活性。按照不同产品、区别对待的原则,做到有松有紧。一般来说,对大型武器、杀伤力强的武器和进攻性武器出口严格控制,而对中小型武器、杀伤力弱的武器和防御性武器出口的控制则较松。例如,荷兰军品出口法规定,对进攻性武器和致命性武器的出口审查从严掌握,而对防御性武器和非致命性武器的审查则不那么严格。美国《国际军品贸易条例》将出口武器分为一般武器和重大军事装备两类,对重大军事装备的出口要进行极其严格的审查。

第七,制定统一国别政策。国外国防知识产权立法均制定了统一的国别政策,根据军品接受国的不同分门别类、区别对待。例如,对友好国或盟国实行优惠,而对其他国家则严格审查。这种国别政策的实施,增进了同友好国的关系,也防止了武器落入不友好国或敌对国手中。美国国防知识产权的立法将军品接受国分为A、B两类,A类国家主要是友好国家和盟国,如北约成员国、日本、澳大利亚和新西兰,对它们的军品出口控制很松,而对B类国家实行严格审查。德国国防知识产权法规定:向北约国家的军品出口原则上不予限制,而对其他国家的出口则严格控制。

（三）立法模式

纵观世界主要军品出口国的国防知识产权立法尤其是军贸立法,可以发现,由于各国国情及其立法制度的不同,各国国防知识产权立法的结构也各不相同,有的国家结构复杂,自成体系;有的国家较为简练,纳入普通法律体系;有的国家立法与执法职能相互渗透,互相交叉;有的国家则互不干涉等。下面介绍几种具有典型意义的模式。

1. 美国模式

美国是世界头号军品出口国,军品出口额占世界出口额的半数以上。为保证军品出口的顺利进行,美国制定了一整套军贸法律、法规、规章和规定,其规模和数量在世界上绝无仅有。美国军贸立法体系模式的基本特点是:层次众多、体系完善、规范详细。

(1)层次众多。美国军贸立法体系分为四个层次。第一层次为国会制定和颁布的法律,包括《军品出口控制法》《对外援助法》《原子能法》《国家安全法》《国际安全与发展合作法》等。它们是军贸立法体系中最高层次的法规,具有最高的法律效力,对军贸活动中宏观的、全局性的问题进行规范。第二层次为总统颁布的行政命令,其效力与国会通过的法律相同,它对法律的实施和军品出口政策的制定,起着重要作用。第三层次为政府部门制定颁布的规章条例,包括国务院的《国际军品贸易条例》、国防部的《安全援助管理规定》、商务部的《出口管理条例》等,它们是国会法律和总统行政命令的实施细则,对本部门职责范围内的军贸活动作出详细的法律规范。第四层次为国防部各军种制定的有关出口管理规定。这四个层次军贸法规的法律效力和范围各不相同,组成了一个以国会《军品出口控制法》为龙头,以行政法规为主体的相互制约、相互协调的完整体系。

(2)体系庞大。美国军品出口渠道多达四种,包括官方的军品外销渠道、安全援助渠道和民间的商业军品销售渠道以及私人与私人之间的直接交易渠道。其中通过国防部军品外销和安全援助的出口渠道又细分为军品外销信贷拨款渠道、军事援助计划渠道、国际军事教育与培训计划渠道、维持和平行动与经济援助资金计划渠道、对外军事建筑销售计划渠道等。此外还有国务院负责的商业销售渠道和商务部主管的军民两用技术与产品出口渠道。出口渠道众多导致涉及军品出口的主管行政部门众多,因而立法项目众多,最后导致立法体系异常庞大。例如,指导国防部军品外销和安全援助渠道的是《安全援助管理规定》及国防部和各军种制定的其他规定;指导商业军品销售渠道的是《国际军品贸易条例》;指导两用技术及产品出口的是《出口管理法》和《出口管理规定》。

(3)规范详细,可操作性强。国防知识产权立法的规范详细与否,是决定立法可操作性的重要因素,因而有关军贸的规范非常详细。例如,《国际军品贸易条例》对美国军品出口的政策、规划、管理、许可证审批、司法监督及违法惩处等作了详尽的规范,共包括8个部分153节。国防部《安全援助管理规定》的规范之细,更是无所不包、无所不容。

(4)授权立法。美国国防知识产权立法通过授权的方式将立法权限在立法部门和行政部门中逐级下放。例如,国会《军品出口控制法》授权总统履行绝大多数军品出口决策管理职能,总统通过行政命令将军品销售和军事援助的大部分权限下放给国务卿和国防部长,国务卿又颁布指令将大部分军品出口决策管理权下放给负责安全援助、科学与技术事务的副国务卿的做法,避免了权力过分集中于高层立法部门,明确了各层次的立法职能,使军贸立法工作在相互协调、逐级细化的基础上有条不紊地进行。

(5)立法与执法职能相互渗透、互为补充。美国国防知识产权立法的另一个特点是,作为立法机构的国会不仅要履行立法职能,而且要承担一部分执法职能。《军品出口控制法》规定:金额超过一定限额的军品出口项目必须报国会审批,如果国会不同意,将有权否决该出口项目。同时,根据国会的授权,作为执法机构的国务院和商务部均具有军品出口立法职能。根据《军品出口控制法》的规定,国务院制定了《国际军品贸易条例》等实施细则,商务部也制定了有关法规。这种立法与执法职能相互渗透、互为补充的机制既有利于立法机构在执法过程中及时、不断地修订和补充立法,也便于执法部门在履行立法职能时更好地完成执法任务。

2. 西欧模式

英、法、德等西欧国家的国防知识产权立法同美国相比,较为简练和精干。其基本模式是:由一部核心法律和一部或若干部补充规章、规定组成独立完整的体系。体系没有美国那么庞大,规定没有美国那么繁琐。例如,英国国防知识产权的立法体系由1939年颁布的《进出口与海关制度(国防)法》及其补充规定《产品出口(控制)规定》组成;法国军贸立法由1939年4月颁布的《战争物资、军品和弹药法》及其配套规定《战争物资和相同物资清单》和《战争物资、军品、弹药与相同物资进出口程序法》组成;德国的国防知识产权立法则由1961年4月颁布的《战争武器控制法》及其补充法规1961年4月颁布的《对外贸易法》组成。

与美国国防知识产权立法不同的是,西欧国家的立法机构不参与军品贸易的审批业务,政府只负责向立法机构通报有关军品贸易业务的开展情况。例如,在法国,军品出口完全由政府部门负责,法国宪法未赋予国民议会审议军品出口计划,行使否决军品出口计划的权力。每年政府仅向国民议会和参议院送交两份关于售后军品的报告。

3. 加拿大、比利时、澳大利亚、日本和以色列模式

加拿大、比利时、澳大利亚、日本和以色列的国防知识产权立法更为简略,其基本模式是:没有独立的国防知识产权立法。规范军贸活动的有关法律法规融入国家外贸立法活动。例如,比利时政府没有制定专门的军品出口法,规范军品出口活动的法规被划入政府出口条例附录清单中的"战争物资"一节里。澳大利亚有关国防知识产权的规定融入《关税法》和《关税条例》中;《关税法》第1、第2、第5和第13条对澳大利亚军品出口作了明确规定。以色列军品出口有关立法纳入《产品和服务管理法》中,该法第4、第5、第15和第43节,以及《进口与出口法令》的第2节对军品出口作了明确规定。

(四)法律制度的基本框架

目前,各工业发达国家军事贸易中知识产权保护法律制度的内容有所不同,但基本结构大同小异,其基本框架涉及出口清单、国别政策、管理体制及各部门职责、许可证审批程序、司法监督、违法及惩处措施等内容。

1. 出口清单

军品出口清单是各国军贸法规的一项主要内容,是各国政府控制军品出口的产品类别以及接受国国别的重要法律依据。主要分为产品清单和国别清单两类。

(1)产品清单。是各国军贸法规对出口军品的产品分类,一般按性能、种类及重要性的不同进行划分。例如,美国各政府部门有关军贸的法规规定了各自的产品清单:国务院《国际军品贸易条例》规定了"美国军品清单";国防部《安全援助管理规定》规定了"主要国防装备清单";商务部《出口管理法》规定了"商品控制清单";财政部《军品、弹药与战争物资进口条例》规定了"美国军品进口清单"。加拿大《进出口许可证》规定了"出口控制清单"。另外,由于各国军品出口的规模及出口的产品不同,因而其武器种类及种类多

少也不同。例如,军品出口大国美国《国际军品贸易条例》的军品清单将出口武器划分为21类,而出口量较少的奥地利的《武器出口法》的武器清单只开列了5大类出口武器。巴西的武器清单仅将出口产品列为3大类。此外,瑞典军贸法规将出口军品划分为16类,加拿大"出口控制清单"将出口产品划分为10类,芬兰和葡萄牙均将出口军品划分为9类,捷克《军贸法》将出口军品划分为14类,意大利军品清单将出品武器划分为13类。

(2)国别清单。军品出口国将武器接受国按情况的不同划分为不同类别,并在军贸法规中列出武器接受国的国别清单。例如,美国军贸法规将有资格购买美国武器的国家分为A、B两类,A类是预先经国务院审查批准的,可直接向国防部提出申请,如北约成员国、日本、澳大利亚、新西兰等;B类国家须事先通过驻美采购团、美国使馆、美国军援顾问团或其他方式向国务院提出申请。比利时政府制定的军品出口国别清单将武器接受国分为7类,即:北约国家,共产党国家,绝对禁运国,临时禁运国,暂时中止许可证的国家,敏感国家,其他国家。德国《对外贸易法》中的"国别清单"对54个国家(主要是发展中国家)的技术出口实行特别控制。

2. 组织管理

军品出口组织管理是各国军贸法规的一项重要内容。国外军贸立法均制定了有关条款,明确政府各部门在军贸决策、管理、实施方面的职责。

(1)决策组织。军品出口政策性很强,涉及国家外交、经济、军事、工业、贸易、财政的各个方面,因此国外一般对军品出口实行政府高层次机构领导下的联合决策方式,并以立法形式确定下来。根据国外军贸立法的规定,军品出口决策一般采取"部际委员会"或"部长联席会议"形式,由政府首脑或主管部部长主持,由国防、外交、经济、工贸、财政等部门代表组成,实行联合决策。例如,美国军品出口联合决策机构是军品转让管理小组,它由国务院主持,成员包括国防部、商务部、财政部、参联会、军备控制与裁军署、中央情报局、国家安全委员会、国际开发署、行政管理与预算局等部门的代表。英国军贸立法规定:军品出口决策权由有关政府部门分享,由部际委员会作出。政府的军品工作组是部际军品出口联合决策机构,由外交与联邦事务大臣主持,成员包括国防部、贸工部和财务部的代表,重大、敏感项目要提交首相主持的内阁国防与海外政策委员会审查。

(2)管理机构。根据国外军贸立法,军品出口由政府统一管理。根据这一规定,主要军品出口国都建立了统一的政府军贸管理机构。一般来说,军品出口管理机构设在国防部。例如,美国国防部的国防安全援助局,以色列国防部的国防外援与国防出口局,新加坡国防部的胜利控股公司等。许多国家将军品出口管理机构设在国防部负责国防科研与装备采购的主管部门,组成军工科研生产与销售的一体化管理体系。例如,英国国防部装备采购部下属的国防出口业务局,法国国防部武器装备部下属的国际关系局,西班牙国防部装备物资部的采购局等。

3. 许可证制度

军品出口许可证制度是各国对军品出口实行监督、控制和管理的主要手段。早在美国政府1935年颁布的《国际军品贸易条例》中,就对军品出口许可证作了明确规定。目前,凡制定军贸法规的军品出口国,均把出口许可证制度作为规范军贸活动的基本措施,在立法中明确规定了军品出口许可证的种类、申请、审批、签发、期限等内容。

(1)许可证的种类。根据国外军贸立法,军品出口许可证按其用途的不同分为多种形式。例如,美国军品出口许可证分为普通许可证和特种许可证两种。普通许可证也叫公开的一般许可证,对这类许可证军品的管理一般较松,美国绝大部分的出口军品,均属于普通许可证范围。而对特种许可证军品则要按一定程序进行严格管理。英国军品出口许可证分三种,一种用于永久性出口,一种用于临时性出口,一种用于过境转运。波兰军品出口立法也将其许可证分成三种类型,并分别按不同方式进行管理。

(2) 许可证的申请。国外军贸立法规定,向国外出口军品,必须事先向本国政府申请并取得许可证,没有许可证一律不准出口。捷克《军贸法》第 3 章第 14 条规定:"新列的军品外贸项目,每一项合同都必须申请许可证"。奥地利《武器出口法》第 1 条规定:武器的进出口与转让需得到政府许可证。另外,申请军品出口许可证,必须具备特定的条件。比如,美国《国际军品贸易条例》规定,只有美国公民或公司可申请军品出口许可证,拥有合法居住权的外国公民在美国注册的外国政府机构除外。捷克的《军贸法》规定,向政府提出军品出口许可证申请的内容包括:贸易名称、申请人住址、执照号码、军品名称和数量、许可证期限、军品进出口的目的地、军品报价或合同单价和总金额,以及最终用户的名字和住所等内容。

(3) 许可证的审批。根据军贸立法的规定,军品出口国一般都设有军品出口许可证管理机构,负责许可证申请的受理、审批和签发。这些机构通常设在外交、工业、国防、财政、经贸等政府部门。例如,美国军品出口许可证的管理和签发由国务院国防贸易中心下设的国防贸易控制办公室负责,军民两用技术及产品出口许可证由商务部的出口管理局负责签发;英国军品出口许可证由贸工部的出口许可证局签发;加拿大由外交一部特殊贸易关系局的出口控制处签发;德国由经济部经济管理局负责。

(4) 许可证的期限。国外军贸立法对军品出口许可证的使用期限作了明确规定,有效期为一般为 1~3 年,根据需要可适当延长。例如,美国《国际军品贸易条例》规定:军品出口许可证的有效期为 3 年,如果有效期结束时产品未全部移交,则须重新更换许可证。加拿大的军品许可证一般为 1 年。有些国家的军品许可证期限较短,例如阿根廷的军品出口许可证有效期为 4 个月,比利时、丹麦、芬兰的军品出口许可证有效期为 6 个月。西班牙的军品出口许可证有效期一般为半年,可延长至 1 年。

4. 违法及惩处

国外军贸立法对军品出口的违法及惩处作了明确规定。如果在没有许可证的情况下出口、军品出口到未经批准的目的地,或者采取非法手段出售军品等违法现象,政府将视情节轻重按有关法规给予处罚。加拿大《进出口许可证》规定,除非根据本法之规定获得出口许可证,否则任何加拿大公民出口或试图出口"出口控制清单"册列之任何产品,或向"区域控制清单"册列之任何国家出口产品,将视为违法。关于违法行为的惩罚措施,主要有以下几种:

(1) 罚款。罚款是各国政府对军品出口违法者采取的主要惩罚手段。各国军贸法规根据情节轻重规定了不同的罚款标准。美国《军品出口控制法》对军贸违法者处以"至少10 万美元的罚款"。美国《出口管理法》规定:"故意违犯法规、条例、许可证或法令者将被处以不超过出口价值 5 倍或 5 万美元的罚款。"捷克《军贸法》第 25 条"惩处"对军品出口违法者规定,"根据对国家外交政策、贸易和安全利益损害的程度、重要性和持续时间来决定罚金数额"。该法对无许可证经营、申请许可证弄虚作假、拒绝接受检查或拒绝改正已查明的违法行为者"处以 500 万克朗罚金",并对"严重危害国家外交政策、贸易和安全利益"的违法行为"处以 3000 万克朗罚金"。

（2）监禁。监禁是各国政府对军贸违法的另一主要惩处手段。美国《军品出口控制法》规定，对违法者处以"至少两年的监禁"。奥地利军贸法规定，对"向冲突双方出售武器者"处以"6 个月至 5 年监禁"，对非法出口战争物资者处以"两年以下监禁"。捷克《军贸法》规定：对无许可证开展军贸者处以"1～8 年徒刑"，对参加有组织的犯罪活动或犯罪行为造成巨大损失或其他严重后果者"判处 3～9 年徒刑"。日本有关法规对违法出售武器者判处 3～5 年徒刑。

二、国防知识产权管理法律制度

（一）美国国防知识产权管理法律制度概况

在国防知识产权管理法规体系方面，美国没有制定专门的国防知识产权法律、法规，国防知识产的保护与管理除了遵守国家知识产权法律外，其特殊的管理规定分散在相关的法律、法规中。国防知识产权法律体系包括：①知识产权法律，主要包括专利（含保密专利）、版权（含计算机软件）、半导体芯片、技术秘密，相应的保护法律包括《专利法》《版权法》《半导体芯片保护法》，其中，保密专利包含在《专利法》中，而技术秘密的保护则由各州制定的商业秘密法律来保护。②涉及国防知识产权相关法律、法规，主要包括：涉及政府采办中的知识产权由《联邦采办条例》来规范，涉及知识产权实施由《联邦技术转移法》规范；涉及军品贸易的知识产权由《军品出口控制法》、《国际军品贸易条例》等来规范。

此外，各国防部门，如国防部、能源部、国家航空航天局（NASA）等也制定了涉及国防知识产权管理的一些规定，如《联邦采办条例国防部补充条例》《联邦采办条例能源部补充条例》《联邦采办条例国家航空航天局补充条例》《陆军知识产权管理规定》等。

在国防知识产权管理政策方面，主要有以下三方面：

1）政府资助国防项目产生的知识产权管理政策

政府资助国防项目产生的知识产权管理政策是指由国防部门合同（完成单位与国防部门没有隶属关系）产生的知识产权管理政策。下面以国防部为例，介绍合同产生的知识产权管理政策。其他国防部门与国防部类似。

国防部合同产生的知识产权包括专利权、技术资料权、计算机软件权和版权。其中，技术资料权不是传统意义上的知识产权，但是它涵盖技术资料所载技术秘密的权利和技术资料本身的版权，由于其对武器装备的使用和维护以及再生产极为重要，因此，将其纳入知识产权范畴。

根据《联邦采办条例国防部补充条例》规定，国防部合同产生的知识产权管理总政策是：促进合同所产生的发明最大限度地商业应用；鼓励工业界积极参与采办合同工作；保证发明的商业应用有利于推动自由竞争和企业发展；保证军方对发明拥有充分的权利，以满足军方和公众利益的需要；最大限度地减少执行管理政策的费用。

下面以专利管理政策为例，详细介绍其管理政策。专利管理政策主要分为两种情况：

（1）专利权归承包商的权益界定。承包商在作出发明后的两个月内，向合同官员报告详细内容，可以要求发明的专利权归其所有。如果国防部认为专利权归承包商将使国防利益和公共利益得到更有效的保护,或者合同包含共同投资、分摊成本的项目,并且承包商在履行合同之前已经投入大量资金、设施时,可以批准这一要求。

在专利权归承包商的情况下,国防部享有下列权利:①指定使用权。国防部有权指定其他承包商为国防目的免费使用发明。②介入权。在一段合理长的时间内,承包商没有采取有效措施将发明用于民品开发,国防部有权允许他人使用该发明;承包商不服的,可以提出上诉。

在专利权归承包商的情况下,承包商应承担以下义务:①要保障国防部的利益。包括:在履行合同中,定期向合同官员报告所产生的发明项目;在合同完成前,报告全部发明项目;拟放弃专利申请权或专利权,应当通知合同官员,并协助他保护国防部的利益;定期向合同官员报告发明使用情况,包括首次用于民品开发的日期、收入的总金额等。②要保障发明人的利益。承包商应当从使用发明的收入提出一部分作为报酬给予发明人。

(2) 专利权归国防部的权益界定。有下列情形之一的,专利权归国防部:国防部确认,由其拥有专利权能够更好地保护国防及公共利益;承包商在美国境外,或在美国国内没有营业场所,或者受外国政府的控制;承包商没有在规定的期限内报告产生的发明,或就该发明提出专利申请。

在国防部获得专利权的情况下,承包商拥有免费使用的权利。但是,有两点限制:①承包商转让该权利需经国防部批准。②国防部为了尽快实现发明的商品化,可以撤销该权利;承包商不服的,可以提出上诉。

2) 国防部门拥有的知识产权管理政策

国防部门拥有的知识产权管理包括两方面的内容:①对国防部门合同(完成单位与国防部门没有隶属关系)产生的,归国防部门的知识产权管理;②对隶属于国防部门的研究机构的知识产权管理。对于前者,其专利管理政策已在前面作了介绍,对于后者,其专利管理政策主要内容为:国防部门以自己的名义申请专利并拥有专利权;对拥有的专利权进行管理和维护;促进具有商业化的专利技术转移。

国防部门拥有和掌握一些国防领域的专利,对于保障国家安全具有重要意义。表1～表5给出了1997年—2003年美国各国防部门申请专利量和拥有的专利量(摘自美国联邦政府专利报告,美国专利与商标局网站)。

表1　陆军专利申请量与获得专利量表(件)

内容＼时间	1997年前	1997年	1998年	1999年	2000年	2001年	2002年	2003年
申请专利	4566	143	155	146	154	123	88	35
批准专利	4207	170	166	141	147	165	149	131

表2　海军专利申请量与获得专利量表(件)

内容＼时间	1997年前	1997年	1998年	1999年	2000年	2001年	2002年	2003年
申请专利	6877	372	358	285	320	316	258	84
批准专利	6105	299	345	358	365	326	386	365

表3 空军专利申请量与获得专利量表(件)

内容＼时间	1997年前	1997年	1998年	1999年	2000年	2001年	2002年	2003年
申请专利	3004	83	91	85	74	66	42	13
批准专利	2800	94	84	91	84	106	76	68

表4 能源部专利申请量与获得专利量表(件)

内容＼时间	1997年前	1997年	1998年	1999年	2000年	2001年	2002年	2003年
申请专利	4381	56	55	48	56	39	27	2
批准专利	4227	69	62	53	57	69	45	42

表5 NASA专利申请量与获得专利量表(件)

内容＼时间	1997年前	1997年	1998年	1999年	2000年	2001年	2002年	2003年
申请专利	2552	95	102	72	98	74	64	9
批准专利	2338	97	95	93	97	92	85	80

3）民转军中的知识产权政策

美国在《联邦采办条例》《联邦采办条例国防部补充条例》等法规和国防部采办文件中,不仅详细规定了民用产品和技术的采购管理部门、采购计划制定程序和合同签订办法,而且对涉及的知识产权问题也作了规定。为了鼓励工业界与国防部合作,促进更多的先进民用技术向国防领域转移,国防部认为,知识产权问题是一个关键问题。为此,2001年10月15日,国防部发布了题为《知识产权:在商海中航行——与商业公司谈判知识产权时的问题和解决办法》的指南性文件,该文件规定,国防部采办队伍在与工业界处理知识产权时,应当考虑以下核心原则:①使知识产权考虑充分融入对先进技术的采办战略中,以保护国防部的核心利益;②尊重和保护私营开发的知识产权,因为它是一种价值的财产形式,是对企业的财政实力至关重要的无形资产;③通过在签订合同前清楚地鉴定和区分知识产权交付和知识产权交付中的许可权来解决争端;④寻求灵活的、创造性的知识产权问题解决方法,重点放在只获取实行采办战略所必需的介质(主要是指技术资料)的交付和许可权。

在国防知识产权管理机构建设方面,各国防部门都设有知识产权管理机构,负责本部门的知识产权管理。下面以陆军和NASA为例,介绍其知识产权管理机构及其职责,其他国防部门类似。

陆军部军法署署长是陆军知识产权管理的最高行政长官,负责陆军知识产权法律计划的控制、管理和监督。该职责被委任给陆军知识产权法律顾问,并履行以下职责:控制、管理和监督陆军的知识产权法律计划;对陆军的知识产权管理人员进行技术监督;制定与陆军知识产权有关的政策、法规;向陆军采办执行官提供知识产权方面的法律建议;代表陆军部长授予陆军所拥有专利和专利申请的非独占许可证;按照陆军部长的指示,签署依有关法规提交的专利申请请求书;按照陆军部长的指示,签署或取消代表陆军与美国专利商标局进行交涉的委托书。

此外,陆军知识产权法律顾问的职责还包括代表陆军参加有关专利、版权和商标的诉讼事务、代表陆军放弃专利申请等。

军法署署长办公室下设知识产权法律处,是陆军知识产权的主管机构,由上述陆军知识产权法律顾问担任处长。陆军知识产权法律处的职责是:在与知识产权有关的法律事务中代表陆军;提起专利或版权侵权的行政诉讼;就陆军合作研究与开发协议,为负责研究、开发与采办的陆军助理部长以及相关的各级官员提供法律建议;负责陆军所拥有专利的许可证谈判;为陆军和部分国防部部局办理和维持商标注册;协助司法部解决涉及陆军所拥有专利或版权的侵权诉讼;维护许可或转让给陆军的专利、版权和商标的记录;监督陆军的专利保密审查。

此外,知识产权法律处的职责还包括为未指定专利律师或代理人的陆军机构准备和提出专利申请、应请求为有关机构或个人提供版权方面的服务、就知识产权事项与美国政府其他机构和外国机构联络等。

除了上述知识产权的归口管理机构外,各业务部门也根据需要设置相应的知识产权管理职能。

NASA 的知识产权管理机构是法律总顾问办公室知识产权法律处。其职责是:制定、执行、管理 NASA 的知识产权计划;负责专利申请工作,包括发明报告、专利申请的准备和提交;制定专利、版权许可的政策和程序;负责答复国会的质询,起草或解释所建议的法律法规,出席 NASA 部门间会议和谈判;协助司法部解决涉及 NASA 所拥有的知识产权侵权诉讼;检查《信息自由法》对技术资料和计算机软件的要求;负责商标申请工作;负责合同、资助协议、合作协议和国际协议等涉及知识产权条款的检查和谈判。

(二)俄罗斯国防知识产权管理法律制度概况

在国防知识产权法规体系建设方面,俄罗斯的国防知识产权法律体系由若干法律、总统令和政府令组成,例如,知识产权法律主要包括《专利法》《商标、服务标记和原产地名称法》《版权和相关权利法》《保护集成电路布图设计法》《计算机程序和数据库保护法》等,总统令如《军用、专用和两用科学研究、试验设计和技术工作成果的保护法》(No. 556号),政府令如《在军用、专用和两用科学研究、试验设计和技术工作成果产业化过程中保护国家利益的首要措施》(No. 1132 号)。

国防知识产权管理政策主要体现在以下几方面:

1)政府资助国防项目产生的知识产权政策

根据 1998 年 5 月 4 日的 No. 556 号总统令,俄罗斯联邦政府于 1998 年 9 月 29 日签署了 No. 1132 号政府令,该政府令规定,联邦预算或地方预算支持的军用、专用和两用科学研究、试验设计和技术工作成果的所有权归俄罗斯联邦。军用、专用和两用科学研究、试验设计和技术工作的研制合同中应规定如下内容:

(1)研制过程中的发明、工业样机、育种成果专利、有效模型、计算机程序、数据库、微电子集成电路以及其他智力活动成果所有权归俄罗斯联邦,由俄罗斯联邦司法部和国家订货单位代表俄罗斯联邦享有所有权。

(2)研制单位必须每 2 个月向俄罗斯联邦司法部和国家订货单位通报一次工作进展

情况。

（3）军用、专用和两用科学研究、试验设计和技术工作的研制单位必须同从事该工作的工作人员签署智力活动成果保密合同。

2003 年 2 月 7 日颁布的《专利法》规定，履行国家合同项目时，如果合同约定专利权应属于联邦或者联邦主体，国家订购人有权在规定的时间内申请专利；如果在既定的时间内，国家订购人没有提出申请，专利权可以属于项目的执行者。如果合同约定专利权不属于联邦或者联邦主体，那么专利权属于执行者，但专利权人按照国家定购人的要求，有责任向国家定购人指定的人提供非独占的无偿许可使用专利，以满足俄罗斯联邦或俄罗斯联邦主体完成任务或供货需求之目的。

2）军事技术合作中的知识产权政策

据俄罗斯有关方面统计，由于全球仿制俄制武器、侵害俄军事知识产权的情况普遍存在，俄罗斯每年在国际军火市场上损失巨大的经济利益。为此，2003 年 11 月，在莫斯科召开的俄罗斯军事技术合作委员会会议上，关于保护俄军事知识产权成为了最重要的议题。普京总统在会上指出，俄必须要通过立法来保护军事知识产权，并形成统一战略。近几年来，俄罗斯采取积极措施，从国内立法和对外签订知识产权协议两个方面来保护军事知识产权。例如，2003 年 3 月，俄罗斯和以色列签署了《知识产权保护协议》，该协议规定，为了保障军事技术合作工作的有序进行，每个合同或政府间协议都要有保护俄罗斯知识产权的相应条款规定。2005 年 12 月，俄罗斯与印度签订了《军事技术合作过程中加强知识产权保护的协议》。

在国防知识产权管理机构建设方面，根据 No. 1132 号政府令，俄罗斯联邦司法部成立了"为军用、专用和两用智力活动成果提供法律保护的联邦局（以下简称联邦局）"。联邦局是法人实体，其主要任务是：管理智力活动成果统一清单；对智力活动成果的使用及其产业化情况进行监督；对智力活动成果及其产业化情况进行清查；行使智力活动成果及其产业化的支配权；同军用、专用和两用科学研究、试验设计和技术工作的研制单位签署智力活动成果保密合同；对所有权归俄罗斯联邦的智力活动成果提供法律保护；签署许可智力活动成果产业化合同；行使智力活动成果部分所有权继承人的职能等。

（三）英国国防知识产权管理法律制度概况

在国防知识产权法律体系建设方面，英国是世界上公认的最早保护知识产权的国家，也是知识产权制度最完善的国家之一。英国国防部以一整套《国防合同条件》（DEF-CON）管理国防采办合同下的知识产权，相当于美国《联邦采办条例国防部补充条例》中的知识产权样本条款。此外，国防部通过制定一系列政策，规范和指导知识产权工作。例如，2003 年 9 月，国防部发布了《国防部知识产权指南》，2006 年 4 月 1 日发布了《英国国防部知识产权政策说明》，在国防部内提供知识产权法律和实践指导。

英国国防知识产权管理政策主要体现在以下几方面：

1）国防部合同产生的知识产权政策

国防部合同产生的知识产权政策的主要内容是：一般情况下，合同产生的知识产权归项目承包商，国防部拥有免费、非独占许可的权利，以保证国防部需要的物品和服务便于竞争签约。特殊情况下，合同产生的知识产权归国防部，这些特殊情况包括：合同涉及的研究工作建立在国防部早先工作或另一承包商工作的基础上；采购保障合同，实验、试验和评价第三方设备合同,保障人员服务合同,产生标准或准备采购文件合同,以及高度保密工作合同;合同产生的成果具有特别的军事敏感性,例如,与核、化学或生物武器有关;合同产生的成果的商品化依赖于国防部拥有的其他成果,这些成果可以是国防部产生的或者其他承包商产生的;项目承担者不愿意或不能够满意地保护和应用好成果。

2)军转民中的知识产权政策

英国政府制定了一系列的政策措施,将国防研究成果及设施转向民用领域。具体的知识产权政策和措施是:改革专利许可证管理办法,鼓励向民用部门转让国防科研成果。国防鉴定与研究局出台政策,允许国防部门通过专利许可向民用部门有偿转让专利技术。民用部门使用国防科研成果时,需交纳专利权使用费,以此作为国家科研投入的回报,并保护知识产权。据统计,该局在1993—1994年通过专利许可转让获得1530万英镑。

在国防知识产权管理机构建设方面,英国国防知识产权由国防装备与保障总署下属的商业组织总处知识产权组(IPRG)负责。其专业人员都是高级科学家和工程师,经培训成为知识产权专家,达到专利代理人和欧洲专利律师的水平。其主要任务是,提供处理国防部知识产权的政策框架,以及提供支持国防部业务的知识产权服务。具体包括以下职责:为国防部合同谈判提供标准的知识产权条款;确保日常的知识产权事务遵循法规和政府政策;帮助合同官员和计划管理人员,处理知识产权问题和难题;参与国际合作谈判;负责保护和开发国防部拥有的知识产权,包括准备、提交专利和商标申请,以及与工业界谈判许可协议。

第四编 知识产权国际公约

第十三专题 世界知识产权组织之下知识产权的国际保护

世界知识产权组织的英文名称是"The World Intellectual Property Organization",简称WIPO,是根据1967年7月14日签订,并于1970年生效的《成立世界知识产权组织公约》而建立的。该组织的建立必须追溯至1883年,即《保护工业产权巴黎公约》的缔结,以及1886年《保护文学艺术作品伯尔尼公约》的签定。这两个公约的达成,在国际上形成了两个以公约为纽带的国际组织,即保护工业产权巴黎联盟和保护文学艺术作品伯尔尼联盟。而这两个联盟又分别成立了自己的国际局或秘书处,以负责各自组织日常事务。1893年,巴黎联盟与伯尔尼联盟将负责各自日常事务的机构合为一体,成立了知识产权保护联合国际局。国际局总部设在瑞士首都伯尔尼,当时只有7名工作人员。至1960年,为了与联合国及其他国际组织保持更加密切的联系,国际局从伯尼尔迁到日内瓦。1970年,随着《成立世界知识产权组织公约》的生效,该局的基本职能正式被世界知识产权组织国际局接管。1974年,世界知识产权组织成为联合国的专门机构之一。

截至2013年4月,世界知识产权组织已经发展成为一个有185个成员国,161个观察员,管理23个国际条约,拥有一座日内瓦标志性建筑及来自95个国家的938名工作人员的庞大机构。其管理的国际公约按其性质可以分为三类:一是提供实质性知识产权保护的条约,如《巴黎公约》《伯尔尼公约》《日内瓦公约》等;二是为了便于在多国获得知识产权保护的条约,如《专利合作条约》《马德里协定》《布达佩斯条约》等;三是建立相关国际分类的条约,如《尼斯协定》《维也纳协定》等。

一、《巴黎公约》

《保护工业产权巴黎公约》是有关工业产权保护方面(包括专利、商标等)的重要国际公约。《巴黎公约》作为保护知识产权的第一个国际公约,自其产生以来,尽管其间亦有若干具体条款的增益变化,但其所确立的保护范围、基本原则以及总体框架至今未变,并仍然将发挥重要作用。

《巴黎公约》签订后100多年,曾经召开过8次修订会议,通过了6个修订本。目前大多数成员国都采用斯德哥尔摩文本,少数国家仍采用海牙文本、伦敦文本或里斯本文本。截至2012年2月17日,《巴黎公约》共有174个成员国。中国从1985年3月19日起成为《巴黎公约》的正式成员。

178

（一）《巴黎公约》确立的主要原则

国民待遇原则。所谓国民待遇，是指一个国家给予外国人（包括无国籍人）以相同于其内国人的待遇。在给予国民待遇的范围内，外国人享有与内国人相同的权利，同时，承担不超过内国人承担的义务和限制。国民待遇是国际经济技术交往中的一项基本待遇，也是工业产权国际保护的一项基本待遇。

《巴黎公约》规定，本联盟国家的国民在保护工业产权方面，在本联盟所有其他国家内应享有各该国法律现在授予或今后可能授予其国民的各种利益，但不得损害本公约特别规定的各项权利。因此，如果它们遵守对各该国国民规定的条件和手续，就应享受各该国国民同样的保护，当权利受到侵犯时，应享受同样的法律救济。非成员国的国民，只要它在某一成员国内设有住所或有真实有效的工商营业所，也享有同本联盟国民同等的待遇。对公约成员国的国民，则不要求其在成员国内有居住地或营业所。国民待遇原则在《巴黎公约》及其他知识产权国际公约中的地位是极其重要的。一般来说，缔约国法律授予其国民专利权方面的一切利益都必须同等地给予其他缔约国国民。但是，国民待遇原则并不以互惠原则为前提，即并不要求绝对对等的保护。例如，某一缔约国的发明专利保护期比另一缔约国的专利保护期长，前一缔约国无权以法律规定前一缔约国的国民只能享有后一缔约国法律规定的较短保护期。

优先权原则。《巴黎公约》第4条第A（1）款规定，"已在一个本同盟成员国正式提出过一项发明专利、一项实用新型、一项工业品式样或一项商标注册的申请人或其权利继承人，在下列规定的期限内在其他本同盟成员国提出同样申请时得享有优先权。"其具体含义包括：

（1）优先权的适用范围。巴黎公约的优先权原则并不是对一切工业产权均适用，它只适用于发明专利、实用新型、外观设计和商品商标，对于商号、商誉、原产地名称等则不适用。

（2）享有优先权的主体。公约规定，已在一个成员国正式提出申请发明专利权、实用新型、外观设计或商标注册的人或其权利的合法继受人（继承人和受让人），在规定的期限内享有在其他成员国提出申请的优先权。

（3）申请的前提条件。申请优先权的前提是已在一个成员国内正式提出申请。所谓正式提出申请就是指能够确定在该国提交申请日期的一切申请，而不问申请结果如何。凡依照任何成员国国内法或成员国之间签订的双边或多边条约相当于正常国内申请的一切申请，包括地区申请、国际申请以及某些国家的临时申请，都应认为产生优先权。

（4）申请优先权的期限。可以享有优先权的期限被称为优先权期。发明专利和实用新型的优先权申请期限为12个月，外观设计和商标的优先权期限为6个月。

（5）申请优先权的程序。任何人希望利用以前提出的一项申请的优先权的，必须提出声明，说明提出该申请的日期和受理该申请的国家。这个声明应当何时提出，公约规定由缔约国自行确定。在先申请的日期、申请号以及申请国家等优先权事项，应在主管机关的有关出版物（如专利公报）中，特别是应在专利和有关专利说明书中载明，以便于利害关系人查阅。此外，缔约国还可以要求申请优先权的人在提出在后申请的3个月内提交在先申请（包括说明书、权利要求书和附图等）的副本，并且可要求这个副本必须附有原受理申请机关出具的证明申请日期的证明书和译本。

由于我国在 1985 年即加入了《巴黎公约》，因此在最初制定的《专利法》和《商标法》中就已经包含了符合公约规定的优先权原则。并且，在专利保护领域，为了进一步为发明创造专利的申请人提供便利，我国 1992 年 9 月 4 日的专利法修正案还在原有国际优先权的基础上增加了本国优先权。规定："申请人自发明或者实用新型在中国提出专利申请之日起 12 个月内，又向专利局就相同主题提出专利申请的，可以享有优先权"。

临时性保护原则。《巴黎公约》第 11 条第 1 款规定，"本同盟成员国应按其本国法律对在任一本同盟成员国领土上举办的官方的或经官方认可的国际展览会展出的商品可以取得专利发明、实用新型、工业品外观设计和商标，给予临时保护。"根据上述规定，只有那些在官方或经官方认可的国际展览会上展出的商品才会受到临时保护。这种临时保护不是自动产生的，每一个国家可以要求提供它认为必要的证明文件，证实其为展品及其展出日期。同时，这种临时保护并不产生优先权，也不延展优先权的期间。因此，临时保护与优先权完全不同。公约对缔约国应采取何种措施给予临时保护以及临时保护的期限多长等重要问题未作规定，因此，这些问题只能由各缔约国自行决定。对发明、实用新型和外观设计的临时性保护，我国《专利法》并没有明确的规定，只是在《专利法》第 24 条关于不丧失新颖性的例外中有一款规定类似于临时性保护，即申请专利的发明创造在申请日前 6 个月在中国政府主办或者承认的国际展览会上首次展出的不丧失新颖性。虽然提法不同，但给予上述专利客体临时性保护的作用是一致的。至于对商标的临时性保护，则在 2001 年 10 月 27 日《商标法》第二次修订时才出现，规定："商标在中国政府主办或承认的国际展览会展出的商品首次使用的，自该商品展出之日起 6 个月内，该商标的注册申请人享有优先权"。

（二）《巴黎公约》的主要规则

除了上述基本原则，《巴黎公约》还就不同的工业产权设有一些专门规则。下面将主要介绍与国防工业产权关系密切的几类知识产权保护。

1）专利的保护规则

《巴黎公约》在专利方面的规则较多，涉及发明人的权利、专利授予条件、强制许可、交通工具的临时过境、国际展览会的临时保护等。

（1）关于发明人的姓名表示权。《巴黎公约》第 4 条第 3 款规定，"发明人有权要求在专利证书上记载自己是发明人。"发明人行使这一权利的程序由各国国内法规定。在实际中，发明人并不一定是专利权人，例如职务发明由雇员作出，但其专利申请权人与专利权人是其雇主。因此，从严格意义上来说，此项权利并非专利权。

（2）关于专利的授予与内容。公约第 4 条第 4 款规定："不得以专利产品的销售或依专利方法制造的产品的销售受到本国法律的限制或限定为理由，而拒绝授予专利或使专利无效。"成员国法律对专利产品或依专利方法制造的产品的销售进行限制（restriction）或限定（limitation），主要是指下列这些情况：产品不符合该国法律关于安全或质量的要求，该国法律已将该产品制造或销售的垄断权或专属特许权授予某一组织。这些情况不能成为拒绝授予专利或宣告专利无效的理由。但是，全部禁止销售该产品的情况是否属于本条规定范围呢，这一问题由各国法律自行规定，但从通常情况看，如果有关发明违反公共秩序或道德，则仍可能被拒绝授予专利或宣告其无效。如我国《专利法》第 5 条对此就有规定，伪造货币的设备、制造毒品的方法等就不能授予专利。日本《专利法》第 32 条也规定:有碍公共秩序、良好风俗或公共卫生的发明,不授予专利。英国《专利法》也有类似规定。

在专利内容方面,根据产品进口国法律,方法专利的保护可延及依据该方法直接获得的产品。根据《巴黎公约》第5条第4款的规定,一种产品进口到对该产品的制造方法有专利保护的巴黎联盟国家时,专利权人对该进口产品应享有进口国法律根据该方法专利对在该国制造的产品所授予的一切权利。假如这些产品是在另外一国根据该项方法制造的,即使该项方法在产品的实际制造国并没有取得专利,亦同。

(3)关于强制许可。《巴黎公约》第5条规定成员国有权在其国内法中规定授予强制许可,以防止由于行使专利所赋予的专有权而可能产生的滥用。公约第5条A款第2至5项明确了关于强制许可的规则。主要包括:

一是授予强制许可的对象。公约规定的对象主要是专利,其次也包括适用新型。关于外观设计,在任何情况下,都不得以不实施等理由而取消之。至于能否可以因其不实施而授予强制许可,由各国自由规定。

二是授予强制许可的原因。根据《巴黎公约》,对专利授予强制许可是为了防止专利权的滥用,具体提及的原因是该专利的不实施,也包括对专利的不充分实施。成员国可以自由规定实施的含义,通常的理解是指在工业上实施专利,即制造专利产品或使用专利方法。进口或销售专利产品以及依专利方法制造的产品,通常不被认为是实施专利。若专利权人虽然在有关国家实施了专利,但拒绝以合理条件授予许可,因而阻碍了工业发展,没有充分数量的专利产品供应该国市场,或者产品的要价过高等均属于滥用专利权。此外,由于《巴黎公约》并未禁止在其他情况下授予强制许可,因此,在公众利益需要时,成员国可以自由决定相似措施。例如,在专利关系到国家的军事安全或公共卫生方面的重大利益的情况下,也可以授予强制许可或类似措施。

三是授予强制许可的条件。根据《巴黎公约》第5条第1款第4项,授予强制许可的条件包括:申请强制许可只能在该专利申请之日起4年届满以后,或自授予专利之日起3年届满以后;该专利的不实施或不充分实施没有正当理由;所授予的强制许可是非独占性许可(普通许可),且不得转让,不得分许可,除非将利用该许可的部分企业或商誉一起转让。

2)关于商标的保护规则

《巴黎公约》关于商标的保护规则主要体现在以下几个方面:

(1)关于商标的注册。在承认商标注册的独立性原则外,《巴黎公约》第5条还规定商标在原属国注册后在联盟其他国家应受到同等的注册申请和保护。这一规定是指,在原属国正式注册的每一商标,除应受该条规定的保留条件的约束外,联盟其他国家也应和在原属国注册那样接受申请和给予保护。该规定主要包括以下几点含义:①关于原属国(country of origin)的确定。原属国系指申请人设有真实、有效的工商业营业所的联盟国家;或者如果申请人在联盟内没有这样的营业所,则指他设有住所的联盟国家;或者如果申请人在联盟内没有住所,但他是联盟国家的国民,则指他有国籍的国家。②被请求国在正式注册前可以要求提供原属国主管机关发给的注册证书。该项注册证书无须认证。③被请求国可以依据以下三种情形拒绝注册或使注册无效的:一是在其要求保护的国家,商标具有侵犯第三人的既得权利的性质的;二是商标缺乏显著特征,或者完全是由商业中用以表示商品的种类、质量、数量、用途、价值、原产地或生产时间的符号或标记所组或，或者在要求给予保护的国家的现代语言中或在善意和公认的商务实践中已经成为惯用的；三是商标违反道德或公共秩序，尤其是具有欺骗公众的性质。

（2）关于商标的使用。《巴黎公约》第5条第3款规定，如果在任何国家，注册商标的使用是强制的，只有经过适当的期间，而且只有当事人不能证明其不使用有正当理由的，才可以撤销注册。一般而言，专利的实施是符合公共利益的，因此公约规定了专利的强制许可。公约的这一规定为这种撤销设定了两个条件：不使用该商标已经过适当期间；当事人不能为此提供正当理由。

（3）关于商标的转让。《巴黎公约》第6条第4款规定，根据联盟国家的法律，商标的转让只有在与其所属企业或商誉同时移转时方为有效，如该企业或商誉坐落在该国的部分，连同在该国制造或销售标有被转让商标的商品的专有权一起移予受让人，即足以承认其转让为有效。这一规定允许各成员国自行规定商标的转让是否必须与所属企业或商誉共同转让。该款第2项进一步规定，如果受让人使用受让的商标事实上会具有使公众对使用该商标的商品的原产地、性质或基本品质发生误解的性质，则联盟国家可以否认其转让效力。

（4）关于商标的保护。《巴黎公约》关于商标的保护措施主要有以下几种：①国际展览会上的临时保护。临时保护的方式由各成员国自行规定，有的是给予优先权，有的是给予优先使用权，可以对抗第三人可能取得的权利。②对非法标有商标或厂商名称的商品进行扣押。一切非法标有商标或厂商名称的商品，在进口到该项商标或厂商名称有权受到法律保护的本联盟国家时，应予以扣押。③保证适当的救济手段。《巴黎公约》第10条规定，联盟国家承诺保证联盟其他国家的国民获得有效地制止一切侵犯商标权行为的适当的救济手段。该条强调成员国所提供的法律救济手段对于制止假冒行为与不正当竞争行为应当是有效、适当的，本国法在保证有效制止上述行为时，可以区分为两种规定：一种是准许提起损害赔偿之诉，另一种是禁止被指控的行为。

3）关于不正当竞争行为的规则

《巴黎公约》第10条之二是关于不正当竞争行为的规定。根据这一条款，本联盟国家有义务对各该国国民保证给予制止不正当竞争的有效保护。至于何为"不正当竞争行为"，公约除了一般性地定义为"在工商业事务中违反诚实的习惯做法的竞争行为"外，还特别举例以下三种不正当竞争行为应予以禁止：具有采用任何手段对竞争者的营业所、商品或工商业活动产生混淆性质的一切行为；在经营商业中，具有损害竞争者的营业所、商品或工商业活动的信用性质的虚伪说法；在经营商业中使用会使公众对商品的性质、制造方法、特点、用途或数量易于产生误解的表示或说法。

二、《专利合作条约》

《专利合作条约》（简称为PCT）是巴黎工业体系中的专门协定，也是继《保护工业产权巴黎公约》之后专利领域最重要的国际条约，是国际专利制度发展史上又一个里程碑。为了进一步加强专利的国际合作，该条约于1970年6月19日由35个国家在华盛顿签订，该条约是在《巴黎公约》原则指导下有关统一国际专利申请的重要的专门性公约，旨在建立统一的专利申请、检索及审查标准和程序，以避免和减少各成员国之间对发明的重复审查。

《专利合作条约》共 8 章(还有一个绪则),计 69 条,其中第一章为国际申请和国际检索,第二章为国际初步审查,第三章为共同规定,第四章为技术服务,第五章为行政规定,第六章为争议,第七章为修订和修改,第八章为最后条款。与具体的专利国际申请有关的主要是第一章、第二章和第三章。

我国是 1994 年 1 月 1 日正式成为《专利合作条约》成员国的,按照条约规定,一个国家在加入条约的同时,这个国家的专利局自动成为受理局。条约还规定了成为国际检索单位和国际初步审查单位的条件,一个国家的专利局必须符合条件并经条约联盟大会指定才能作为国际检索和国际初步审查单位。目前,中国专利局已成为 PCT 的受理局、国际检索和国际审查单位,中文成为 PCT 的工作语言。我国加入 PCT,加速了我国知识产权制度与国际接轨,标志着我国知识产权制度向国际标准迈出了重要的一步,对我国专利制度不断完善和发展,对深化改革、扩大开放,发展与各国间的科技、经济贸易往来将产生积极的影响。

(一) 专利的国际申请

根据《专利合作条约》第 9 条的规定,国际申请的申请人包括:缔约国的任何居民或国民;由大会决定允许的《巴黎公约》缔约国但不是本条约缔约国的居民或国民。根据实施细则第 2 条第 1 项的规定,除非特别指明或有关情况的需要,申请人应包括申请人的代理人或其他代表。条约和实施细则的规定,申请人在提出专利申请时,必须提交下列申请文件:

(1) 请求书。请求书的主要内容是:请求将国际申请按本条约的规定予以处理、发明的名称、关于申请人及其代理人的描述、指定国、关于发明人的描述等。请求书应以打印或印刷的方式制作,也可以用可供计算机输出的方式提交,同时必须有申请人的签名。

(2) 说明书。说明书是对发明进行技术描述的重要文件,也是在专利审查中判断有关发明的创造性的重要依据。《专利合作条约》第 5 条规定,说明书应对发明作出清楚和完整的说明,足以使本技术领域的人员能实施该项发明。

(3) 专利要求书。权利要求书是专利申请中最重要的法律义件,是在申请获准之后确定专利权人的权利范围的依据。《专利合作条约》第 6 条规定,权利要求书应表明要求保护的内容。这些内容就是发明的技术特征。

(4) 附图。附图是用图示的方式对发明进行辅助说明的文件。根据《专利合作条约》的规定,对了解发明有必要时,应有附图。如果无必要,但发明的性质容许用附图说明的,可以有附图。

在具备了上述申请文件的前提下,法定的申请人可以正式地向受理局提出专利的国际申请。申请人将条约和实施细则所要求的文件提交受理局,即提出了国际申请。

专利申请受理局在接到申请人的申请文件之后,应按条约及其实施细则的规定进行检查和处理,处理的程序包括:

(1) 注明日期和编号。受理局收到申请文件之后应在每份文件上注明实际收到的日期和国际申请的编号。对于收到的日期,如果申请文件不是同一天到达的,应以最后达到的日期为准;对于经受理局要求进行修改的文件,以收到修改后的日期为准。

(2) 检查。受理局要对申请人的资格、申请文件的语言、申请的意图、申请人的姓名等内容进行审查,使申请符合公约第 11 条第 1 款的规定。

（3）确定国际申请日和国际申请号。经过检查,如果申请符合条约要求,受理局要在申请文件上加注受理局名称和"PCT 国际申请"字样,然后将国际申请号和国际申请日通知申请人,并将通知复制件送国际局。对于不符合申请要求的,可要求申请限期改正。

（4）复制件的制作与文本的送交。确定了申请日之后,受理局应视情况制作复制件,包括受理本和检索本,原件作为登记本向国际局送交,同时向国际检索单位送交检索本。

（5）国际局及国际检索单位的通知。国际局在收到受理局送交的登记本之后,应就收到登记本的事实和日期向申请人、受理局和国际检索单位尽快发出通知。国际检索单位在收到检索本之后,应就收到检索本的事实及日期尽快通知国际局、申请人和受理局。

（二）专利的国际检索

国际检索是每一国际申请都必须经过的程序,检索的目的是发现有关的现有技术。国际检索应由国际检索单位进行。根据条约的规定,国际检索单位由专利合作联盟大会指定。国际检索依国际检索单位的程序进行。该程序应依照条约、实施细则以及国际局与该单位所签订的协议的规定,但协议不得违反条约和实施细则的规定。国际检索完成之后,检索单位应在规定的期限内按规定的形式作出国际检索报告,并将检索报告尽快送交申请人和国际局。申请人在收到检索报告后,享有一次在规定的期限内对国际申请中的权利要求向国际局提出修改的机会。国际局应将国际申请连同检索报告按实施细则的规定送达每一指定局。

（三）专利的国际公布

根据条约第 21 条第 1 款的规定,国际局应公布国际申请。至于公布的时间,在申请人没有请求的情况下,应为自该申请的优先权日起 18 个月内迅速予以办理,申请人也可以要求国际局在上述期限届满之前的任何时候公布其国际申请。在形式上,国际申请应以小册子形式公布,而小册子的方式和内容,具体由条约第 58 条第 4 款以及实施细则第 48 条第 2 款予以规定。关于公布的语言,如果申请是由中文、英文、法文、德文、日文、俄罗斯文或西班牙文提出的,应按该种语言公布国际申请。对于用上述语言之外的其他语言提出的国际申请,应翻译成英文公布。如果国际申请以英文之外的其他语言公布,国际检索报告或有关宣告、发明的名称、摘要等应以该种语言和英文公布。

（四）国家处理程序

在上述程序完成之后,国际申请即进入国家处理程序。根据条约和实施细则的要求,在国家处理程序,指定局将对转入国家申请程序的国际申请作为直接向本国提出的正规国家申请一样来处理。指定局在处理时应按照本国的法律和本条约及实施细则的要求办理。

（五）国际初步审查

《专利合作条约》第 2 章对国际初步审查的有关问题进行了规定。根据条约的规定,国际初步审查并不是国际申请的必经步骤,依申请人的请求而进行。其目的是对发明的新颖性、创造性和工业实用性提出初步的无约束力的意见。国际初步审查应在国际初步审查单位进行。受理局和国际专利合作联盟大会应按照有关的国际初步审查单位与国际局之间适用的协议来确定主管初步审查的国际初步审查单位。

国际初步审查按照国际初步审查单位的程序进行。该程序应遵守条约、实施细则以及国际局与该单位签订的协议。

国际初步审查单位按规定的程序进行初步审查之后,应在规定的期限内按规定的形式做出国际初步命查报告。实施细则第 70 条规则对国际初步审查报告提出了详细的要求,国际初步审查单位应按此规定办理。

国际初步审查报告,连同规定的附件,应送交申请人和国际局。国际局译成规定的语言后将国际初步审查报告及其译本递交每一选定局,申请人应按条约和实施细则的规定向每一个选定局提交国际申请的副本和译本,并缴纳国家费用,由此转入国家处理程序。

三、《马德里协定》

《商标国际注册马德里协定》(以下简称《马德里协定》)是关于商标国际注册方面的一个重要多边国际条约。它于 1891 年订立后历经多次修订后形成。1967 年斯德哥尔摩文本(于 1979 年又经过某些修改)是当前有效的文本。根据《马德里协定》进行的商标国际注册,大大简化了商标国际注册的程序,已成为商标国际注册的基本模式。《马德里协定》共有 18 条,其主要内容如下:

(一)协定的适用范围

协定的适用范围包括主体范围和客体范围两个方面。在主体范围方面,根据协定第 2 条和第 3 条的规定,有权向世界知识产权组织国际局申请商标注册的包括缔约国国民和在任何一个缔约国领土内有真实有效的工商营业所或住所的非成员国国民。客体范围是商品商标和服务商标。

(二)国际注册的程序

根据《马德里协定》,申请和取得国际注册的程序是:

(1)有关商标必须已经在原属国取得注册。关于原属国,《马德里协定》规定,是指申请人设有真实有效的工商营业所的协定缔约国;在缔约国中没有这样的工商营业所的,指他有住所的缔约国;如果他在缔约国内没有住所,但是他是某个缔约国国民的,则指他有国籍的那个缔约国。

(2)申请人向原属国主管机关提交国际注册的申请案,同时交纳费用。费用包括国际注册基本费,应向其他指定国交纳的有关费、附加费(如果一个商标在三种以上的商品上申请注册,必须交纳附加费)。原属国主管机关经审查核实,确认国际申请案中的商标与申请人在国内已经获得注册的商标完全一致的,应在接到国际注册申请的 2 个月内,向知识产权国际局转交该申请,并注明该商标在本国的申请日期、注册日期和号码以及国际注册的申请日期。

(3)如果经过形式审查,申请案符合《马德里协定》及其实施条例的规定,国际局应立即对商标予以国际注册,并以原属国主管机关收到国际注册申请的日期作为国际注册日期。如果申请案未能通过形式审查,国际局将通知原属国主管机关,要求在 3 个月内修改申请案,否则将予以驳回。

(三)国际注册的效力

商标国际注册的效力体现在以下几个方面:

(1)空间效力。《马德里协定》采用普遍性原则,即国际注册的效力自动地延伸及于原属国以外的所有缔约国。但由于大多数申请人并不想在所有缔约国使用该商标,因此规定在协定第 1 条第 2 款的这一原则遭到许多缔约国的反对。1957 年在尼斯修订会上，经过讨论虽因没有达成一致意见而仍然维持普遍性原则,但在第 3 条之二中加入"领土限制"作为对普遍性原则的补充。所谓"领土限制",指的是任何缔约国可在任何时候书面通知世界知识产权组织总干事,通过国际注册所得到的保护,只有在商标所有人明确要求下,才得以延伸至该国。因此,现在国际注册仅在申请人明确提出保护请求的国家有效。

（2）法律效力。根据协定第 4 条第 1 款的规定,经过国际注册的商标,从在国际局生效的注册日期开始,在每个有关缔约国的保护,应如同该商标直接在那里提出注册一样。值得注意的是,这里说的是"直接提出",而不是"直接注册",这是因为《马德里协定》还规定,缔约国主管机关在接到国际局关于某一商标国际注册的通知后,根据其法律有权声明,不能在其领土上对该商标给予保护。但这种声明连同全部理由,应当在其本国法律规定的期限内,或最迟在国际注册后 1 年以内,通知国际局。

（3）时间效力。不管各国规定的注册期限如何,国际注册的商标有效期为 20 年,并可无限制地续展,续展期仍为 20 年。有效期届满前 6 个月,国际局应发出正式通知,提醒商标所有人或其代理人确切的届满日期。对国际注册的续展还可给予 6 个月的宽限期。

（4）国际注册与原属国注册的关系。根据《马德里协定》第 6 条第 2 款至第 4 款,自国际注册的日期开始满 5 年时,国际注册即与在原属国注册的国家商标相互保持独立。但是,自国际注册日期开始 5 年内,国际注册不独立于其在原属国的注册。这种"非独立性"表现在两个方面:一方面,如在原属国注册的国家商标已全部或部分不复享受法律保护时,国际注册所得到的保护,不论其是否已经转让,也全部或部分不再产生权利。在 5 年期限届满前,因引起诉讼而停止法律保护时,国际注册也同样不产生权利;另一方面,在国际注册之日起 5 年内,如原属国注册的国家商标被自动撤销或依据职权被撤销,原属国的注册当局应要求撤销在国际局的商标,国际局应予以撤销。当引起法律诉讼时,原属国注册当局应依职权或经原告请求将诉讼已经开始的申诉文件或其他证明文件的抄件以及法院的终局判决寄给国际局,国际局应在国际注册簿上予以登注,但不撤销国际注册。

（四）国际保护的放弃

根据协定第 8 条之二的规定,以自己的名义取得国际注册的人,可在任何时候放弃在一个或多个缔约国的保护。办法是向其本国注册当局提交一份声明,要求通知国际局,国际局再依此通知保护已被放弃的国家。对放弃不收任何费用。

四、《伯尔尼公约》

《伯尔尼公约》是第一个版权国际性统一规范,它之后的许多版权公约,如《世界版权公约》《世界知识产权组织版权条约》等,均对其进行了援引和保护。

《伯尔尼公约》结构上由正文和附件组成,内容上分实质性条款和组织管理性条款两部分。公约正文共 38 条,前 21 条和附件为实质性条款,后 17 条为组织管理性条款。公约内容涉及:保护文学艺术作品的基本原则、作品的范围、保护的最低标准、保护期限、保护的限制与例外以及对发展中国家的特殊规定等。根据《伯尔尼公约》第 18 条,公约适用于在其开始生效时尚未因保护期满而在其起源国成为公共财产的所有作品。

《伯尔尼公约》由联合国的专门机构——"世界知识产权组织"管理。所有参加该公约的国家组成"伯尔尼联盟"。日常工作由世界知识产权组织国际局负责。申请加入的国家将加入书提交世界知识产权组织总干事保存,成为联盟成员国。据世界知识产权组织官方网站显示,截至2014年12月2日,公约成员国达168个,这表明,世界上大多数国家已成为该公约的成员国。1992年10月14日,中国成为《伯尔尼公约》的第93个成员国,该公约同年10月15日起对中国生效。

(一)《伯尔尼公约》的基本原则

国民待遇原则。国民待遇原则是版权及其他知识产权国际保护的基本原则。《伯尔尼公约》的国民待遇原则规定在第5条第1款:"根据本公约得到保护的作品的作者,在除作品起源国之外的本联盟各成员国,就其作品享受各该国法律现在给予或今后将给予其国民的权利,以及本公约特别授予的权利。"公约要求缔约国应当将给予其本国国民的法律待遇,同时给予非该国国民但公约保护其作品的作者,在版权保护方面不得歧视外围国民。公约第5条第3款同时规定:"起源国的保护由该国本国法律作出规定。即使作者并非作品起源国的国民,但他就其作品根据本公约受到保护,他在该国仍享有同该国公民作者相同的权利。"该条款意在阻止作品起源国可能对非本国公民的作者实施的歧视待遇,也应视为对国民待遇的表述。

最低保护标准原则。国民待遇原则能够有效阻止缔约国在文学艺术作品保护方面对外国国民的歧视性做法,使外国国民能够享受到与该缔约国本国国民同等的待遇。但是,如果某些缔约国给予其本国国民的法律待遇本身就低于正常水平,或者对本国国民在权利取得、权利保护期限、权利变动、权利救济等方面提出了比其他国家更为苛刻的限制条件,那么,即使这些国家将国民待遇授予外国国民,外国国民只能与这些国家的本国国民享受"非歧视的低水平待遇",无法得到最低限度的法律保护。为此,《伯尔尼公约》在第5条第1款关于国民待遇的规定中,特别提到,受公约保护的作者在各缔约国除了享受其本国国民的同等待遇外,还享有本公约特别授予的权利。该权利即指公约规定的对文学艺术作品的最低保护标准。《伯尔尼公约》还在第5条第2款中规定:"享受和行使这类权利不得履行任何手续,也不管作品起源国是否存在有关保护的规定。"按照这个规定,在版权保护水平较低的缔约国,其给予外国国民的法律待遇将超过本国国民的待遇。

自动保护原则。所谓自动保护原则,是指受保护作品的作者享受和行使根据国民待遇而获得的权利,不需要履行任何手续,这与工业产权保护需要办理各种法定手续,满足各种要求,履行各种程序才能获得有显著的不同。根据公约的规定,受保护作品的作者,在公约缔约国内,自动取得缔约国法律给于其国民的任何权利和依公约规定特别授予的权利,而不需要履行任何手续,即使成员国要求本国国民必须履行有关于续才能得到保护,如登记、交存样书、交费、加以特别标记等,也不得要求根据公约规定的非本国国民的作者履行这些手续。当然,公约允许各成员国做出一项保留,即固定要求:各缔约国法律有权规定仅保护表现于一定物质形式上的文学艺术作品。对于那些没有表现在任何有形物质形式上的作品,各国法律可以规定不予保护。

版权独立原则。《伯尔尼公约》第5条第2款规定:"享受和行使这类权利……,也不管作品起源国是否存在有关保护的规定。因此,除本公约条款外,只有向其提出保护要求的国家的法律方得规定保护范围及向作者提供的保护其权利的补救方法。"据此,作品在其他缔约国所享受的保护,与其在起源国受到的保护无关。作品在某缔约国能享受到何种保护,完全取决于该缔约国国内法的规定以及公约的规定。在公约允许的范围内,各缔约国有权自行确定对版权的保护范围以及对版权披侵权的救济措施。这就是版权的独立保护原则。根据该原则,各国仅依据其国内的版权法给予作者版权保护,不受其他缔约国相关做法或决定的影响。各国对版权的保护彼此独立。对于作者而言,由于《伯尔尼公约》并未创设"国际版权",因此,作者只能在各国享受各该国给予的版权保护。

（二）作者最低限度的权利

首先,作者的经济权利。根据公约,作者享有的经济权利包括以下几种:

翻译权。根据《伯尔尼公约》第 8 条,受公约保护的文学艺术作品的作者,在对原著享有权利的整个保护期内,享有翻译和授权翻译其作品的专有权。此权利受公约规定的强制许可制度的限制。

复制权。根据《伯尔尼公约》第 9 条,受公约保护的文学艺术作品的作者,享有批准以任何方式和采取任何形式复制这些作品的专有权。公约特别规定,录音或录像构成复制。但在复制不致损害作品的正常使用也不致无故危害作者的合法利益的前提下,缔约国可立法允许在某些特殊情况下复制上述作品。

表演权。根据《伯尔尼公约》第 11 条,戏剧作品、音乐戏剧作品或音乐作品的作者享有专有的表演权。包括用各种手皮和方式的公开演奏和公演,许可公开演奏和公演其作品,许可用各种手段公开播送其作品的表演和演奏。戏剧作品或音乐戏剧作品的作者的表演权及于其作品的翻译作品。

广播权。根据《伯尔尼公约》第 11 条之二,文学和艺术作品的作者享有专有的广播权。具体包括:许可以无线电广播其作品或以任何其他无线播送符号、声音或图像方法向公众发表其作品,许可由原广播机构以外的另一机构通过有线广播或无线广播向公众发表作品,许可通过扩音器或其他任何传送符号、声音或图像的类似工具向公众传送广播作品。缔约国有权对作者的广播权设置条件,但这些条件仅在作出这些规定的国家内有效,并且在任何情况下,这些条件都不得损害作者的人身权利,也不得损害作者获得公正报酬的权利。

朗诵权。根据《伯尔尼公约》第 11 条之三,文学作品作者享有专有的朗诵权。具体包括:许可公开朗诵其作品,包括用各种手段或方式公开朗诵其作品;许可用各种手段公开播送其作品的朗诵。文学作品作者的朗诵权及于对其作品的翻译。

改编权。根据《伯尔尼公约》第 12 条,作者享有授权对其作品进行改编、整理和其他改变的专有权。

制片、发行权。根据《伯尔尼公约》第 14 条,作者享有将其作品改编或复制成电影以及发行经改编或复制的作品的专有权。并有权公开演出演奏以及向公众作有线广播经改编或复制的作品。根据文学或艺术作品制作的电影作品以任何其他形式进行改编,在不损害其作者批准权的情况下,仍须经原著作者批准。

追续权。根据《伯尔尼公约》第 14 条之三,缔约国可自行立法规定对于作家和作曲家等艺术家的艺术原稿和手稿,作者或作者死后由国家法律授权的人或机构、享有从作者第一次转入作品之后对作品原稿或手稿的每次销售中分取盈利的不可剥夺的权利。

其次,作者的精神权利。确立文学艺术作品作者的精神权利是《伯尔尼公约》的显著特点和突出成就,也是其法律规则体系化的重要标志。作者的精神权利包括:

署名权。根据《伯尔尼公约》第 6 条之二,作者有主张对其作品的著作者身份的权利,该精神权利独立于经济权利而存在,"甚至在上述财产权转让之后"仍然存在。

维护作品完整权。根据公约,作者有权反对任何歪曲或割裂其作品或有损于其声誉的其他损害行为。

(三) 作品的保护期限

《伯尔尼公约》针对不同的作品设定了相应的保护期。这些期限为公约规定的最低保护期限,成员国有权规定更长的保护期。对于不同个案中的作品,具体的保护期应依据向之提出保护要求的国家的法律加以确定,但公约认为一般情况下,这个期限不得超过作品起源国规定的期限。

首先,一般作品的保护期。《伯尔尼公约》规定,一般作品的期限为作者终生及其死后 50 年。作品的版权属于合著者共有的,作者死后的保护期从最后死亡的作者死亡之日起算。

其次,不具名或具笔名的作品的保护期。对于不具名作品和具笔名作品,公约给予的保护期为自其合法向公众发表之日起 50 年。但如作者的笔名不致引起对其身份的疑问或误认的,保护期则同于上述一般作品。此类作品的作者在上述期间内披露其真实身份的,其保护期也同于一般作品。如果有充分理由假定此类作品的作者已死去 50 年的,则缔约国没有义务给予保护。

最后,电影作品和摄影作品的保护期。关于电影作品的保护期,《伯尔尼公约》未规定一般作品那样的统一标准,只规定缔约国有权在国内法中规定电影作品的保护期自作品在作者同意下公映后 50 年届满。自作品摄制完成后 50 年内未公映的,自作品摄制完成后 50 年届满。

(四) 对版权的限制

《伯尔尼公约》对版权的限制主要体现在以下两个方面:

首先,对复制权的限制。《伯尔尼公约》在第 9 条和第 10 条中对复制权的限制即版权法上通称的"合理使用"作出了规定,该规定涉及下面几个方面。

第一,缔约国可立法准许在某些特殊情况下复制有关作品,只要这种复制与作品的正常利用不相冲突,也不致不合理地损害作者的合法利益。

第二,公约允许从公众已经合法获得的作品中摘录原文,只要摘录行为符合公平惯例,摘录范围未超过摘录目的所允许的程度。

第三,缔约国可立法或依据与其他缔约国之间的协定,准许在合理目的下,以讲解的方式将文学艺术作品用于出版物、广播、录音或录像,以作为数学之用,只要这种利用符合公平惯例。但公约要求按上述规定使用作品时,须标明该作品的出处。如原作品上有作者署名,则须标明作者姓名。

第四,缔约国可立法准许通过报刊及无线广播或有线广播,复制报纸杂志上关于经济、政治、宗教等时事性文章,以及同类性质的广播作品,只要该文章;作品中未明确保留复制权与广播权。但公约要求须明确指出作品的出处;若未指出,则由保护有关作品的国家的立法决定其应负的法律责任。

其次,发展中国家对翻译权和复制权的强制许可。在发展中国家的争取下,《伯尔尼公约》于 1971 年修订时增加了适用于发展中国家的特殊规定,即附件第 2 条、第 3 条中规定的优惠措施。根据这些规定,发展中国家在特殊情况下可颁发翻译和复制方面的强制许可,作为翻译权和复制权的例外。发展中国家可以声明的方式享受这些优惠。根据该规定,只要作品以印刷形式或类似的复制方式出版,则任何声明将享有优惠的国家,均有权由主管当局根据公约规定的条件发给非独占的、不可转让的许可证,以代替公约规定的翻译专有权,此即翻译权的强制许可。任何声明将享有优惠的国家,其主管当局有权根据公约规定的条件发给非独占的、不可转让的许可证,以代替公约规定的复制专有权,此即复制专有权的强制许可。

五、《华盛顿条约》

由于各国集成电路法均独立于版权法,现有的版权国际公约将无法在集成电路国际保护中起任何作用,国际社会不得不在现有的知识产权国际公约之外另行缔结专门保护集成电路的国际条约。这一任务,责无旁贷地落在了负责全球知识产权保护工作的联合国专门机构——世界知识产权组织(WIPO)身上。

早在1983年,世界知识产权组织就开始探讨集成电路保护问题。为了在国际范围内对集成电路布图设计进行保护,WIPO成立了一个专家委员会,开始拟定一份保护集成电路布图设计的国际条约。1986年初,这个专家委员会提出了一个草案。该草案经过多次讨论,成为后来的《关于集成电路的知识产权条约》的基础。

根据世界知识产权组织大会和巴黎联盟大会的决定,1989年5月8日至26日,在华盛顿召开了关于缔结一项集成电路的知识产权保护条约的外交会议,会议通过了《关于集成电路的知识产权条约》(简称《华盛顿条约》)。

《华盛顿条约》共20条,包括行政条款和实质条款。按条约规定,成立联盟,各缔约国均应通过适当的法律措施对集成电路的布图设计提供知识产权保护。该条约向世界知识产权组织成员国和联合国会员国开放,同时允许政府间组织参加。

(一)《华盛顿条约》保护的客体

《华盛顿条约》第3条规定,每一缔约方有义务保证在其领土内按照条约规定对布图设计(拓朴图)给予知识产权保护。而所谓布图设计,系指集成电路中众多元件(其中至少有一个是有源元件)和其部分或全部集成电路互连的三维配置,或者是为集成电路的制造而准备的这样的三维配置。这实质上相当于美国芯片法中所称的“掩膜作品”或欧盟所称的“半导体拓朴图”。布图设计要受到保护必须具有原创性,即该布图设计是其创作者自己的智力劳动成果。条约对集成电路布图设计的原创性要求其实是综合了版权法中的原创性和专利法中的创造性(非显而易见性),只不过其创造性不及对专利发明要求的那么高。

(二)保护的最低标准

《华盛顿条约》对布图设计的保护范围规定了最低要求,即任何缔约方应认为未经权利持有人许可而进行的下列行为是非法的:复制受保护的布图设计的全部或其任何部分,无论是否将其结合到集成电路中;为商业目的的进口、销售或者以其他方式供销受保护的布图设计或者其中含有受保护的布图设计的集成电路。从上面两条规定可以看出,集成电路布图设计权主要包括复制权和销售进口权,而复制权是版权的一项重要内容,销售进口权则是属于专利权的内容,因此可以说布图设计权是吸纳了版权和专利权中对其有用的

190

权利内容而形成的一种新型的"工业版权"。但是,由于集成电路是一种产品,布图设计是在工厂中利用的,对它感兴趣的也主要是电子工业部门,所以集成电路布图设计专有权从性质和作用上讲属于工业产权的范畴。

值得注意的是,《华盛顿条约》保护符合要求的布图设计和含有受保护布图设计的集成电路,但不保护含有受保护集成电路的物品,这与美国等发达国家的保护标准不一致,因此成为这些国家不参加集成电路条约的一个重要原因。但是,《与贸易有关的知识产权协定》在吸纳集成电路条约关于保护标准的规定时,顺应发达国家的要求,最终还是将保护对象扩大到了含有受保护集成电路的物品。

(三) 对权利的限制

条约对权利持有人的专有权规定了如下限制:

(1) 下列行为不需要得到权利持有人的许可:第三人为私人目的或纯粹为了评价、分析、研究或教学之目的而进行的复制;二次设计,即第三人在评价或分析受保护的布图设计(第一设计)的基础上,创作出符合条约所规定原创性的布图设计(第二设计)的,该第三人可以在集成电路中采用第二设计,或者对第二设计进行复制、为商业目的的进口、销售或以其他方式供销该设计等上述受保护的行为,而不视为侵犯第一设计权利持有人的权利;对于由第三人独立创作出的相同的具有原创性的布图设计,权利持有人不得行使其权利。

(2) 强制许可。条约授权缔约方行政或司法主管部门有权出于重大国家利益或为保障自由竞争,防止权利持有人滥用权利,在该国领土上向权利持有人支付公平补偿费的条件下,无需权利持有人同意,授权第三者非独占许可。

(3) 善意取得。《华盛顿条约》规定,对于为商业目的,从事进口、销售、或以其他方式供销任何含有非法复制的布图设计的集成电路、或任何含有这样的集成电路的物品的行为,如果进行或者指示进行该行为的人在获得该集成电路或含有这样的集成电路的物品时,不知道或者没有合理的根据知道该集成电路包含有非法复制的布图设计的,任何缔约方不应认为这种行为非法。对善意侵权者在知道该集成电路包含有非法复制的布图设计后对其行为如何处理,集成电路条约没有规定。但《与贸易有关的知识产权协定》在第37条第2款对此作出了详尽的补充规定。

(4) 权利用尽。条约承认权利用尽原则,即经权利持有人同意投放市场的布图设计或含有此项布图设计的集成电路,可以不经权利持有人许可,合法地进行再销售或进出口。

(四) 保护的期限

集成电路条约规定的保护期限至少为8年。但保护期限从何时起算,条约没有作出明确的规定,只是规定布图设计在世界某地已单独地或作为某集成电路的组成部分进行普通商业实施以前,任何缔约方均有不保护该布图设计的自由;此外,条约还规定,布图设计成为以正当方式向主管机关提出登记申请的内容或者登记的内容以前,任何缔约方均有不保护该布图设计的自由。这说明,布图设计获得保护是以商业实施为条件,还是以登记为条件,由各缔约方自行决定。事实上这两种方式都有国家采用。

如果实行登记制,条约规定任何缔约方均可要求权利持有人在世界任何地方首次商业实施集成电路的布图设计之日起一定期限内提出登记申请,但这一期限自首次商业实施起不应少于 2 年。此外,对于登记申请,缔约方可以要求其附具该布图设计的副本或图样,当该集成电路已商业实施时,可以要求其提交该集成电路的样品并附具确定该集成电路旨在执行的电子功能的定义材料;但是,申请人在其提交的材料足以确认该布图设计时,可免交副本或图样中与该集成电路的制造方式有关的部分。

（五）关于争端的解决

除了 TRIPS 协议外,《华盛顿条约》是少有的几个规定了比较完整的争端解决机制的知识产权国际条约之一。

根据条约第 14 条的规定,缔约方在解释和实施条约时如果发生争端,首先应进行协商。一缔约方应将有关事项通知另一缔约方,并请求对方与其进行协商。被请求方应及时提供适当机会进行协商。进行协商的各缔约方应努力在合理期间内达成双方都满意的解决方案。如果通过协商在合理期间内未达成双方均满意的解决方案,争端各方可寻求友好解决争端的其他方法,如斡旋、调停、调解、仲裁等。

根据条约规定,在通过协商未能解决争端的情况下,如果没有采取其他解决方法或虽然采取但没有在合理期间内解决争端,则可以付诸工作小组程序。工作小组的具体程序是:先由争端任何一方当事人向大会提出书面请求,大会应建立一个由三名成员组成的工作小组来处理争端。工作小组成员从大会指定的政府专家名单中选择产生,除非经各方同意不得为争端各方的国民。工作小组的授权调查范围依争端各方协议而定,若 3 个月内未达成协议,则由大会在与争端各方及工作小组成员进行协商后确定。工作小组应给予争端各方和其他有关缔约方完全的机会以提出自己的意见。如果争端双方均提出请求,工作小组应停止其程序。除非争端各方在工作小组终结其程序之前达成协议,工作小组应及时作出书面报告,并将报告提供给予争端各方进行审查。工作小组应为争端各方确定一个合理的期间,以便他们向工作小组提出对报告的意见,除非他们同意在更长期间内努力达成双方都满意的争端解决方案,工作小组应考虑这些意见并及时向大会提出报告。报告应包含有事实以及解决争端的建议,如果争端各方提出了书面的意见,应一并附送。大会应及时考虑工作小组的报告,并应根据其对本条约的解释及工作小组的报告,向争端各方提出建议。

第十四专题　世界贸易组织之下知识产权的国际保护

一、世界贸易组织与知识产权

(一)世界贸易组织的成立

1947 年 10 月 30 日签署的《关税和贸易总协定》在临时实施过程中,由于没有一个与之相应的组织负责协调和监督,存在着难以避免的局限性,诸如:它不是正式的国际公约;适用范围狭窄;争端解决机制不合理等。这些局限性使多边贸易体制应发挥的作用受到阻碍和限制。各缔约方因此普遍认为应建立一个国际贸易组织,为各缔约国提供一个协商一致的论坛,也为全球经济贸易提供一个有效的管理机制,使世界经济持续发展的目标得到有效的实现。1990 年,各缔约国纷纷向乌拉圭回合谈判小组提出议案。经过几年的谈判和修改,谈判各方在 1993 年原则上同意建立"多边贸易组织",并根据美国的提议将"多边贸易组织"改名为"世界贸易组织"。1994 年 4 月 15 日在马拉喀什的关贸总协定部长会议上,各方代表签署了包括《乌拉圭回合多边贸易谈判成果的最终决定》的"一揽子"接受谈判的各项议题。1995 年 1 月 1 日,根据"一揽子协议"之一的《建立世界贸易组织协定》的规定,世界贸易组织正式成立。

(二)世界贸易组织在知识产权领域的目标

《与贸易有关的知识产权协议》(简称《知识产权协议》)是世界贸易组织的多边贸易协定之一,是世界贸易组织法律体系的一个重要组成部分。协议的目标即代表着世界贸易组织在与贸易有关的知识产权领域的目标。协议的目标主要规定在其序言和第一部分之中,概括起来,有如下几项:

(1)促进对知识产权充分、有效的保护。为此,有必要用"新规则与制裁措施",适用 1994 年关贸总协定及有关知识产权国际协议或公约的各项基本原则;制定与贸易有关的知识产权的效力、范围及利用的适当标准与原则;规范与贸易有关的知识产权执法的有效与恰当的措施;制定多边防止及解决政府间知识产权争端的有效及快速程序;为各成员全面接受或参加该协议做出过渡安排。

(2)促进国际贸易发展。考虑到知识产权保护与国际贸易的必然联系,协议序言开宗明义地宣示,对知识产权充分、有效的保护,在于"减少国际贸易中的扭曲与阻力""保证知识产权执法的措施与程序不至于变成合法贸易的障碍",为此,各成员承认有必要制定多边框架的原则、规则和制裁措施以处理国际假冒商品贸易。

(3)促进私人利益与公共利益之间的平衡。序言指出,各成员"承认知识产权为私权",有必要对其进行充分、有效的保护;同时也"承认保护知识产权的诸国内制度中被强调的保护公共利益的目的,包括发展目的与技术目的"。因此,协议第 7 条规定,知识产权的保护与权利行使应有利于促进技术革新、技术转让和技术传播;应以有利于社会与经济福利为导向去促进技术知识的发明者与使用者之间的利益平衡。序言还特别强调,各成员"承认最不发达国家成员在其域内的法律及条例的实施上享有最高灵活性的特殊需要,以使之能建立起健全、可行的技术基础。"

(4)建立世贸组织与其他国际组织,特别是世界知识产权组织之间的相互支持关系。序言最后指出,"各成员期望着在世界贸易组织与世界知识产权组织及其他有关国际组织之间建立相互支持的关系"。这些"有关国际组织"可能包括联合国教科文组织、国际劳工组织等。

(三)世界贸易组织与世界知识产权组织之间的关系

世贸组织章程第5条第1款规定:总理事会应就与世贸组织职责有关的各政府间组织的有效合作作出适当安排。根据这一规定,知识产权协议第68条为知识产权理事会规定了具体的职责:通过与世界知识产权组织的协商,应在其第一次会议后一年内,寻求建立与该组织的机构合作的适当安排。按照上述规定,与贸易有关的知识产权理事会代表世界贸易组织与世界知识产权组织举行了协商谈判,于1995年12月签订了两个组织之间的关系协定——《世界知识产权组织与世界贸易组织之间协定》。该协定于1996年1月1日正式生效。根据该协定,两者之间的关系主要体现在:

首先,资源的交换与共享。《世界知识产权组织与世界贸易组织之间协定》第2条规定:世界知识产权组织国际局应像对待自身的成员国及其国民一样,按要求将其收集的法律和条例副本以及这些法律和条例的翻译副本提供给世贸组织的成员及其国民;世贸组织的成员及其国民应像世界知识产权组织的成员国及其国民一样,分别进入世界知识产权组织国际局储存法律、条例的电脑数据库,世贸组织秘书处可以免费进入上述任何一个这样的数据库;为了使世贸组织知识产权理事会履行知识产权协议第68条所规定的义务,世界知识产权组织国际局应将世贸组织成员送达的法律、条例的副本以及这些法律和条例的翻译副本无偿地提供给该理事会,并且对该理事会使用这些副本不得施以任何限制;世贸组织秘书处应将其收到的该组织成员的法律和条例副本按收到时的语言与形式转交给世界知识产权组织国际局,由其存档,并且对国际局如何利用这些由秘书处转交的文件不得施以任何限制。

其次,技术援助与合作。《世界知识产权组织与世界贸易组织之间协定》第2条规定:世界知识产权组织国际局应像对待本组织成员中的发展中国家那样,为那些并非该组织成员的世贸组织成员中的发展中国家尽可能地提供与知识产权协议相关的法律及技术援助;同样,世贸组织秘书处也应像对待本组织成员中的发展中国家那样,为那些并非世贸组织成员的世界知识产权组织成员中的发展中国家提供与知识产权协议相关的法律及技术援助;世界贸易组织秘书处与世界知识产权组织国际局应就与知识产权协议相关的法律技术援助和技术合作加强协商与合作,并确保这些合作取得最大的成效;为了上述目的,国际局与秘书处应保持定期接触,并交换除机密以外的所有信息。

由上可知,世界贸易组织与世界知识产权组织作为两个各具法律人格的国际组织,是彼此独立的,它们之间的关系只是一种相互支持的合作关系。而世贸组织与世界知识产权组织这种合作的具体实施,则是由知识产权理事会来进行的。

二、世界贸易组织知识产权保护的基本规范——TRIPs 协议

(一) TRIPs 协议的产生背景

在 TRIPs 协议之前,世界知识产权组织已经签署了一系列知识产权国际公约(见第十四专题)。但多数知识产权产品出口商对已有的公约并不满意。他们认为,《巴黎公约》没有规定专利的最低保护期限;对于商业秘密的保护没有专门的国际条约;对计算机软件和录音制品应当加强国际保护;已有公约对假冒商品的处理不够有力。另外,他们还要求确定一个有效的争端解决机制来处理与知识产权有关的问题。

1947 年的关贸总协定也涉及了知识产权问题。从理论上讲,关贸总协定的国民待遇、最惠国待遇、透明度及利益的丧失或损害,都可以适用于对知识产权的保护。但关贸总协定中直接提及知识产权的条款和内容很有限,只有原产地标记,要求缔约方制止滥用原产地标记的行为;为收支平衡目的使用配额,不得违反知识产权法律;一般例外规定,保护知识产权的措施应当是非歧视的。可以说,知识产权保护在关贸总协定中并没有明确的规则。

关贸总协定中所涉及的知识产权问题,主要是假冒商品贸易。关于这个问题的谈判在东京回合时就开始了,美国曾就此提出过一个守则草案,但未能达成协议。假冒商品贸易的议题在 1982 年 11 月首次列入关贸总协定的议程,部长们要求理事会决定在关贸总协定框架下对假冒商品贸易采取联合行动是否合适;如果合适,应采取怎样的行动。1985 年,理事会设立的专家组得出结论:假冒商品贸易越来越严重,应当采取多边行动。但对关贸总协定是否是解决这一问题的适当场所,各方争议很大,为此形成了发达国家和发展中国家截然相反的两个阵营。

以美国、瑞士等为代表的发达国家主张,应将知识产权列入多边谈判的议题。美国代表甚至提出,如果不将知识产权作为新议题,美国将拒绝参加第八轮谈判。另外,发达国家还主张,应制定所有知识产权的保护标准,并且必须通过 WTO 的争端解决机制对知识产权进行保护。

而以印度、巴西、埃及、阿根廷和南斯拉夫为代表的发展中国家认为,保护知识产权是世界知识产权组织的任务;应当把制止假冒商品贸易与广泛的知识产权保护区别开来。发展中国家担心,保护知识产权会构成对合法贸易的障碍;强化保护知识产权有利于跨国公司的垄断、提高药品和食品的价格,从而对公众的福利产生不利的影响。

直到 1986 年乌拉圭回合谈判正式开始,各国也没有就是否将知识产权纳入谈判议题达成一致意见。由此可见,从政治和技术的角度看,知识产权问题是乌拉圭回合谈判中最困难的议题之一。

1991 年,关贸总协定总干事提出了乌拉圭回合最后文本草案的框架,其中 TRIPs 协议基本获得通过。

发展中国家接受 TRIPs 协议的主要原因:①乌拉圭回合协定作为一揽子协议,包括了发展中国家所希望得到的一些东西,例如纺织品协定回归、服务贸易协定、更强化的争端解决机制等,因而接受 TRIPs 协议是一种妥协与交换;②许多发展中国家从 20 世纪 80 年代开始大量引进外国资本和技术,这需要对知识产权提供强有力的保护;③美国等发达国家的单边主义制裁在客观上造成了发展中国家对单边制裁的恐惧,因此希望国际社会能

够提供一种替代性的纠纷解决多边机制;④发达国家同意给发展中国家更长的过渡期的优惠对发展中国家也是一种诱惑。此外,发展中国家还担心美国国会将因为没有 TRIPs 协议而不批推一揽子协议等,也起到了一定作用。

(二) TRIPs 协议的特点

《与贸易有关的知识产权协议》(简称 TRIPs),是现有已生效的知识产权国际条约中标准最高的法律文件。与传统的知识产权国际条约相比,它具有以下法律特征:

(1) TRIPs 不是一个独立生效和适用的知识产权国际条约。包括《巴黎公约》《伯尔尼公约》在内的所有知识产权国际条约,都是作为独立的国际条约生效,并对成员国适用的。与此不同,TRIPs 只是世界贸易组织法律文件群中的一个分协议,它与其他一系列协议,包括《建立世界贸易组织协定》,是"捆绑"在一起同时生效和适用的。单独批准、接受或加入 TRIPs 是不允许的。只有批准、接受或加入世界贸易组织的一揽子协议,才意味着对 TRIPs 的批准、接受或加入,而不是相反。因此,任何国家、分立关税区和一体化程度较高的区域性组织(如欧共体),想要批准、接受或加入 TRIPs,就必须首先考虑对世界贸易组织一揽子协议的批准、接受或加入,并承担由此而引起的所有义务。

(2) 虽然 TRIPs 也是一个"开放性"的国际条约,但与《巴黎公约》《伯尔尼公约》等国际条约相比,有两点不同:①"开放"的对象不同。包括《巴黎公约》《伯尔尼公约》在内的许多"开放性"国际条约,都只对主权国家开放,因此"条约的成员"(member)与"条约的成员国"(member state)这两个说法具有同样的含义。与此不同,TRIPs 不仅对主权国家,而且对分立关税区(如中国香港、澳门等)以及像欧共体这样的区域组织都开放,因此,"成员"这个概念在这里就不同于"成员国"这个概念了,而是具有比"成员国"更广泛的意义。②加入的程序不同。加入《巴黎公约》和《伯尔尼公约》,没有条件限制,也不进行资格审查,只要向国际局总干事交存公约的批准书、接受书或加入书,即可成为该公约的成员国。与此不同,加入世界贸易组织(实际上就加入了 TRIPs),则需一定的审查与表决并与世贸组织达成实质性的加入条件,并由部长会议 2/3 多数同意做出加入决定,方能被接纳为世贸组织的成员。

(3) 虽然 TRIPs 也是知识产权领域的国际条约,但却不是"纯粹"的,而是"与贸易有关"的知识产权条约。传统知识产权条约主要是致力于促进世界各国对知识产权本身的尊重和保护,并通过鼓励创造性活动和促进技术转让及作品的传播,推动工业和文化的发展,而对国际贸易及其与知识产权的关联则甚少涉及。因此,这些条约所规范的范围不仅包括"与贸易有关的"知识产权,而且还包括"与贸易无关的"知识产权,所建立的是一种广泛的国际知识产权保护体制。但也正因为如此,这种体制具有"知识产权论坛"的性质,缺乏迫使成员国遵守公约义务的有力手段。与此不同,TRIPs 开宗明义就宣布:"对知识产权充分有效的保护"和"实施知识产权的措施及程序"并不是缔结该协议的目的,而只是"减少国际贸易中的不公平和障碍",实现"合理贸易"的手段。因此,该协议所规范的范围,只是"与贸易有关的"知识产权,而对"与贸易无关的"知识产权,如与民间文学有关的权利等,它就未加涉及。正因为如此,该协议所建立的知识产权保护体制,实际上是多边贸易体制中的一个组成部分,所引进的贸易机制(包括争端解决机制),成为迫使成员履行协议义务的有力手段。

(4) 虽然 TRIPs 也是协调各成员知识产权制度的法律文件,属于"协调法",但与传

196

统的知识产权公约相比,它们各自协调的范围以及协调的手段都有很大不同。在协调范围方面,传统的知识产权条约主要是在"知识产权的效力、范围及使用标准"等实体法范围内对各成员国的知识产权制度进行协调,也就是说,它们协调的只是各成员国知识产权制度中有关知识产权的客体、权利内容及使用等方面的内容,而对知识产权的国内实施程序,包括司法与行政程序,则未加规定。与此不同,TRIPs 则不仅协调各成员知识产权制度中的实体规范,而且协调各成员知识产权制度中的程序规范。在协调的手段上,传统知识产权条约所确定的条约义务,主要是通过成员国对条约的自觉遵守来履行的,虽然条约都规定了解决成员国之间在解释和适用条约时所发生争议的原则和程序,但诸如《巴黎公约》和《伯尔尼公约》这样主要的知识产权条约却都赋予成员国保留的权利,实际上是形同虚设。然而,TRIPs 不仅限制了各成员的保留权利,而且引入了贸易争端解决机制中的交叉报复措施,迫使各成员去履行协议义务,使其知识产权制度达到协议在上述两个方面所规定的最低标准。因此,TRIPs 是一个比传统知识产权条约协调范围更加广泛、协调手段更加有力的知识产权国际条约。

（三）TRIPs 协议的保护范围

TRIPs 协议在其序言中强调:"全体成员承认……知识产权为私权。"在序言中宣布知识产权是私权并非毫无意义之举,这实际上是针对国际上存在的对知识产权的基本性质的两种根本对立的理解以及适用不同性质的制度而作出的。

在大陆法系国家,知识产权是作为私权依法确认和保护的;而在英美法系国家,知识产权是作为一种法律规定的权利,由国家授予的垄断特权依法确认和保护。作为私权,应当适用或选择确定和保护私权的法律原则以及法律制度进行调整,如私权作为自然权利,其主体是平等的,相同的权利主体不应受到歧视待遇;权利主体对其权利客体享有完整的收益、使用和处分的权利;私权可依权利人的意思在平等的基础上进行等价有偿的交换等。但实际上在很多国家,包括发达国家,知识产权并不是作为"神圣不可侵犯"的私权而受到绝对的确认和保护,例如,有些技术和产品不是由于其本身的原因,而是因一个国家的政策或公共利益的需要拒绝给予保护。在确定某种制度时有过多的政治因素或意识形态在起作用,将国内和国外的权利人及其主张分开处理,并给予歧视待遇等。

根据 TRIPs 协议的规定,知识产权的保护范围包括以下六个方面:著作权和邻接权;商标(包括服务商标)和地理标志(产地标志和原产地名称);工业品外观设计;发明专利;集成电路布图设计;未披露的信息(商业秘密)。

（四）TRIPs 协议的基本原则

国民待遇原则。根据 TRIPs 协议第 3 条有关"国民待遇"的规定,国民待遇原则包括:①在知识产权保护方面,各成员应给予其他成员国民不低于本国国民待遇,除非在《巴黎公约》《伯尔尼公约》《罗马公约》及《关于集成电路知识产权条约》中有例外的规定。②各成员可以在司法与行政程序方而,适用第 1 款所规定的例外,包括在某成员的管辖范围内指定服务地址或代理人,但是,这种例外应为保证遵守本协定规定不相抵触的法律与法规所必需,且这种做法不能对贸易构成变相的限制。协定第 5 条规定:"凡参加了世界知识产权组织主持的、含有获得及维护知识产权的程序的公约的成员,没有义务向未参加这类公约的成员提供这些公约产生的、在程序上的优惠待遇。"

最惠国待遇原则。TRIPs 协议第 4 条是关于最惠国待遇的规定,该条明确规定:在知识产权保护方面,某一成员对任何其他国家国民给予的任何利益、优惠、特权或豁免,均应立即无条件地给予所有其他成员的国民。协定第 5 条中指出:凡参加了世界知识产权组织主持的、含有获得及维护知识产权的程序公约的成员,没有义务向未参加这类公约的成员提供这些公约产生的、在程序上的优惠待遇。

均衡保护原则。TRIPs 协议第 7 条规定,知识产权的保护和实施应有助于促进技术创新、技术转让和传播,有助于技术知识的创造者和使用者的相互利益,并有助于社会和经济福利与义务的平衡。世界贸易组织将均衡保护原则与国民待遇原则、最惠国待遇原则共同规定为 TRIPs 协议的基本原则,无疑体现了知识产权作为民事权利在现代知识经济时代的重要地位。TRIPs 协议涉及与贸易有关的知识产权执法措施,顾及各国法律的差异,即承认最不发达国家成员在法律及条例的实施上享有最高灵活性,使之能建立起健全与可行的技术基础。TRIPs 协议对知识产权执法的总要求是制定相应的国内法,采取有效措施制止任何侵犯各种知识产权的行为,避免造成对合法贸易的障碍,防止有关程序的滥用。

(五) TRIPs 协议关于知识产权保护的标准

TRIPs 协议第二部分"关于知识产权的有效性、范围及行使的标准"是知识产权问题的核心。该部分共七节,分别涉及版权与相关权、商标、地理标记、工业品外观设计、专利、集成电路的布图设计、未公开信息的保护和许可协议中的反竞争控制。下文将主要介绍与国防知识产权关系较为密切的版权、商标、专利与集成电路布图设计的保护标准问题。

1. TRIPs 协议关于版权的保护标准

协定要求各成员应按照《伯尔尼公约》的有关规定对版权提供保护。协定强调了对计算机程序和数据汇编的版权保护,并针对计算机程序和电影摄影作品规定了出租权,统一了有关作品的保护期,并对版权限制与例外作出规定。

(1) 与《伯尔尼公约》的关系。TRIPs 协议第 9 条规定:"各成员必须遵守《伯尔尼公约》(1971 年文本)第 1 条至第 21 条及附件的规定。但是,各成员根据该公约第 6 条之二取得的权利及由此引申出的权利在本协议下没有相应的权利和义务",即 TRIPs 协议不适用《伯尔尼公约》对精神权利及延伸权利的保护的规定。并相应规定:"版权保护应延伸到表达方式,但不包括思想、程序、操作方法或数学概念之类。"

(2) 关于计算机程序及数据库的保护。1971 年在巴黎修订《伯尔尼公约》时,计算机程序还没有作为必要的产品在国际市场上出现。所以,1971 年文本的《伯尔尼公约》"文字作品"中不可能包含计算机程序的含义。但是,计算机程序的保护符合发达国家的利益。因此,在 TRIPs 协议中,计算机程序却依然按照《伯尔尼公约》中的"文字作品"加以保护,无疑体现了发达国家的意志和利益。既然计算机程序作为文字作品加以保护,则其著作权人理所当然能按《伯尔尼公约》规定,拥有《伯尔尼公约》和 TRIPs 协议相应给予的经济权利。

关于数据库的保护,TRIPs 协议第 10 条第 2 款规定:"数据库或者其他资料,无论是机器可读的或其他形式的,由于对内容的选取或编制构成了智力创作,因此必须加以保护。"现在 TRIPs 协议中要保护有关数据库,不仅包含享有版权材料的汇编,也包含了不享有版权的原有材料的汇编成果。但是,对于不享有版权的材料汇编,汇编者必须要按一定的构思或设想,将一些无关的材料,经汇编后能体现汇编者的一种思想或对这些材料的认识,汇编成果属于一种创造性的智力劳动,而不是单纯的资料堆集。只有在这种情况下,这种数据库本身才能享有版权,才能受到保护。而且,对数据库的保护不应延伸至对数据或资料本身的保护,而且对整理后形成的数据库的保护不得损害数据或资料本身已有的版权。

（3）关于作品的保护期。对于作品的保护期限,TRIPS 协议第 12 条规定,不同于摄影作品和实用艺术作品,不是以自然人的生命为计算依据的。作品保护期为经授权出版之年年底起至少不少于 50 年。如果作品创作后 50 年内没有出版,则为作品创作完成那年年底起开始计算,保护期为 50 年。

（4）关于版权保护的权利限制与合理使用。TRIPS 协议与其他知识产权保护的国际公约和国内立法一样,在赋予知识产权所有权人及持有人权利的同时,对其权利及权利范围加以限制,并规定了合理使用的条件。但协议第 13 条仅做了原则性规定:各成员对专有权做出的任何限制或例外仅限于某些特殊情况,它与作品的正常利用不相冲突,也不得无理地损害权利持有人的合法权益。

2. TRIPs 协议关于专利权的保护标准

TRIPs 协议在其第二部分的第五节中用了 8 个条文来规范专利权的相关问题。其主要内容包括如下几个方面:

（1）可授予专利的客体。TRIPS 协议规定可获专利的智力成果须符合"三性"要求。协定第 27 条第 1 款规定智力成果要"具有新颖性,包含发明性步骤,并可供工业应用"。对于"新颖性",协议考虑到各国国内立法对其要求的差异,所以并没有在这方面做出任何强制性的规定,由各成员方依据各自的立法来确定。对于"包含发明性步骤",在协议的注释中解释为"非显而易见性",这就是我们常说的"创造性"问题,各国在立法实践上对创造性的要求存在着差异,协议本身也没有对"非显而易见性"进行任何解释。对于"可供工业应用性",即是人们常说的"实用性"问题,TRIPs 协议在注释中解释,认为"可供工业应用"与"有用的"是相同的意思。

（2）关于专利权利的范围。TRIPS 协议第 28 条规定了专利权的范围,具体包括:①如一专利的客体是产品,则专利所有权人有权禁止第三方未经其许可而进行制造、使用、标价出售、销售或为这些目的而进口该产品的行为。②如一专利的客体是方法,则专利所有权人有权禁止第三方未经其许可而使用该方法,以及从事使用、提供销售、销售或为这些目的而进口至少是以该方法直接获得产品的行为。③除了上述专利所有权人的独占权外,专利所有权人应有权转让或以继承方式转移其专利并订立许可合同。

（3）对专利申请人的要求。协议的第 29 条规定,成员应要求专利申请人以足够清楚与完整的方式披露其发明,以使同一领域的技术人员能够实施该发明,并可要求指明在申请日或（如提出优先权要求）在优先权日该发明的发明人所知的最佳实施方案;成员可要求专利申请人提供其相应的外国申请及批准情况的信息。

（4）所授予权利的例外及强制许可使用问题。任何国家或地区的知识产权立法都不可能给予权利人无约束的任何权利,对权利的使用都有一定的限制或例外规定,TRIPS 协议第 30 条和第 31 条规定了权利授予的例外及对权利限制必须符合的条件:①在一般的权利限制及要求方面,协议第 30 条规定,"各成员可对专利授予的专有权规定有限的例外",但必须同时满足以下的条件:此类例外不会对专利的正常利用发生无理抵触;也不会无理损害专利所有权人的合法权益;同时考虑到第三方的合法权益。②关于强制许可使用的条件。相对于一般原则性的权利例外,协议的第 31 条规定了"特殊限制",所谓特殊的限制,主要是指对专利所覆盖的内容的强制使用。TRIPs 协议规定的强制许可需要满足以下条件:一是这种强制许可使用的授权只能采取"各案处理",只限于使用本身的法律意义。不能把某一强制许可使用授权的做法进一步扩大化,或将其普遍化。二是在申请或批准强制许可使用前,申请人必须按合理的商业条款或商业条件努力地获取专利权利人的授权,并且在合理的期限内该努力没有成功。但在全国处于紧急状态或其他极端紧急的情况下,为了公共安全、利益的目的,则可豁免本款的要求。三是如果有关专利涉及半导体技术,则颁发强制许可证的限制就可多一些。四是一切强制许可都只能是"非专业的""非独占的"。在政府强制第三方使用某项专利的内容后,该专利权人仍然可以自己使用或通过合同许可他人使用。五是强制许可使用一般不得转让,除非与企业或企业的商誉一道转让。六是使用强制许可使用而做出的产品,主要供应国内市场。七是一旦导致强制许可的条件消失并且不会再发生,则应当停止使用。八是有关当事人应对权利人进行合理的补偿。九是应当加强对强制许可使用的审查,尤其是对该授权的合法性的审查。十是对强制许可使用支付补偿金的决定也应接受有关当局的审查。

(5) 关于专利权的保护期限。TRIPs 协议第 33 条规定,"可享有的保护期,应不少于自提交申请之日起的 20 年年终"。这里特别要注意保护期是从"提交申请之日"算起。要注意"申请日"与"提交申请之日"的区别。TRIPs 协议第 33 条关于保护期的注释,说明"那些没有原始批准制度的成员,可以将保护期从提交申请之日起算"。

3. TRIPs 协议关于商标的保护标准

TRIPs 协议关于商标的保护标准主要体现在以下几个方面:

(1) 商标保护的客体。TRIPs 协议第 15 条第 1 款规定:"任何标条或标记的组合,只要能够将一企业的货物和服务区别于其他企业的货物或服务,即能构成商标。"各成员可以要求,作为注册的条件,"这些标记应为视觉上可感知的"。该条第 2 款规定成员方可以有其他理由来拒绝商标的注册,只要其行为符合《巴黎公约》(1967)的规定,同时在本条的第 3 款规定了商标的实际使用不应构成申请注册的条件。

(2) 商标所有权人的权利范围和限制。TRIPs 协议第 16 条第 1 款规定了商标所有权人"应享有专有权,以阻止所有第三方未经该所有权人同意在贸易过程对已注册商标的货物或服务的相同或类似货物或服务使用相同或类似标记,如此类使用会导致混淆的可能性"。从此规定可以看出,TRIPs 协议强调了商标所有权人有权制止他人使用与其注册商标相同或相似的标记以免造成混淆。在赋予权利的同时,协议也对商标所有权人的权利进行了限制,规定商标所有权人在行使权利时"不得损害任何现有的优先权,也不得影响各成员以使用为基础提供权利的可能性"。

(3) 商标权的例外规定。TRIPs 协议第 17 条规定,各成员方"可以"(may)对授予商标权利规定有限的例外,只要这种规定考虑到了商标所有权人与第三方的合法利益即可。由此可看出,协议并没有要求成员方必须(shall)对商标权利作出限定。即使要限定,也应当在"有限"的范围内。

(4) 商标的保护期限。TRIPs 协议第 18 条专门规定了商标的保护期限问题,规定"商标的首次注册及其续展的期限均不少于 7 年。商标的注册应可以无限续展"。这样在事实上使得商标权的保护期与版权、专利权不同。版权与专利权的保护期是法定的有效期限,一般情况下,经过一段时间期满后,便不再受保护而进入公共领域,任何人均可免费使用而不构成侵权。然而,商标的保护期限在事实上是可以做到无限的,因为它可以无限地续展,当然,在每次续展中,必须符合成员方的有关要求。

(5)关于商标使用的要求。TRIPs协议第19条规定,"如维持注册需要使用商标,则只有在至少连续3年不使用后方可注销注册"。但是,如果商标所有权人能说明其不使用是存在正当理由的,则不能注销其注册。关于什么是正当理由,该条规定了三种情况:①不可抗力;②政府的禁令;③政府的其他要求。该条第2款还规定,在受所有权人控制的前提下,另一个人使用的一商标应被视为为维持注册而使用该商标。

(6)商标的许可与转让。TRIPs协议第20条对商标的许可和转让做出规定:成员方可以对商标的许可使用和转让依国内立法自行确定条件;不能采用商标强制许可制度;在商标转让中商标所有权人有权连同或不连同商标所属业务同时转让。

4. TRIPs协议关于集成电路布图设计的保护标准

对集成电路布图设计的保护范围,TRIPs协议第36条规定,如从事下列行为未经权利持有人授权,则视为非法:为商业目的进口、销售或分销某一受保护的布图设计、含有受保护的布图设计的集成电路、含有此种集成电路的物品,只要该集成电路仍然包含非法复制的布图设计。

关于对集成电路布图设计权利的限制,有两点应当注意:①TRIPs协议第37条规定,如从事第36条所指的与含有非法复制的布图设计的集成电路或包含此种集成电路的物品有关的行为的人,在获得该集成电路的物品时,不知道且无合理的根据知道其中包含此种非法复制的布图设计,则不得将从事该条所指的任何行为视为非法。得到明确通知后,也不负停止侵权等民事责任,只是要求按照自愿交易达成的许可协议标准支付应付的合理使用费。②承认对关于布图设计的非自愿许可、政府使用的或为政府而使用的、未经授权的活动,但原则上应当适用专利权领域,即TRIPs协议第31条(a)至(k)项规定的条件。

集成电路布图设计的保护期分为三种情况:以注册为条件的成员,保护期从注册申请之年起算;不要求注册为条件的成员,保护期不得少于自世界任何地方首次进行商业利用起10年;成员均可将保护期规定为布图设计创作完成起15年。

(六)TRIPs协议下知识产权的取得与维持

知识产权的取得与维持程序合理,是相关权利内容落实的首要保障。在这方面由于各国具体做法差别较大,并且还有诸如《专利合作条约》《商标国际注册马德里协定》等程序性国际公约为成员国国民多国申请知识产权提供便利,因此TRIPs协议只是原则性地要求成员保证有关程序和期限是合理的,至于程序和期限的具体内容则属于成员有权自由立法的范畴。

合理的手续和程序。TRIPs协议允许成员将合理程序和手续作为获得和维持商标权、地理标志权、工业品外观设计权、集成电路布图设计权和专利权的条件,只要这些程序和手续与TRIPs协议的规定相一致。在这项规定中,TRIPs协议没有提到版权和相关权利以及未披露的信息,原因是根据TRIPs协议纳入的《伯尔尼公约》的自动保护原则,版权从作品创作完成之时自动产生。至于未披露的信息,由于依靠权利人采取保密措施维持其事实上的秘密地位以保持商业价值,因此其权利的获得也无须履行任何法律手续。

对于什么样的程序和手续才合理并与协定规定一致,TRIPs 协议在第 62 条第 4 款作出补充说明:有关获得和维持知识产权的程序,以及国内法规定的程序、行政撤销以及诸如当事人之间的异议、无效、撤销程序,均应适用协定第 41 条第 2 款和第 3 款所规定的总原则,即程序不得过于复杂或花费过高、或包含不合理的时效或无保障的拖延;就个案的是非作出的判决,最好采用书面形式,并应说明判决的理由;有关判决至少应及时送达诉讼当事各方;对个案是非的判决应仅仅根据证据,应向当事各方就该证据提供陈述机会。此外,依据协定第 62 条第 5 款,依上述任何程序所作出的终局行政决定,均应接受司法或准司法当局的审查。但如果异议不成立或行政撤销不成立的行政决定能在无效诉讼中得到审查,对这两种行政决定,成员无义务提供司法审查。

(七) TRIPs 协议下的知识产权执法

作为原则性规定,TRIPs 协议首先要求各成员保证其国内法能提供协定第三部分所规定的执法程序,以便能采取有效行动,制止任何侵犯协定所规定的知识产权的行为。这种执法程序必须能够防止、制止侵权以及阻止进一步的侵权。此外,知识产权执法程序的应用方式应避免造成合法贸易的障碍,同时能够为防止有关程序的滥用提供保障。与权利的取得和维持一样,TRIPs 协议要求知识产权的执法程序也必须是合理的,且不得违反协定的有关规定。具体而言,TRIPs 协议除了规定成员国在知识产权执法方面的总体要求外,还在民事和行政程序及救济、临时措施、边境措施以及刑事程序四个方面对成员的知识产权执法义务作出规定。

1. 知识产权执法的一般义务

加强知识产权的执法措施,是 TRIPs 协议的另一个主要目标。TRIPs 协议对各成员的司法制度提出了总体要求。

(1) 各成员应保证其国内法中含有本协定规定的执法程序,以便对任何侵犯受本协定保护的知识产权的行为采取有效行动,包括采取及时防止侵权的补救措施及遏制进一步侵权的救济措施。实施这些程序时,应避免对合法贸易造成障碍并为防止有关程序的滥用提供保障。

(2) 有关知识产权的执法程序应公平和公正。这些程序不得不必要地繁琐或费用高昂,也不应规定不合理的时限或导致无端的迟延。

(3) 对案件是非曲直的裁决,最好采取书面形式并陈明理由,并在合理的时间内至少告知诉讼当事方。对案件是非曲直的裁决需待有机会听取各方对证据的意见后方可作出。

(4) 诉讼当事方应有机会要求司法部门对行政终局决定进行审议,并在遵守某一成员法律中有关案件重要性的司法管辖权规定的前提下,有机会要求至少对初步司法决定的法律事项进行审议。

(5) 本协定并不设定任何建立与一般法律执行体系不同的知识产权执法体系的义务,也不影响各成员执行一般国内法的能力。在实施知识产权与实施一般法律的资源分配方面,本协定也不设定任何义务。

2. 民事和行政法律程序

在民事和行政法律程序上,TRIPs 协议的绝大多数规定是针对民事司法程序的,关于行政程序,则只在末尾简单规定:"在以行政程序确认案件的是非并责令进行任何民事救济时,该行政程序应基本上符合协定对民事司法程序规定的原则"。在知识产权的民事司法程序上,TRIPs协议有以下具体原则性规定。

(1)关于公平和公正的程序。各成员应向权利持有人提供有关执行本协定下任何知识产权的民事司法程序。被告有权获得及时和充分详细的书面通知,包括起诉的依据。应允许当事方由独立的法律辩护人代表出庭,关于强制本人出庭的程序不应规定过于繁琐的要求。该程序的所有当事方有权陈述其权利要求并出示所有相关证据。

(2)关于证据。如果一当事方出示了由其合理获得的足以支持其权利要求的证据,并指明与证实其权利要求有关的证据在对方控制之下,司法部门有权在保证机密信息受到保护的条件下,命令对方出示该证据。如果诉讼一方在合理期限内自行且没有正当理由拒绝提供或以其他方式表示不提供必要的信息,或明显阻碍与实施某一行动有关的程序,一成员可授权司法部门基于向其出示的信息作出肯定或否定的初步或终局裁决,但应向各当事方提供机会,就指控或证据进行陈述。

(3)关于禁令。司法部门有权责令一当事方停止侵权,特别是有权在清关后立即阻止那些涉及知识产权侵仅行为的进口商品进入其管辖内的商业渠道。但如果受保护的客体是在某人知道或有合理的根据知道从事这些客体的买卖会构成知识产权侵权之前获得或订购的,各成员没有义务赋予上述授权。

(4)关于损害赔偿。对已知或有充分理由应知自己从事的活动系侵权,司法部门有权令其向权利人支付足以补偿他因侵权所受损害的损害赔偿金。司法部门还有权责令侵权人向权利人支付有关费用,包括相应的律师费用。在特定情况下,即使侵权人不是已知或有充分理由应知自己从事的活动系侵权,各成员也可授权司法部门令其退还利润和/或支付法定的赔偿金。

(5)关于其他补救措施。为了有效地遏制侵权,司法部门有权在不给予任何补偿的情况下,下令将被发现侵权的货物清除出商业渠道,以避免对权利持有人造成任何损害,或者下令将其销毁,除非如此会违背现行宪法的要求。司法部门还有权在不给予任何补偿的情况下,把主要用于制造侵权产品的材料和工具清除出商业渠道,以便将发生进一步侵权的风险减少到最低限度。

(6)关于获得信息的权利。各成员可规定,司法部门有权责令侵权人告知权利持有人有关参与生产和分销侵权产品或服务的第三方的身份,以及他们的分销渠道,除非这与侵权的严重程度不成比例。

(7)关于对被告的补偿。如应一当事方请求采取了相应措施而该当事方滥用有关执法程序,司法部门有权责令该当事方向受到错误禁止或限制的当事方就因这种滥用而遭受的损害提供足够的补偿。司法部门还有权责令该申请当事方向被告支付包括相应的律师费用在内的辩方费用。

3. 临时措施

为了及时制止知识产权侵权行为的发生以及保存和固定可能灭失的证据,在侵权行为发生之初采取临时措施具有非常重要的意义。在各国打击知识产权侵权的实践中,临时措施是普遍采用并行之有效的措施。鉴于此,TRIPs协议在知识产权执法部分也专门对临时措施作出了规定。当然,在肯定临时措施具有积极作用的同时,TRIPs协议也对

"被告的权利""对被告的赔偿"等作出规定,以防止这项措施的滥用。

(1)关于临时措施的目的。TRIPs协议规定,并非在任何知识产权争端中,法院和有关行政机关中都能采用临时措施,采用临时措施主要基于两个目的:①制止侵犯任何知识产权活动的发生,尤其是制止包括刚由海关放行的进口商品在内的侵权商品进入其管辖范围的商业渠道。②保存被诉为侵权的有关证据。

(2)临时措施的适用程序。临时措施的申请人提供合法获得的证据以证明其为权利持有人、侵权行为已经发生或发生在即、以及提供足以保护被告和防止权利滥用的诉讼保证金或与之相当的担保,是临时措施适用的前提。如果为防止损失扩大或诉讼保全的需要,司法或行政机关根据申请人单方面的请求采取了临时措施,那么在采取措施后,应及时通知受此影响的当事各方。并且,在通知之后的合理期限内根据被告的请求还应提供复审,包括给被告以陈述的权利,以决定是否须修改、撤销或确认该临时措施。为了避免临时措施的适用殃及被告拥有的非侵权商品而损害被告利益,TRIPs协议允许成员要求申请人提供必要信息,以使执行临时措施的司法或行政机关认证侵权商品,这对防止权利滥用也是必要的。

(3)临时措施的撤销和对被告的赔偿。在不损害被告权利的前提下,如果申请人在合理期限内未提起判决案是非的诉讼,那么根据被告的请求,司法当局应撤销其采用的临时措施,或中止其效力。至于"合理期限",如果国内法允许,应由采取临时措施的司法当局确定,如果没有确定,该期限不应超过20个工作日或31个日历日,以其中较长者为限。如果临时措施被撤销,或者如果临时措施由于申请人的任何作为或不作为而失效,或者以后查明并不存在侵犯知识产权的行为或危险,司法当局应根据被告的请求,责令申请人向被告提供由于这些措施而造成的损害的适当赔偿。

4. 边境措施

知识产权执法的边境措施主要是针对国际贸易中假冒商标的商品和盗版的商品,采取边境措施的理由是,利用海关程序对商品进行过滤,对于打击侵权商品更为迅速有效,因为侵权商品一旦进入国内的商业渠道,再想控制或扣留就困难多了。关于边境措施的执行程序,需要注意以下几点:

(1)边境措施适用的对象。TRIPs协议第51条规定:"成员均应在符合下文之规定的前提下,采用有关程序,以使有合法理由怀疑假冒商标的商品或盗版商品的进口可能发生的权利持有人,能够向主管的司法或行政当局提交书面申请,要海关中止放该商品进入自由流通。对其他侵犯知识产权的活动,成员也可以规定同样的申请程序,只要其符合本节的要求,成员还可以提供相应的程序,对于意图从其地域内出口的侵权商品,由海关当局中止放行。"

(2)海关中止放行。依据TRIPs协议,海关中止放行商品可以是依据权利持有人的申请,也可以由海关当局依职权主动采用。依申请中止放行的前提是权利持有人必须提供用以证明依照进口国法律对其知识产权的侵犯已经存在的适当证据、使海关当局可以及时识别侵权商品的足够详细的说明、以及足以保护被告和防止权利滥用的诉讼保证金或与之相当的担保。而海关当局主动中止放行的条件是其已获得初步证据证明有关商品构成侵犯知识产权,并且在中止放行后其还可以随时向权利持有人索取可能有助于其行使权力的任何信息。无论中止放行商品的依据是什么,海关当局都应立即通知进口人和申请人。此后,在不妨碍对秘密信息给予保护的前提下,海关当局还应为权利持有人和进口人提供足够的机会请人检查海关扣下的任何产品,以便证实其权利主张。此外,如果案件确系侵权,则成员可授权该主管当局将发货人、进口人及收货人的姓名、地址以及有关商品数量等信息提供给权利持有人。

(3) 有关商品的放行及误扣的赔偿。在中止放行后的 10 个工作日(适当场合可以延为 20 个工作日)内,如果海关当局未被通知除被告以外的当事人已经就判决案件是非提起诉讼,或未被通知经合法授权的当局已决定采取临时措施延长对该商品的放行中止期,则只要进口或出口的一切其他条件均已符合,该商品即应予放行。如果已提起判决案件是非的诉讼,则在合理期限内,根据被告的请求,应进行复审,包括给被告以陈述的权利,以便确定是否应修改、撤销或确认这些措施。此外,针对被中止放行的含有工业品外观设计、专利、集成电路布图设计或未披露信息的商品,如果在上述中止持续期限届满时仍没有得到有关当局的放行许可,那么只要此时有关进口的一切其他条件均已符合,并且有关商品的所有人、进口人或收货人又提交了足以保护权利持有人的保证金,该商品就应被放行。当然,如果权利持有人未能在合理期限内行使其权利提起诉讼,则当局还应返还上述保证金。对于误扣商品造成的损失,有关当局应有权责令申请人向该商品的进口人、收货人及商品所有人支付适当的补偿。

(4) 对侵权商品的处理。对于被确认侵权的商品,主管当局应有权责令销毁或将其清除出商业渠道,条件是不妨害权利持有人的权利以及被告寻求司法当局复审的权利。对于假冒商标的商品,除个别场合外,主管当局不得允许该侵权商品按照原样重新出口或以不同的海关程序处理该商品。

5. 刑事程序

在知识产权领域,侵犯知识产权的行为通常侵害的是权利人的民事权利,权利人一般借助于民事程序就可以主张自己的权利,使侵权人受到制裁。但是,对于一些严重侵犯知识产权的行为,仅仅追究其民事责任就不足以制止侵权的再次发生,就需要进入刑事程序,借助于刑事责任这样一种最严厉的法律责任的威慑力和遏止力。

TRIPs 协议第 61 条规定的刑事处罚措施包括:监禁、罚金,或者两者并处;在适当条件下,还可以扣押、没收和销毁侵权货物,以及主要用于犯罪活动的任何材料和工具,包括制造和生产设备,甚至还可以根据案件具体情况扩展到交通工具等。依该规定,各成员的法律至少应对具有商业规模的故意假冒商标或者盗版行为适用刑事程序和刑事处罚。也就是说,本条只是规定了刑事程序适用的最低要求,各成员完全可以将刑事程序扩大到其他知识产权侵权行为。

在大多数国家知识产权法实施过程中,都有以刑事制裁处理侵犯版权或者侵犯商标权的实例。但只有为数不多的国家对于侵犯专利权的行为使用刑事制裁。在一些大陆法系国家的专利法中,将许多在专利方面的违法行为视为侵权,并对其中严重的给予刑事制裁;而英美法系大多数国家的专利法,却对专利侵权不实行刑事制裁。

三、世界贸易组织下知识产权争端的解决制度

世界贸易组织的知识产权争端解决制度是由两部分规范构成的:①以《关于争端解决规则与程序的谅解》(以下称《谅解》)为主要法律文件的世界贸易组织争端解决制度的

普遍性规范;②以《与贸易有关的知识产权协议》第五部分条款为基本内容的知识产权争端解决的特殊性规范。《谅解》第 1 条第 1 款规定:"本谅解的各项规则及程序应适用于根据本谅解附件一所列各协议(本谅解称之为'适用协议')的磋商和争端解决条款所提起的各项争端"。根据附件一,《与贸易有关的知识产权协议》就是其中的"适用协议"之一。因此,《谅解》的规则与程序,作为适用于世界贸易组织法律体系的普遍性的争端解决规范,毫无疑问,适用于该协议产生的磋商和争端解决。

(一) 世界贸易组织争端解决制度的基本程序

争端解决的基本程序,是《谅解》的核心内容,也是世界贸易组织争端解决制度的主要组成部分。这些基本程序是:

第一,协商。《谅解》第 4 条首先规定,各成员确认其决心加强和改进成员所使用的协商程序的效能,为此,每一成员对于另一成员就影响任何适用协议实施的措施提出的任何要求应给予同情的考虑,并提供适当的协商机会。在一般情况下,如果根据一适用协议提出一协商请求,被请求成员,除非相互同意其他办法,应在接到请求之日后的 10 天内对该请求作出答复,并应在接到该请求之日后不超过 30 天的时间内善意地进行协商,以便达成相互满意的解决办法。如果被请求的成员未在上述规定的期限内进行答复和进行协商,则请求成员可以直接要求成立一个专家小组。如果在接到协商请求之日后 60 天内协商未能解决争端,投诉国可以请求成立一专家小组。如果各协商方共同认为协商不能解决该争端,则投诉国可以在 60 天期限期间要求成立一专家小组。《谅解》第 4 条规定,任何协商请求应以书面方式提出且应提供理由,包括指出有关引起争端的措施和投诉的法律依据。请求协商的成员应将此种请求通知争端解决机构和有关理事会和委员会。协商应该秘密进行,且不得损害任何成员在任何进一步程序中的权利,还应对发展中国家成员的特殊问题和利益给予特别注意。《谅解》还规定,如果协商成员以外的第三方认为它在有关协商中具有实质性的贸易利益,则该第三方可以在协商要求作出之日的 10 天内向各协商成员和争端解决机构提出加入该协商的意愿。如果参加协商的要求遭到拒绝,则该第三方应自由决定根据有关适用协议的相应规定请求协商。

第二,斡旋、调解和调停。根据《谅解》第 5 条的规定,斡旋、调解和调停是争端各方同意自愿采用的程序。争端任何一方可以在任何时候提出斡旋、调解和调停的要求。这些程序可以随时开始随时终止,甚至如争端各方同意,这些程序还可以在专家小组程序进行期间继续进行。但是,一旦斡旋、调解、调停程序中止,则投诉方可以提出设立专家小组的要求。不过,当斡旋、调解、调停在接到协商请求之日后的 60 天内进行时,投诉方必须在请求设立专家小组之前给予 60 天的期限。当然,如果争端各方共同认为斡旋、调解或调停的程序不能解决该争端,则投诉方可以以 60 天期间内要求成立专家小组。

第三,仲裁。《谅解》第 25 条规定,世界贸易组织内的迅速仲裁,作为争端解决的一种选择程序,可解决已由各方明确确定的某些争端。这一规定表明,仲裁不是世界贸易组织争端解决制度的必经程序,而是一种供当事方选择,解决特定争端的辅助程序。

该条还规定,除《谅解》另有规定外,诉诸仲裁应以争端当事方之间的仲裁协议为根据,这种协议应在仲裁程序开始前通知全体成员。其他成员只有在同意提交仲裁的当事各方的同意下才能成为仲裁当事方。仲裁裁决具有约束力,各当事方应予执行。仲裁裁决应通知争端解决机构或任何有关协议的理事会或委员会,以便任何成员可以就有关问题向他们提出质询。

该条最后规定,《谅解》第21条和第22条应根据具体情况稍作修改后适用于仲裁裁决。也就是说,仲裁除作为一种选择性争端解决办法外,根据《谅解》第21条和第22条的规定,还可作为确定争端各方执行争端是否符合有关原则和程序的方法。

第四,专家小组。这一程序是世界贸易组织争端解决制度的核心程序,在《谅解》27项条款中有11项条款(第6~第16条)对此作了详细具体的规定。其中的主要规定有:

如果投诉方请求,专家小组最迟应在该请求首次列入争端解决机构议程后的争端解决机构会议上予以成立,除非在该次会议上争端解决机构以协商一致的方式决定不成立专家小组。

专家小组通常由3人组成,除非争端当事方在自成立专家小组之日起15天内同意一个5人组成的专家小组。

专家小组成员的选择应以确保各成员的独立性、经历丰富、经验宽广为目的。除非争端当事各方另有约定,否则,争端当事方的公民和与争端有实质利益关系的第三方的公民不得成为专家小组的成员。专家小组成员应以个人身份而不是作为政府或任何组织的代表进行工作,因此,世界贸易组织各成员不得对他们作指示也不得对他们施加影响。如果争端当事方为一发展中国家和一发达国家,经该发展中国家请求,该专家小组应至少包括一名发展中国家成员的成员。

世界贸易组织秘书处应向争端当事各方作出专家小组成员的提名,争端各方如果没有令人信服的理由不得反对提名。如果专家小组设立后的20天内未就专家小组的人选达成一致意见,经任一争端当事方请求,世界贸易组织总干事与争端解决机构主席和有关理事会或委员会主席经磋商并与争端各方协商后,应指派其认为最合适的专家来组成专家小组。

专家小组的职能,是协助争端解决机构履行其依照《谅解》和有关适用协议承担的职责。为此,专家小组应对提交给它的事项作出客观评估,评估的内容包括案件的事实,各有关适用协议的适用与遵守,进行有助于争端解决机构依照各适用协议规定提出建议和作出裁决的调查。专家小组应定期与争端各方协商并给予他们适当机会以达成相互满意的解决办法。

专家小组的组成与职责确定后,便进入专家小组的工作程序。专家小组各成员应在与争端各方协商后尽快地确定专家小组进程时间表。在确定这一时间表时,专家小组应为争端各方准备其书面陈词提供足够时间,并确定提交书面陈词的具体期限,争端各方应尊重该期限。

为了使各种程序更加有效,专家小组的审查(听取双方陈词,调查分析事实)时间,一般不超过6个月,在紧急情况下,专家小组应力争在3个月内向争端各方提交最终报告。如果在上述规定的时间内不能提交报告,专家小组应书面通知争端解决机构,说明其理由,确定提交报告的预定时间,但提交报告的时间不得超过9个月。

应投诉方请求,专家小组可以随时中止其工作,但不得超过12个月。在此等中止的情况下,上述规定的期限,以及争端解决机构的决定、建议和裁决的实施所规定的时限应相应延长。如果该专家小组暂停工作的时间超过12个月,则对专家小组的授权应予以取消。

在专家小组的工作程序进行期间,专家小组有权向其认为适当的个人或机构获取资料和专门意见。提供的机密资料非经提供该资料的个人、机构或政府正式授权不得公开。

专家小组审议应秘密进行,专家小组报告应在争端当事各方不出席的情况下拟订,各专家小组成员发表在专家小组报告中的意见应是不记名的。

为了向各成员提供审议专家小组报告的充分时间,争端解决机构在将该报告发送到各成员的20天内不得考虑通过专家小组报告。专家小组报告向各成员发送后的60天内,该报告应在争端解决机构会议上予以通过,除非争端一方正式通知争端解决机构其上诉的决定或争端解决机构协商一致决定不通过该报告。如果争端一方已通知其上诉的决定,专家小组报告只有在上诉程序终结后才由争端解决机构考虑通过。

第五,上诉审查。这是世界贸易组织争端解决制度中一种新的程序。《谅解》第17条对此作出了明文规定。根据该条规定,为受理专家小组案件的上诉,争端解决机构应设立一个由7人组成的常设上诉机构。该上诉机构接到争端当事方不服专家小组裁决的上诉后,应对专家小组的报告进行审查和复议。审查的范围仅限于专家小组报告中涉及的法律问题及专家小组所作的法律解释。上诉机构可以维持、修改甚至推翻专家小组的法律裁定和结论。上诉审查程序一般在60天内完成。如果上诉机构认为它不能在60天内提供报告,则应书面通知争端解决机构,解释延迟的理由,并估计提交其报告的期限,但在任何情况下,上诉审查程序不得超过90天。上诉机构的报告在向世界贸易组织各成员公布的30天内由争端解决机构通过,并应由争端当事方无条件地予以接受,除非争端解决机构经协商一致决定不予通过该报告。

第六,争端解决机构的建议、裁决及其实施的监督。专家小组或上诉机构的报告,经争端解决机构通过后即成为后者的正式建议或裁决。除非争端当事各方另有协议,从专家小组的设立到争端解决机构审议通过专家小组或上诉机构报告的时间,一般不得超过9个月,如专家小组报告被上诉,则一般不超过12个月。

(二) TRIPs 协议下争端的防止与解决

TRIPs 协议是《谅解》的适用协议之一,协议下的争端是世界贸易组织争端解决制度的最新管辖领域之一。因此,协议第五部分"争端的防止和解决",就《谅解》对协议的适用规则进行了具体的规定,由此构成了国际知识产权争端解决的特殊性规范。

1. 争端的防止

建立争端解决制度的真正目的,并不是解决争端,而是通过这种制度的威慑力,防止争端的发生,"迫使"有关协议的成员去履行该协议的义务。因此,对于争端解决制度来说,防止争端比解决争端更为重要。正因为这样,协议把争端的防止和解决作为不可分割的整体,为防止争端的产生,TRIPs 协议规定了"透明度"原则,其主要内容包括:

(1) 各成员所实施的有关知识产权效力、范围、获得、执法及防止滥用方面的法律、条例,以及普遍适用的终审司法判决和终局行政裁决均应以本国文字颁布,或以其他方式使公众获得,以使各成员政府及权利持有人知悉。一成员的政府或政府代理机构与任何其他成员的政府或政府代理机构生效的与上述内容有关的各种协议,也应予公布。

(2) 各成员均应将上述所指的法律及条例通知"与贸易有关的知识产权理事会",以便协助该理事会检查协议的执行情况。

(3) 每个成员均应有准备依照另一成员的书面请求提供上述第一条所指的有关信

息。如果某一成员有理由相信知识产权领域的某一特殊司法判决或行政裁决或双边协议影响了其依照协议所享有的权利,也可以书面请求获得或者请求对方通知该特殊司法判决或行政裁决或双边协议的足够详细的内容。

(4)上述各项规定不应要求各成员披露那些会妨碍其法律执行或违背公共利益或损害特定的公有或私有企业的合法商业利益的机密信息。

2. 争端解决

根据《谅解》第 1 条第 1 款关于"本谅解的各项规则和程序,应适用按照本谅解附件 1 所列的协议中的磋商与争端解决规定所提起的各项争端"的规定,《与贸易有关的知识产权协议》是《谅解》的适用协议之一,因此,协议第 64 条第 1 款规定,就协议而产生的知识产权争端的协商与解决应适用《谅解》规定的争端解决程序与规则,也就是说,《谅解》规定的争端解决程序与规则,构成了知识产权争端解决的程序与规则。

参 考 文 献

[1] 董新凯,吴玉岭. 知识产权国际保护. 北京:知识产权出版社,2010.

[2] 吴汉东. 知识产权总论. 北京:中国人民大学出版社,2013.

[3] 吴汉东. 知识产权国际保护制度研究. 北京:知识产权出版社,2007.

[4] 刘筠筠,熊英. 知识产权国际保护基本制度研究. 北京:知识产权出版社,2011.

[5] 吴汉东. 知识产权法学. 北京:北京大学出版社,2011.

[6] 吴汉东,郭寿康. 知识产权制度国际化问题研究. 北京:北京大学出版社,2010.

[7] 周长玲. 知识产权国际条约研究. 北京:中国政法大学出版社,2013.

[8] 赵有亮,欧阳国华. 国防知识产权学. 北京:海潮出版社,1998.

[9] 王曙光. 知识产权法. 北京:中国政法大学出版社,2013.

[10] 张今. 知识产权法. 北京:中国人民大学出版社,2011.

[11] 最高人民法院知识产权审判案例指导. 北京:中国法制出版社,2013.

[12] 王峰. 国防科技成果管理. 北京:国防工业出版社,2005.

[13] 林建成. 国防专利. 北京:国防工业出版社,2005.

[14] 郑国辉. 著作权法学. 北京:中国法制出版社,2012.

[15] 冯晓青. 著作权法. 北京:法律出版社,2010.

[16] 吴伟仁. 国防科技工业知识产权实务. 北京:知识产权出版社,2005.

[17] 张卫平. 民事诉讼法. 北京:中国人民大学出版社,2013.

[18] 姜明安. 行政法与行政诉讼法. 北京:北京大学出版社、高等教育出版社,2011.

[19] 陈光中. 刑事诉讼法. 北京:北京大学出版社、高等教育出版社,2013.

[20] 周佑勇. 行政法专论. 北京:中国人民大学出版社,2010.

[21] 姜明安. 行政法与行政诉讼法(第5版). 北京:北京大学出版社,2011.

[22] 余凌云. 行政法讲义. 北京:清华大学出版社,2010.

[23] 龙翼飞. 民法学. 北京:中国人民大学出版社,2007.

[24] 王利明. 民法学. 北京:法律出版社,2005.

[25] 李仁玉. 民法卷. 北京:北京法学出版社,2008.

[26] 戴孟勇. 民法原理与实例研究. 北京:中国政法大学出版社,2010.

[27] 李开国. 民法原理与实务. 北京:中国政法大学出版社,2002.

[28] 郭明瑞,房绍坤. 合同法学. 上海:复旦大学出版社,2009.

[29] 陈小君. 合同法学案例分析. 北京:高等教育出版社,2007.

[30] 韩松. 合同法学. 武汉:武汉大学出版社,2008.

[31] 李永军. 合同法学. 北京:法律出版社,2010.

[32] 孙鹏. 合同法热点问题研究. 北京:群众出版社,2004.

[33] 胡开忠. 商标法学教程. 北京:中国人民大学出版社,2008.

[34] 吴景明. 商标法原理·规则·案例. 北京:清华大学出版社,2006.

[35] 江乔. 商标法实务. 北京:知识产权出版社,2004.